伦理学导论

AN INTRODUCTION TO ETHICS

程炼 著

北京大学出版社
PEKING UNIVERSITY PRESS

图书在版编目(CIP)数据

伦理学导论/程炼著.—北京：北京大学出版社，2008.8
(博雅大学堂·哲学)
ISBN 978-7-301-11256-4

Ⅰ.①伦… Ⅱ.①程… Ⅲ.①伦理学—高等学校—教材 Ⅳ.①B82

中国版本图书馆 CIP 数据核字(2006)第 131879 号

书　　　名	伦理学导论 LUNLI XUE DAOLUN
著作责任者	程　炼　著
责任编辑	田　炜
标准书号	ISBN 978-7-301-11256-4
出版发行	北京大学出版社
地　　　址	北京市海淀区成府路 205 号　100871
网　　　址	http://www.pup.cn　新浪微博:@北京大学出版社
电子邮箱	编辑部 wsz@pup.cn　总编室 zpup@pup.cn
电　　　话	邮购部 010-62752015　发行部 010-62750672 编辑部 010-62752025
印刷者	三河市北燕印装有限公司
经销者	新华书店
	965 毫米×1300 毫米　16 开本　14.25 印张　203 千字 2008 年 8 月第 1 版　2024 年 12 月第 10 次印刷
定　　　价	45.00 元

未经许可，不得以任何方式复制或抄袭本书之部分或全部内容。
版权所有，侵权必究
举报电话: 010-62752024　电子邮箱: fd@pup.cn
图书如有印装质量问题，请与出版部联系，电话: 010-62756370

目录

导　言 /1

第一部分　挑　战

第一章　人都是自私的 /7
1. 自我利益 /8
2. 心理利己主义及其策略 /9
3. 对心理利己主义的回应 /12
4. 自私的基因？ /15
5. 总　结 /17

第二章　决定论 /19
1. 选择与责任 /20
2. 决定论种种 /21
3. 决定论与道德责任 /23
4. 如果拒绝决定论…… /25
5. 即使世界是决定论的…… /27
6. 决定论再思考 /30

第三章　上帝之死 /33
1. 卡拉马佐夫论题 /34
2. 神令论的几个明显困难 /37
3. 游叙弗伦两难 /40
4. 总　结 /43

第四章　相对主义 /46
1. 文化多样性 /47
2. 道德相对主义 /49

3. 文化多样性再思考/52

4. 宽容及其他/56

5. 总　结/58

第五章　主观主义/60

1. 个体与社会/61

2. 主观主义的论证/63

3. 对主观主义论证的回应/65

4. 对主观主义的批判/69

5. 总　结/71

第六章　科学主义/72

1. 道德事实的地位/74

2. 道德观察/76

3. 道德属性的怪异性/80

4. 理解客观价值/82

5. 如何做一个健全的科学主义者？/85

第二部分　基　础

第七章　人类善/93

1. 工具善与内在善/94

2. 享乐主义/97

3. 趣向论/101

4. 客观善与至善论/106

5. 总　结/108

第八章　实践理性/110

1. 实践理性与理论理性/111

2. 工具主义/115

3. 超越工具主义/119

4. 理性与动机/121

5. 总　结/123

第九章　理论与方法/125

1. 何谓一个伦理理论？/126
2. 反理论思潮/130
3. 案例法再思考/133
4. 理论化方法/137
5. 总结：理想的道德判断/140

第三部分　理　论

第十章　功利主义/145

1. 功利主义的一般结构/147
2. 古典功利主义/150
3. 对古典功利主义的几个反驳/156
4. 当代功利主义/159
5. 总　结/164

第十一章　义务论/166

1. 义务论的一般特点/168
2. 康德的道德理论/171
3. 检验可普遍化检验/180
4. 罗斯的显见义务/183
5. 总　结/187

第十二章　美德理论/190

1. 何谓美德？/193
2. 为什么需要美德？/200
3. 美德理论与正确行动/204
4. 总　结/210

第十三章　结语：生活的意义/212

1. "生活的意义"的意义/212
2. 反思摧毁意义？/215
3. 拯救意义/217
4. 自然秩序中的人类生活/219

导　言

伦理学与逻辑学、认识论和形而上学一起,构成了哲学的核心领域。像哲学的其他分支一样,伦理学有自己的研究对象——被称为道德的人类现象。道德在人类生活中是普遍性的。我们时时在用是非对错、正邪善恶这些道德概念来评价人物、行动、政策甚至制度,做出道德判断,用这些判断来指导自己的行动。许多人甚至认为,道德事务是人类独有的,是将人类与世界的其他部分区分开来的标志之一。如果是这样,伦理学就是人类自我理解的不可缺少的一部分。

伦理学的目标是提供关于如何做人和怎样行事的学说。更具体地讲,伦理学关心道德价值和正确的行动。一门伦理理论需要系统地回答这样一些问题:什么样的生活是最好的?行为对错的标准是什么?哪些品格是最值得拥有的?这些问题是实践上的,是规范性的。一门伦理理论通常包含两个子理论:一个是价值理论,一个是正确行动的理论。

与伦理问题相对应的科学问题,如地球与太阳的平均距离是多少、抽烟是否导致肺癌等,则是理论上的,事实性的。受过教育的人很少怀疑物理学、生物学是科学,不管人们如何定义科学。无论物理学或生物学理论的发展状况如何,受过教育的人们大体都会承认,关于地球与太阳的平均距离、关于抽烟与肺癌的关系的问题,是有客观答案的。如果我们的科学理论为真的话,我们对这些问题的回答就为真。一门伦理理论有可能为真吗?伦理学中的结论能够像科学中的结论那样具有客观性吗?任何一个理由,如果它支持对这两个问题的否定回答,都会对伦理学构成威胁。这是因为,如果伦理学中没有真理、没有客观性,那么一般性地问什么样的生活是最好的、什么样的行为是对的、哪些品格是值得追求的,就是没有意义的。

本书的第一部分将分析和回应对伦理学的六种挑战。这些挑战从不同的角度质疑了伦理学的可能性。

第一个挑战来自利己主义的人性观,评价和回应这个挑战是第一章的主题。心理利己主义宣称,人类的每一个个体在行为的动机上必然是自私自利的,他们总是并且不可改变地被自我利益所驱动,因此,任何看起来是道德的行动,其实都是自私的面具。如果真正道德的行动必须至少出自某些利他的动机的话,心理利己主义蕴涵着不存在真正道德的行动这一结论。第一章考察了心理利己主义者的常见辩护策略,发现它们都无法令人信服地证明人类行为动机的普遍自私。另外,从基因和进化角度论证人类的普遍自私的企图,被证明是源于一些概念上的混淆。

第二章涉及一个传统的形而上学问题:决定论与自由之争。这个争论对于伦理学的含义是,如果世界上发生的一切事情,包括我们自己做出的行动,都是预先被决定了的,那么我们的决策和行动,无论是好是坏,都由不得我们,都不是我们控制得了的,因此我们不是自由的;没有自由,也就没有道德责任。在接受决定论的前提下,维护道德责任的传统做法是论证决定论与自由是相容的。第二章使用了另一种策略,指出古典的因果决定论所依赖的三维时空框架不符合对当代基础物理理论的最好解释,而一旦采用更恰当的四维时空框架,决定论就不再构成对自由和道德责任的否定。

许多人相信,道德原则的客观有效性和权威性依赖于一个超自然的立法者的存在,因此上帝之死意味着这种客观有效性和权威性的丧失。第三章讨论了道德对于宗教的这种宣称的依赖关系,分析地批判了道德神令论的观点,指出上帝之死并未对伦理学构成真正的威胁。

相对主义是风靡当代世界的思潮,在伦理学中,道德相对主义声称,不同的社会文化实践着不同的道德规范,因而不存在普遍的伦理标准。第四章考查了以文化多样性为基础的道德相对主义,发现文化多样性不是道德相对主义的直接证据;通过对几个典型的文化多样性事例的分析,我们亦发现文化多样性背后不一定存在根本性的、不可化解的道德分歧。

第五章处理伦理学中的主观主义的挑战。根据主观主义,伦理学所关心的怎么行动、如何生活的问题,不可能有客观的回答,因为一个行动是否正确,依赖于从谁的立场上看,而任何两个人的道德观点之间不存在孰高孰低、孰对孰错的问题。这一章考察了四个宣称支持主观主义的思想资源,发现它们要么被主观主义所误解和误用,要么并未给主观主义道德观提供真正的支持。

本书中讨论的第五个挑战是第六章的话题。这个挑战,简单地讲,是说我们的世界是一个科学的世界,在这个世界中不存在客观的道德价值或道德事实,因而客观的伦理学是不可能的。我把这个挑战称为"来自科学主义的挑战"。这个挑战跟三个反对客观道德价值的论证相关联。第一个论证说我们在世界中观察不到客观的道德价值,因此我们有理由怀疑它们存在。第二个论证说,对道德观察的解释不需要假设道德事实的存在,因为一些关于观察者的心理假设就足以解释道德观察。第三个论证是,如果有道德事实,那么它们在一个科学的世界中扮演着一个怪异的角色。在对这些论证进行回应时,这一章指出,一种健全的科学主义世界观应该包含对规范领域的容纳。像逻辑领域一样,伦理学的对象——道德领域——也是一个规范领域。伦理学并不描述人们如何表达自己的态度、欲望或者从事什么行为,而是评价和指导人们在某种场合下应该具有什么样的态度、应该欲求什么、应该如何行动。道德事实被理解为一些道德原则所表达的规范事实。这一章还探讨了规范事实与非规范事实之间的关系。

第一部分讨论的六个挑战只是六个在文献中常见的样本,远远没有穷尽对伦理学的可能威胁。或许读者还有其他形式的对伦理学的可能性的怀疑。在第二部分,我们将从事一些建设性的工作,看看在构思伦理理论时有哪些积极的资源供我们利用。这一部分包含三章。

第七章的主题是价值论的。在这一章里,我们试图理解人类福祉的概念。由于伦理学是实践性的,其目标之一是提升人类的福利状况,因此，我们要说明这种福利状况的结构，说明什么使得一个人的状况变得更好，说明生活中的哪些成分使得生活是值得过的。这一章讨论了三种理论，享乐主义、趣向论和至善论以及各种理论下的一些子观点。尽管我们发现，这些理论中没有一个是完全令人满意的，但这并不阻止我们去寻求更恰当的对人类福祉的说明。

在探讨了什么是人类的善和恶之后，我们在第八章中思考人类自身的道德能力。我们是根据理由去判断和行动的存在者，我们所具有的这种根据理由去判断和行动的能力被称为实践理性。与对人类福祉的说明一样，伦理学中对实践理性的说明也是多种多样的。典型的实践理性理论包括：工具主义实践理性观，关于客观目的的实践推理观，康德式的实践理性观。在这一章里，在当代占据统治地位的工具主义观点得到分析和评价。尽管工具主义受到较多的批判，它的几个竞争对手也各自面临一些困难。

第九章探讨伦理学的方法论问题。前两章关注的是伦理理论中的问题，这一章的问题是关于伦理理论的问题。我们关心的问题是，假定我们有了某种价值观和行动观，我们能否对它们进行理论化。这个问题可以分为两个子类。首先，什么是一个伦理理论？建立一个系统化的统一的伦理学体系，是不是伦理探索应该追求的目标？建构伦理理论应该使用哪些方法？其次，即使目前缺乏被普遍接受的伦理理论，在特定的实践情形之下，我们如何做到理想的道德判断，或者把道德判断做得更好一些？本章的重点放在前一类问题上。在说明了一个伦理理论的目标、结构以及评价一个理论的标准之后，我对当代的一些反理论思潮做出了回应。

第二部分的三个主题在伦理学中是基础性的，对这些主题的一套实质性的见解构成了一门伦理理论的价值观、行动观和方法论。对这些基础做出澄清之后，我们自然把目光投向伦理学中三种最有影响的理论：功利主义、义务论和美德理论。对这三种理论的考察是本书第三部分的内容。

我改写了拙著《伦理学关键词》（北京师范大学出版社，2007年）的最后一章"生活的意义"作为本书的结语。

第一部分 挑 战

第一章 人都是自私的

从小到大我们都在接受一种道德教育,那就是要大公无私。大公无私要求我们在思考和行动的时候,要将他人或者集体的利益放在首位,不能有自己的私心杂念。这么说也许有点夸大其词,更温和的说法是,即使我们不能做到总是把他人利益放在首位,至少在某些时候要以他人的利益为考虑。但是,根据某种观点,一个人为了他人的利益而付出努力或牺牲,是绝对不可能的。这种观点有一个名称,就是"利己主义"。

在日常生活中,利己主义者名声不佳。他们的形象常常与自我中心、自私自利、冷酷无情、贪婪吝啬等联系在一起。人们认为,利己主义者的内在情感和外部行为都是与我们熟知的道德要求不符的,因为他们只关心自己的利益,他人的和公共的利益从来不是他们的关切之所在。但是,在伦理学的讨论中,利己主义者坚持的学说——利己主义——却是一种受尊重的理论。利己主义并不是一种受人嘲弄、不值一提的看法,相反,作为一种谨慎和严密的理论,它在哲学上是受到重视并得到严肃对待的。

利己主义可以分为两大类型:心理的利己主义和伦理的利己主义。心理利己主义是一种描述性的理论。它声称刻画了人性中某种根本性的心理特点,即人类每一个个体在行为的动机上必然是自私自利的,他们总是并且不可改变地被自我利益所驱动。心理利己主义者认为,他们的理论只是纯粹描述一个关于人性的事实。伦理利己主义则是一个关于生活和行动的原则的理论,给人们提供实践上的指导。心理利己主义说人是一种什么样的存在者,伦理利己主义说人应该去怎样生活、怎样行动。我把利己主义理论看做是对伦理学的一个威胁,这一点需要得到进一步的解释。实际上,伦理利己主义本身就是一种伦理理论,伦理利己主义者甚至认为它是唯一正确的道德理论。

这两类利己主义都对日常道德构成了挑战。一方面,如果心理利己主义是对的,那么人们就注定不可能有利他的动机,就是说,任何一个人的直接的行动理由中,必定不包含对他人利益的考虑。另一方面,伦理利己主义者主张,即使一个人可能为他人的利益所行动,他也应该只做他认为对自己最有利的事情,一种道德生活就是不断追求自己的最大利益的生活。在处理利己主义和常识道德之间的冲突时,更有一些利己主义者论证说,日常道德要么是错误的,要么是表面的或肤浅的,正确而深刻的道德真理在利己主义一方。

1. 自我利益

心理利己主义者说,每个人都在做追求最大的自我利益的事情,伦理利己主义者说,每个人都应该这么做。可见,要理解和评价利己主义,搞清楚自我利益是个关键步骤。什么是自我利益?

从字面上看,"自我利益"是由"自我"(self)和"利益"(interest)两部分构成。"自我"是做范围上的界定,是相对他者而言的。狭义的"自我"就是思考者或者行动者自己本人,利己主义所说的自我利益在本原上指的就是狭义的自我利益;这样,某个人的亲属、朋友、集体等的利益不能算在自我利益的范畴之内。但是,许多人认为,我们应该将重要的他人纳入自己的存在之中。在一些文学作品、宣传品以及日常说教中,我们经常听到关于"小我"和"大我"之类的说法。一旦扩充性地理解自私或自我利益,那么先前狭义个人利益和重要他人的利益就被合并到一个广义的个人利益之中,当这个广义的个人利益内部存在冲突时,牺牲其中的某一部分(例如狭义的自我利益)以换取总体利益的最大化就是可理解的。不过,这样一来,利己主义理论的内容就可能发生改变,这个理论至少包括一些有限度的利他主义成分。一旦这样,我们就不清楚"利己主义"是不是这种解释的一个恰当的称呼。在广义"自我"的意义上，我们常指责一位腐败官员冒着仕途上的风险为自己的子女捞取好处是自私的和利己主义的，但我们为什么不在同样的意义上描述一位节衣缩食供孩子上学的母亲呢？无论如何，利己主义的基本形态是围绕狭义的自我利益的，因为许多利己主义者恰好认为，广义的自我利益也是建立在狭义的自我利益之上的。

利益才是价值上的落脚点，它泛指各种各样的好处。利己主义者，还有一般的价值论者，对利益有不同的见解。有些利己主义者信奉心理享乐主义。心理享乐主义可以用这样一个论题来表达：普遍人性使得每个人只追求快乐和避免痛苦，当面临多个行为选项时，他们将总是选择他们认为（快乐量减去痛苦量之后）能带来最大净快乐的选项。这样，享乐的利己主义者把自己的快乐当做自我利益，认为一个人自己的快乐才是唯一值得追求的东西。当然，并非所有的利己主义者都是纯粹享乐主义者——也有其他本身并非是快乐但值得追求的东西，只要这些东西也给自己带来快乐。有些利己主义者在寻求快乐之外，还看重权力、名誉和财富，追求这些也就是在追求自己的利益。更有利己主义者论证说，知识、美德或者优良的品格以及自我完善都是内在的价值或者善，它们像快乐、财富和权力一样，都是一个人的自我利益的构成部分。

从价值论上看，日常道德所谴责的利己主义实际上是一个成员丰富的大家族，因为不同的利己主义理论采纳不同的自我利益观。在伦理学中，"自我利益"常常是概称性的、统合性的，大致而言，它指的是一个人的幸福（happiness）或福祉（well-being）。本书的第二部分第七章对幸福或福祉有更系统和细致的讨论。这样，许多利己主义者并不认为自我利益取决于一时的快乐或者欲望的满足，相反，他们认为，一个人的动机、义务和决策需要参照他的长远利益和人生设计。

2. 心理利己主义及其策略

心理利己主义是一个描述性的、关于行为动机的论题，声称人们的行为总是源于自私的考虑,一切人类欲望都是自私自利的欲望。许多人认为利己主义是一种很阴暗的人性理论。关于人性的争论自古以来一直不绝于耳。中国古代就有人的"性善"与"性恶"之争。在西方,利己主义在这类争论中一直占据着一个显著的位置。在柏拉图的《理想国》中,格劳孔与苏格拉底争论做公正的人对自己是不是好事。格劳孔指出,人们相互善待,并不因为彼此想要这么做,而是因为这么做对大家都有好处。他借用魔戒的故事去证明这样的结论:一个人如果做坏事不会招致任何对自己不利的后果,这个人会去做坏事。霍布斯曾说,所有人的自愿的行为总是为了自己的好处,他认为这是一条普遍的规律,就像地球表面的水在常温常压下总是呈液态一样。利己主义者认为,人就是这样一种东西,他先天被构造成这样自私,并且这个事实是不可避免且无法改变的。如果把自私比喻为一种疾病的话,心理利己主义者会说,这病是绝症,没治了。

作为一种心理解释理论,心理利己主义自动地排除了利他主义的可能性。利他主义有多种表述形式。根据一种温和的表述,至少在某些人的行为动机中,有一些是利他的,即某些行动的理由是基于对行动者之外的对象之利益的考虑。当然,这并不是说对他人利益的考虑一定是压倒性的。温和的利他主义并不要求人们总是牺牲自己的利益去服务于他人的利益。它只是意味着,人们有这样的意愿,至少是可能的,而这一点恰好是心理利己主义者想要否认的。更强的利他主义则要求英雄般的动机和举动。如果人们的本性是自私自利的,那么他们不可能为了有利于他人去牺牲自己的利益。在伦理学中,有一个广泛接受的原则,叫做"应该蕴含能够"——人们只有做自己能做的事情的义务,没有做自己不能做的事情的义务。反过来说就是,"不能够蕴含不应该"——人们没有义务去做他们不可能做到的事情。例如,既然我们无法在地面上徒手举起数千斤的石头,那么我们也就没有义务去做这件事;同样,我们也没有义务在5秒钟内跑完100米。按照心理利己主义理论,由于人们无法不去做他们认为对他们有利的事情,因此他们做他们认为对自己有利的事情,这是无可厚非的。进一步讲,即使他们做他们认为对自己有利的事情时,明知这么做对他人不利,他们这样做也是无可厚非的。同样,按照心理利己主义理论,人们不去做那些他们认为不利于自己的事情,这是无可厚非的;进一步讲,即使这些他们认为不利于自己的事情有利于他人,他们不做也是无可厚非的。

如果心理利己主义是对的,那么这是否意味着任何人总是从事利己的行为,从不去从事利他的行为呢?当然不是。在生活中我们发现许多行为明显是损害行动者的自我利益的,无论是长远的还是短期的,如冒险、酗酒、吸毒等。心理利己主义者可以承认,即使任何人都只关心自己的利益,由于许多因素,他们并不总是能够成功地照顾到自己的利益。这些因素包括心理失常,知识或见解上的欠缺,信息的不完整,意志上的软弱等等。受到这些因素影响而触发了不利于自己的行为,并不表明行为者的动机不是自私的。

心理利己主义是一个全称论题,它声称是对人类动机的一个普遍概括。通常而言,我们接受一个全称命题,要么是这个命题可以从我们接受的其他命题中推导出来,要么是我们获得相当多的个例来支持该命题。这是从正面进行的。当然,我们也可以从反面来捍卫一个我们推测出来的全称命题,那就是,看它能否应付各种常识中的反例。心理利己主义者很少从正面上来为他们的理论进行论证,但他们长于防卫。他们使用种种技巧来抵制对利己主义的批评。

对于支持者而言,直接威胁心理利己主义的是那些利他主义动机,或者说看起来是利他的动机。英国哲学家休谟是这样描述利己主义者信奉的自爱原则的:

> 这个原则是,一切仁爱之举都是伪善,友谊是欺骗,公益心是闹剧,忠诚是取得信任的圈套;这个原则还说,虽然我们所有人归根结底只追求我们的私利,但为了让他人不警惕、让他们更多地中我们的计谋,我们都穿上了这些美丽的外衣。[1]

另一个相似的原则是:

> 一个人无论感到什么样的关爱之情,或者想象自己如何感觉

到对他人的关爱,没有任何激情是或者能够是无私的;它说,最慷慨的友谊,无论多么真挚,都是自爱的一种变形;它还说,甚至我们自己都不知道,我们只是在寻求自己的满意,虽然表面看起来我们最深地投入到了人类的自由和幸福的计划之中。通过调转想象力、通过更精致地反思、通过热烈的激情,我们似乎加入到促进他人的利益之中,似乎想象我们抛弃了所有自私的考虑;但是,从本质上讲,最慷慨的爱国者和最吝啬的守财奴、最勇敢的英雄和最可怜的懦夫,在每一个行动中,都同样关心他们自己的幸福和福利。[2]

这两段话至少点出了四个捍卫利己主义的策略。第一个策略是揭露:美德是恶品的面具;第二个策略是把利他主义当做利己的手段;第三个策略是对利他主义进行再解释:它们其实不过是利己的动机而已;第四个策略使用了自欺或错觉等概念:我们觉得自己有高尚的动机,是因为我们并不真正知道或者意识不到自己最深层的动机,即自己的利益。

或许,生活中有大量的情形符合这四种描述,我们不是见过许许多多的假善人、沽名钓誉之徒、自欺欺人者吗?但仅有这些观察是不够的。利己主义者需要证明,所有的看起来是利他主义的情形都可以用他们的策略解释为利己主义。

3. 对心理利己主义的回应

第一个策略是总括性的。它认为在一切利他的外表下面隐藏的都是自私。这只是一个一般性的断言,这个断言是否成立,依赖于更具体的分析。例如,常人认为,特雷莎修女一生致力于帮助穷人,从未做过损人利己的事情,应该构成利己主义的反例。利己主义者要想维护自己的学说,需要解释特雷莎修女的何种自我利益驱使她做了那些善事,而这样的解释只能靠下面几个策略。

第二个策略有相当大的吸引力,不仅在人们的日常生活中可以找到许多支持,而且被一些利己主义者用来构造道德和理论。"顾客是上帝"、"和气生财"经常是商业机构的口头禅和座右铭；童叟无欺、服务周到是手段，财源滚滚是目的。勤政爱民、忠于职守是官员晋升的阶梯。霍布斯将他的政治理论建立在心理利己主义理论上。他论证说，由于资源的缺乏以及人类征服欲、占有欲和统治欲的无止境，如果他们处于一种没有公共权力的"自然状态"的话，那么他们之间势必相互为战，谁也过不上好日子，在这种状态下，生活是"孤独的、贫困的、卑污的、残忍的和短命的"。理性教导他们，相互订立一个契约，如互相尊重生命、信守合同和服从法律，将符合每个人的利益。为了保证这个契约能够得到遵守，霍布斯说，人们应该创造一个具有绝对权力的"利维坦"——国家的主权者——来惩罚破坏契约者。霍布斯在契约中提到的那些内容接近于一种最小的日常道德，这样，即使在利己主义者看来，做有道德的事情也是应该的，因为它们是符合自己的长远利益的。

不过，这个策略的力量是有限的，这是因为，即使有大量的事例表明人们经常把道德当做自我利益的手段，这也不足以证明所有人、所有时候都是这么做的。我们不能以偏概全。诚然，我们一开始可以怀疑一个人做好事，或许为了取得好名声，或许为了政治前途，或许想成佛或上天堂，等等。但当我们发现他非常低调，他无意仕途，他是无神论者等等时，这些事实让我们排除第二种策略提供的解释。

比起第二种策略，第三和第四两种更为心理利己主义者所喜爱。第三种策略使用了一种人们并不陌生的技巧，对明显的利他行为进行更深层次上的心理解释。不错，我们经常观察到一些显然"无私"的行为，如匿名给灾区捐款，在街头义务献血，帮助陌生人等。但是，利己主义者说，如果我们从更深的层次上看，我们会发现人们在从事这些活动是，内心中是有别的因素的。而且，我们不难看出，这些因素跟这些行善者自身的福祉是分不开的。关于心理利己主义者霍布斯，有一则趣事。一天一位牧师看见霍布斯施舍钱给乞丐，牧师认为霍布斯的做法与他倡导的学说不一致。霍布斯回答说，他给钱是为了缓解乞丐的困难，也缓解了他自己看见乞丐时心里的忧郁。施舍给乞丐只是为了自己心里的快慰或平息不安，就是说，表面上看，他是关心他人的窘境，但实际上不是,只有自己心灵的平静才是他的真实动机,他做这件好事,是为了使自己获得某种满足,归根结底,是增进自己的利益。

类似的解释,也可以运用到苏格拉底的壮举、特雷莎修女的义举上。苏格拉底宁死也不做违反公义的事情,大概是因为他相信死后他的灵魂可以与神同在,而这是一种让他极为满足的极乐状态。特雷莎修女或许想让她的生活变得更有意义,让灵魂升华,达到更高的精神目标等等,这些目的的实现提升了她的个人福祉,她从她的义举中找到了自己的快乐和满足。

这种再解释似乎无懈可击,也被许多利己主义者津津乐道,但是,它们包含着明显的缺陷。以霍布斯的施舍为例。霍布斯看到乞丐的窘境时感到某种不快或者心中不能平静,而纾解不快或平静心情的唯一方法就是帮助乞丐,因此,驱动霍布斯行为的是这样一个欲望——我想要心灵的平静;毫无疑问,这个欲望是自私的。但是,霍布斯的行为也可能是被另一个欲望所驱动,即该乞丐能吃上一顿饭。这个欲望和前一个欲望在内容上是不同的,前一个欲望的直接对象是霍布斯自己的福利,而后一个欲望的直接对象却是乞丐的福利。由于在内容上的差异,前者是自私的,后者是利他的。利己主义者要想让他的解释成立,必须否认后一种类型的欲望的存在。这种一概否认,虽然在逻辑上并非不自洽,但在经验上是不能成立的。我们可以做这样一个思想实验。霍布斯的施舍行为在当时的情况下是纾解自己不快的唯一方法。假设有一种类似于流行歌曲中唱的"忘情水"那样的东西,喝一口就可以纾解霍布斯感受的不快,达到心灵平静。假设一口忘情水的价格远远低于施舍的金钱。如果霍布斯选择喝水而不是施舍,那么他的欲望显然是自私的。反过来,如果他选择施舍而不是喝水,我们就可以断定他的欲望是利他的。我们有什么理由说,对于世上所有的人,只要他们自己的心灵得到平静,他人的苦难是否得到缓解是无所谓的呢?

正确的解释恰恰相反。首先,霍布斯的满足是帮助了乞丐这个行动的结果,他要得到这个结果,必须先有一个欲望,即帮助这个乞丐。如果霍布斯对于乞丐的困境漠不关心,我们无法解释他如何从帮助乞丐中得到快乐。其次,这个欲望是一个心理机制的产物,而不是随机出现的。一个机制的存在意味着在类似情况下有类似的欲望。通常,我们从帮助他人中得到快乐,而不是我们为了得到快乐而去帮助他人。在很多情况下,即使我们没有成功地帮助他人,我们也为自己付出了努力而感到满意。因此,心理利己主义的第三个策略并不成功。

  心理利己主义的第四个策略是:我们常以为我们是在做美好的和高尚的事情,而实际上我们真正想求得的是别人的好感或者夸奖或者所谓良知的满足等,人们容易用一些好听的字眼来掩盖真正的动机;我们常常不了解自己的真实动机,因为它们是潜意识的或者无意识的;我们对自己了解得越多,我们就越明白我们到底有多么自私;而驱动我们的生活和行动的,正是这些我们平常觉察不到的自私的动机。

  这个策略将许多思想资源混合在一起,可能包括某些精神分析理论、关于人的原罪的学说以及某种普遍性恶论。总而言之,这个策略产生的思想是笼统的,既没有得到经验数据的支持,又在很大程度上无法被证伪。虽说自欺的心理现象并不稀罕,但这不足以证明所有的利他动机都是自欺。这个策略经常使用一个狡猾的逻辑。当你说你深刻地反省了自己的内心世界,并没有发现在做某件事时有某个私心杂念,该策略就回应说,那是因为你的内省还不够深刻。你如果问,要做到怎样才算深刻呢?或许回答是,直到你看到那些私心杂念为止。很可能我们有许多无意识的动机,隐藏得很深。我们在思考和行动时,这些动机隐含地发生作用,对它们我们的确所知不多。如果我们并不知道,也不长于了解这些动机的内容,我们有什么理由认为它们一定是自私的呢?只有搭配一些神秘的原罪说或者本身并不可信的性恶论这些教条,这个策略才能继续下去。但是,我们为什么要接受这些东西呢?

4. 自私的基因?

  或许心理利己主义不是一个可信的关于人类心理倾向的理论,或许它并未能有力地证明我们的最深层的欲望必然是自私的。但是,一些人说,人类是自私的这个结论,姑且承认不能在心理学的层面上被确立,但可以在一个更基本的层面——生物学层面上被牢固地确立。这个说法的意思是，人类的普遍自私性，不是因为他们有某种顽固不变的心理倾向，而是因为他们是所谓的"自私的"基因的产物。理查德·道金斯在他风靡一时的《自私的基因》一书中写道：

> 我们以及其他所有动物都是我们的基因所创造的机器。像混出了头的芝加哥歹徒一样，我们的基因在一个高度竞争的世界里生存了下来，有些生存了数百万年之久。这让我们料想我们的基因有某些特性。我将要论证，在成功的基因中被料想到的最显著特性是无情的自私性。这种基因的自私性常常导致个体行为中的自私性。然而，就像我们将会看到的那样，在某些特殊环境下，通过培植一种个体动物层次上的有限利他主义，基因可以最好地实现其自私的目标。[3]

道金斯本人后来抛弃了这个想法，但它在今天仍有市场。

如何理解基因的无情的自私性？基因复制自身，复制的机会随环境的不同而不同，成功的复制意味着在无尽无情的竞争中击败其他有类似行为的竞争对手。这大概是基因被认为是自私的原因。但是，"自私""无情"之类的说法在这里只是比喻，不是实意。基因是携带有遗传信息的 DNA 链上的序列，它们受化学和生物规律的支配，没有意识、没有信念、没有欲望，更谈不上有目标。我们很多时候用文学的修辞手法来描绘自然事物，如"罪恶的子弹""大海的深情"，但我们都知道子弹本身无所谓罪恶，大海也没有感情。道金斯把自私这种心理属性用在基因上——用心理术语描述自然，是一种移情，他的追随者们再从基因的"自私"中推导出基因的承载者——人的自私。我们可以反过来问，假定具有某种基因的人长得鼻高目深，我们能说这种基因长得鼻高目深吗？

另一种常见的证明人的自私性的尝试是从进化论的角度"解构"或揭露人类的道德特质，这种解构或揭露在结构上和手法上类似于心理利己主义者对利他动机的再解释。其策略是证明，我们认为我们拥有的道德品质，其实是不存在的，或者根本是另一个东西。假定进化论说母爱的品质在自然选择中有适应性,就是说,具有母爱的动物比缺少母爱的动物在繁殖和传播基因上更容易成功。假定有一种"母爱基因"(当然这种说法太过简化,只是为了方便起见),那么有这种基因的动物就有了选择优势,它的传播就会更加成功。于是一个想法出现了:原来我们看到的母爱,实际上不过是某种基因的成功传播而已!既然基因的功能只是自我复制,所谓的母爱不过是基因自我复制的面具而已,我们把它解构了!

然而,这个推理是错误的,它混淆了一个东西是什么和一个东西是怎么出现的。更确切地讲,它从某种机制造就了母爱的品质,推导出母爱的品质等同于这个机制,即某种基因的传播。关于母爱的进化论故事只是说母爱是怎么出现的、有什么进化论的基础,它根本没有说母爱不存在。

5. 总　结

心理利己主义作为一种关于人性的理论,以其冷静、简洁和直观等特点,吸引了不少支持者。冷静,是因为它没有把人性看得浪漫和乐观,它要揭露人性中的冷酷和孤独。简洁,是因为在解释所有的人类行为时它只需要一条原理——人都是自私的。直观,是因为这条原理在人们看来非常习惯和自然,有多少人会否认自爱自重是人类动机中最主要的成分呢?但是,前面的分析表明,捍卫心理利己主义的策略都存在着这样或那样的缺陷。除非心理利己主义者能够提出更好的辩护策略,否则,我们可以有把握地说,在心理利己主义的挑战面前,伦理学不为所动。

注　释

〔1〕 David Hume, "Of Self-Love", *An Enquiry Concerning the Principles of Morals*, ed. Tom L. Beauchamp (Oxford & New York: Oxford University Press, 1998), p.90.

〔2〕 Ibid.

〔3〕 Richard Dawkins, *The Selfish Gene* (New York: Oxford University Press, 2006), p. 2.

其他来源及建议阅读文献：
1. 魔戒的故事出现在柏拉图的《理想国》第二卷中。
2. 霍布斯的心理利己主义表述在他的《利维坦》(黎思复、黎廷弼译，北京：商务印书馆，1985年)第十三章中。
3. 经典的对心理利己主义的批评见 Joseph Butler, *Fifteen Sermons* (1726)。
4. 当代对心理利己主义的批评见 Joel Feinberg, "Psychological Egoism", in James Fieser ed., *Metaethics, Normative Ethics, and Applied Ethics*, Wadsworth, 2000。

第二章　决定论

利己主义对伦理学的挑战依赖于一种对人的本性的看法。如果人们是不可救药地自私自利的，那么他们当然缺乏伦理事业所要求的心理资源，因此做道德的事情对人类而言是高不可及、力所不能的。或许我们把人性看得光明一些，伦理学的前景就会变得光明些。即便人性比利己主义者所描绘的要光明，即便人类的确有利他的动机，如果我们把眼光投向更大的范围，投向我们生活于其中的社会乃至整个宇宙，我们会发现，我们的道德面临着一个更大尺度上的挑战。这个挑战来自于一种对世界的本性的看法，那就是，世界是决定论所说的那个样子。从直观上讲，如果世界上发生的事情，包括我们自己做出的行动，都是预先被决定了的，那么我们的决策和行动，无论是好是坏，都由不得我们，都是我们无法控制的，因此我们不是自由的；进而，没有自由，也就没有道德责任。理解和回应这个挑战，是本章的任务。

值得注意的是，决定论虽然对我们的伦理思考有巨大的影响，但它本身是一种形而上学学说，其含义远远超出伦理学的领域。在一般的哲学和科学文献中，决定论引起了大量的争论，赞同者有之，反对者有之，不置可否者有之，对于它的真假，人们并没有达成一致的看法。对决定论采取什么态度的问题，是捍卫它还是反对它，不是我们这里所要关心的。因此，我们在此并不探讨决定论是否为真的问题。我们需要关注的是，如果决定论为真，它是否危及伦理学事业。

1. 选择与责任

赞扬和责备是常见的评价行为。并非所有的评价都跟道德有关。说一个记者的报道文笔优美,这是赞扬,但不带有道德含义;说他的报道歪曲事实、谎话连篇,这是谴责,就有很强的道德含义。当我们就一个行为在道德方面赞扬或责备时,我们通常是做出一个判断,认为有某个行动主体(可以是我们自己)对这个行为负有道德责任(moral responsibility)。尽管道德责任的赋予方式并不限于赞扬和责备(例如还有感激和埋怨),但它们是最常见的。那么在什么意义上,一个人负有道德责任呢?

我们从一个非常简单但典型的小例子开始。假设你在公园里的一条小道上散步,你面前出现了一个岔路口。你沿着往左的岔路走可以去看马戏表演,向右走可以去听一场古典音乐会。你稍一掂量,奔左边的岔路去了。看了一会儿马戏表演,你觉得它不像你想象的那样精彩,你可能有点后悔,"其实我刚才可以去听那场古典音乐会的"。

类似的事情几乎在每个人身上都发生过。在岔路口,你可以选择去听音乐会,尽管实际上你选择了看马戏表演。尽管那场音乐会你永远错过了,你可能认为,你有可能不错过它。从更大的尺度上看,这个岔路口是你生活中的一个点,许许多多个这样的点形成了你生活的主线。在每一个像岔路口这样的点上,你似乎都有超过一个以上的选择。你总是可以相信,如果你在某个点上选择了不同于已经发生在自己身上的事情,你的生活可以是另一种样子。你充分地相信,你通过种种选择,主宰着你的生活,让你过着一种独特的、属于你自己的生活。

从这个例子中,我们可以总结出两个指派责任的条件:

某人 x 为行动 A 负责,当且仅当,(1)是 x 做的 A,或者说 x 导致了 A;并且(2)除 A 之外,x 还有其他可选的行为。

第一个条件可以称为"主事条件",就是说,是 x 做成了 A。如果 A 的完成中没有 x 起的作用,x 就不必为 A 负责。第二个条件可以称为"自由条件",即 x 是自由地完成了 A。如果 x 除了做 A 之外别无选择,

x 也不必为 A 负责。

这种对道德责任的界说似乎反映了我们的常识看法。第二个条件将自由与道德责任联系起来,前者是后者的必要条件。我们很自然地认为,只有自由的、为自己所控制的行为才是我们为之负有责任的。如果你认为你在岔路口的行动是无法避免的、非由你控制的,你事后能够为之感到后悔吗?能够责备自己为什么当时不选择去听音乐会吗?

根据这种看法,我们不对不自由的行为负责。但是,根据决定论,我们的一切行为都是不自由的,因为没有任何人能够做不同于他实际所做的事情。按照这种观点,每件事情(当然包括人类的行为举动)的发生都有一种绝对的不可避免性。持有这种观点的人们说,一个人的所作所为,取决于他的需求、好恶、判断、决定等等,而每个人都是在一定的场合和条件下做出选择的,所有这些,人的因素加上外部环境,合起来使得一个人在一个特定的场合的特定行为成为不可避免的。这就是在哲学上被称为"决定论"的观点。

2. 决定论种种

决定论采纳多种样式,有不同的来源。

神学决定论。决定论的思想可以在西方主要的一神论宗教(犹太教、基督教和伊斯兰教)的教义中找到。基督教的上帝是全知、全能和至善的创世者。一方面,世界中的任何事件都是由上帝决定的,上帝使得它们必然发生。另一方面,由于其无与伦比的能力,上帝不光知道过去和现在,他也知道未来的事情。此刻我正在写作,但我感觉到其实我在决定我是否写作时,我完全有能力决定并且做其他事情,如看电视或喝杯酒。我感觉到,我在决定做什么的时候,我有多个选项,而选择哪一个,完全取决于我。但根据神学决定论,我的感觉纯粹是错觉。如果上帝在创造世界后把他所知的关于世界的一切写下来,里面一定包含着对此时此刻我正在写作的描述。上帝知道整个世界的历史,因此,明天会发生什么,肯定是按上帝已经知道的样子发生。换言之,世界的发展是一条单行道,是预先就确定了的,没有可能像公园的岔路一样,存在多种可能的轨迹。有些版本的神学决定论实际上是一种宿命论。宿命论说的是,世界上的一切状态,都是命运决定的,无论怎样都回避不了。命运有多种可供选择的解释,上天、神明、报应以及自然本身都是候选者。宿命论说,如果我此刻在这里写作是命中注定的,那么无论我怎么努力尝试,都避免不了我此刻在写作的状态。

科学决定论。即使你不相信依赖于宗教学说的决定论,近代科学的发展也为决定论的流行提供了温床。17世纪以来,科学家发现,天体的运动呈现出规律性,是因为它们遵循可以用精确的数学公式表达出来的规律。这种探索自然的方法逐渐取代了早先的直观和思辨方法。科学家们用观察、试验和数学表达来探寻自然规律。这种求知理念愈来愈被接受。人们逐渐认可这样的观念:自然中的一切现象,包括人类行为在内,都受到不可违反的不变的自然法则的约束。被物理科学的兴起所鼓舞的思想家开始用新的资源来重新理解他们从前并不陌生的决定论。今天,人们已经习惯使用因果关系或者自然法则等概念来定义决定论,他们或多或少地不再把人类行为以及其他事件看做是道德、神明或者报应在作怪,而把它们看做是受恒定不变的自然规律支配的。由于相信决定论,相信宇宙现在的状态既是前一状态的结果又是后一状态的原因,18—19世纪的法国科学家拉普拉斯曾自豪地宣称,一个有足够智力的人,如果知道某个时刻世界上全部的作用力以及所有事物在当时的位置,就能用一个公式弄清世界中所有物体的运动。

科学决定论因领域的差异,在不同的领域里采用不同的表述形式,有物理决定论、生物决定论、心理决定论。物理决定论受到牛顿力学的影响,在拉普拉斯的宣言中达到顶峰。生物决定论体现在达尔文的自然选择理论以及现代遗传学理论中。心理决定论则可以在弗洛伊德的心理分析学说和行为主义心理学中找到身影。

其他形式的决定论还有历史决定论、社会文化决定论等。

尽管决定论有众多的表现形式,在今天的背景下,其核心思想仍是一种普遍的因果性,即世界上的任何一个结果和事件,都有某个或某些原因,后者足以并必然导致前者的出现或发生。

3. 决定论与道德责任

下面的一个较为正式的论证表达了决定论对道德的威胁。先给出 5 个前提：

1. 世界中的任何事件都有先前就存在的、充分的原因。（决定论前提）
2. 任何充分的原因都使得其结果必然发生。（因果关系前提）
3. 一个人在某个时刻必然做出某个决策和行动，意味着他在此时刻不可能做不同于他实际所做的决策和行动。（必然性的定义）
4. 如果没有人能做不同于他实际所做的决策和行动，那么任何实际做出的决策和行动就是不自由的。（自由的定义）
5. 人们不对不自由的决策和行为负道德责任。（自由与道德责任的联系）

那么，我们做如下推理：

6. 所有的人类决策和行动都是世界中的事件。（自明的）
7. 所有的人类决策和行动都有先前存在的、充分的原因条件。（1,6）
8. 这些先前存在的、充分的原因条件使得所有的决策和行动必然发生。（2,7）
9. 没有任何人能作不同于他实际所作的决策和行动。（3,8）
10. 没有任何实际做出的决策和行动是自由。（4,9）
11. 任何人对他做出的决策和行动都不负道德责任。（5,10）
12. 伦理学有麻烦。我们的道德实践如赞扬和责备、奖赏和惩罚都是没有根据的。伦理学的基础被动摇了。（11）

这个论证是一个有效的论证，它是否是一个可靠的论证，取决于它的 5 个前提是否正确。无论如何，这 5 个前提都在直观上有相当大的吸引力。决定论的前提在前面有较多的解释和说明。因果关系前提很少受到质疑。自由的定义及其与道德责任的关联似乎是我们日常的自由观和道德观的重要组成部分。例如,我们很少认为,那些在强制之下无从选择的行为是自由的,是能够让行为者负责的行为。需要解释的是涉及必然性的第三个前提。直观上讲,说某个事件或事态是必然的,是指在某种意义上(可以是逻辑的、形而上学的、物理的、生物的),该事件不可能不发生或该事态不可能不成立。说我此刻必然坐在计算机前写作,意思是我此刻不可能处于与在计算机前写作不同的状态,如我此刻不可能在计算机前玩游戏,在厨房里找啤酒,在客厅里看电视,给朋友打电话……所有这些"选项"对我而言是封闭的,或者说,我根本就没有这些选项,或者说,如果我觉得有,那是痴妄之想,世界依其本性没有给我提供这些可能性。

如果我们把这个论证中关于道德责任的部分截掉,剩下的就是形而上学中著名的自由意志与决定论之争。自由意志能够与决定论并存吗?如果答案是肯定的,如何回应上面的论证?如果答案是否定的,我们在自由意志和决定论之间应该如何取舍?对这些问题的探索上演了形而上学领域中一幕持续数百年、延续至今、愈演愈烈并且有扩大化趋势的"三国演义"。划分交战三方的一个极为方便的方法就是看他们对待这个论证的态度。非常明显,不同的态度意味着以不同的方式看待决定论对于道德的挑战。

第一方几乎全盘接受这个论证,就是说,他们认为这个论证的前提是正确的,推理是有效的,因而结论是可靠的。这个观点被称为"刚性决定论"(hard determinism),其主旨是,世界是决定论的,自由与决定论不相容,因而人类的决策和行动都是不自由的,在一个决定论的世界中,自由意志和道德责任都是水中月、镜中花。

第二方认为这个论证是有效的,但它的决定论前提却是错误的。这一方的学名是"意动论"(libertarianism)。意动论与刚性决定论有一个相同点,即都认为自由意志与决定论不相容,两者只有一个为真,因而这两方都被称为"不相容论"(incompatibilism)。意动论者选择相信自由意志的存在,否认我们的世界是决定论的,而刚性决定论则完全相反。上述论证蕴涵一个条件句——如果决定论为真,那么自由意志不存在。这是意动论者乐意接受的,不过他们会说,这正好说明决定论是错误的,因为自由意志是存在的。

第三方拒绝上面的论证。他们的立场是反对前两方的一致之处,即认为自由意志与决定论可以并存不悖,因而这个立场被称为"相容论"(compatibilism)。值得注意的是,虽然相容论者认为自由意志与决定论并不互相排斥,但这并不意味着他们都相信决定论。对一些相容论者而言,决定论是否成立是一个未决的问题,不是单靠哲学论证就能应付的,在很大程度上要看科学的进展。不过,相容论者都相信,即使在一个决定论的世界里,我们有时还是自由的;换言之,一个在其中我们既被决定又自由的世界是可能的。那些相信决定论为真的相容论者也常常被称为"柔性决定论者"(soft determinists)。

由于第一方的刚性决定论观点否认我们是负有道德责任的存在者,挽救道德责任的任务似乎落在后两方身上。如何完成这个任务,就要看他们如何对待前面给出的论证。

4. 如果拒绝决定论……

大部分人相信,世界是否是决定论的,是一个开放的问题。如果上一节的论证成立,如果我们接受决定论,我们似乎就无法说明人类的自由和责任。但是变换一下思路,我们是否可以这样看:或许这个难题是由于接受决定论所造成的呢?也许我们放弃决定论,难题就会消失了呢?这正是意动论者想要探索的出路。

实际上,20世纪的科学发展好像为这个思路提供了支持。我们知道,现代物理学提供的量子世界的图景,揭示了基本粒子行为的非决定论性质。许多科学家相信,至少在某个微观的层次上,决定论是不成立的,因为在此层次上一个粒子的过去并不导致一个唯一的未来,它的行为可以是多样的。或许在这个意义上,基本粒子的模型也适用于人类行为。倘若(至少某些)人类行为不是事先决定的,我们是否就能够说明他们的自由和责任呢?不过,我们先要区分两种对待非决定论的态度:一种是由于坚信自由意志的存在而拥抱非决定论的世界观,另一种是基于其他理由(如量子物理学)相信非决定论为真。后一种态度通常引起其他方面的争论,如量子物理学是否是支持非决定论的证据,自由意志是否与能量守恒原理相抵牾等等,这类争论在目前我们关心的话题之外。

意动论的第一个策略是使用现象学证据。通过仔细地反省、排除各种并不让人十分确定的信息,我们会发现,我们有一类非常好的证据表明决定论是错误的。尽管我此刻坐在计算机前敲打键盘,但我深刻地意识到,我的未来是开放的、有多种可能性,一分钟后我会做什么,在很大程度上取决于我选择哪种可能。我有一种强烈的感受,一种无法抵御的自由的感受,我想要做什么,除了我之外,由不得别人来定夺,或者由不得任何别的事情来确定。这种没有被决定、自己做出决定的感受是强大和明显的。不过,这种现象学证据很少能给我们关于外部世界确定性的结论。例如,我们在极度饥饿时经常感到眼前一黑,在太阳穴遭重击时看到一片金星,其实天正亮,眼前也没有火星喷射。

意动论者的一个常见策略是,即使我们生活的世界在大体上是决定论的,在某些情况下我们的决策和行动可以是自由的。在解释这些自由的行为时,我们不是使用因果决定的概念,而是使用合理性。根据恰当的理由采取的决策和行动是合理的,因此,理由也可以用来解释行为。原因是行动者所无法控制的外部因素,而理由是行动主体的构成部分。真正自由的行动有独特的地位,被理解为是由行动者以独特的方式而发起的。当一个人头脑中有个自由意志,要做出一个行动的时候,他在展现他的一种独特的能力,常常被冠以"自发性""能动性""主动性"之名。这种能力能够参与决定世界中的事件,但它的运作本身却不是被世界中的其他事物所因果地决定的,它超越了决定论的约束。

我们重新思考一下你在岔路口的行为。你抵达那里的时候面临两种可能,向左和向右(为简单计,我们忽略其他可能,如往回走)。如果你的行为不是预先决定的,你在那个时刻既可能向左走去看马戏,也可能向右走去听音乐会,尽管你实际上向左走了。这意味着你向左走的行为不是先前决定的,不仅如此,你的这个行为还是不被任何东西决定的,因为它如果是被某个或某些先前的因素决定的,我们的非决定论设定就不成立。非决定论在这里意味着没有任何东西决定了这个行为。

如果这个行为不是被任何东西决定的,它也不可能是你的选择的结果。你是自由的这个事实必须同时蕴涵着你的行动是由你的意志所带来的。既然这个行动是你的意志或选择的结果,它怎么又不被任何东西所决定呢?

假设你在岔路口做出选择的时候,你的大脑里有一个极其复杂的神经生理过程。为方便计,让我们对这个过程做一个极端简化的描述,这种简化不会影响我们要讨论的核心思想。假定你头脑里有一个特殊的神经元,当它处于激发态时,这个信号就同你体内的其他条件一起使得你抬腿向左走;当它处于抑制态时,其他条件一起起作用,你的身体就朝右走。我们进一步假设这个神经元可能处于什么状态是非决定的,就是说是随机的或碰巧发生的,就像往地上掷一枚硬币会出现哪一面朝上一样。当然,如同已经发生的事情那样,这个神经元当时所处状态是激发态。但是,它当时也可能处在抑制态。如果它处在抑制态,你就去听音乐会了。这或许是为什么你认为"其实我刚才可以去听那场古典音乐会"的原因。

但这并不正确。当你说"其实我刚才可以去听那场古典音乐会"的时候,你的意思不仅仅是说你去听音乐会这个行为可能会发生,你的意思还包括你能够让这个行为发生,就像你认为你实际上让相反的行为发生了一样。但这里的问题是,如果你要成为你的行动的主人,你必须能够就那个特殊的神经元的状态有所选择。你果真能有这样的选择吗?如果非决定论是对的,我们很难看出你有什么选择。你抵达岔路口之间的全部初始条件和自然法则加在一起都不足以确定这个神经元会处在什么状态。它如果处在激发态,那是碰巧发生的事情,纯属偶然,没有任何解释;反之亦然,你对之无法施加任何影响。因此,即使我们具有意动论者所说的那种意志,它也无法用来说明我们的自由行为。

5. 即使世界是决定论的……

相容论者认为,即使世界是决定论的,这并不意味着我们没有自由和责任。这要求相容论者对前面给出的论证做出批判性的回应,指出它错在何处。如果相容论者成功地回应了该论证,他们也就成功地维护了道德责任的存在。

前面论证中的决定论前提中有一个概念,先前存在的、充分的原因,需要进一步解释。这个原因包含两个要素:一个事件之前的世界的(有关)状态或者简称"过去"和恒定不变的自然律。该论证的一个中间结论是,由于过去是不可改变的,自然律也是不可变更的,两者合起来就把现在(以及未来)确定下来。这蕴涵着,任何一个人在做某个行为时,他只能做这个行为,不可能有其他可供选择的行为。

古典相容论。古典相容论者提出了一种假言分析的策略,用它来对付前面论证中的前提3:

> 一个人在某个时刻必然做出某个决策和行动,意味着他在此时刻不可能做不同于他实际所做的决策和行动。

古典相容论者认为,这个前提中包含一个不易发现的误解,它误解了"可能做不同于实际所做的决策和行动"的意思。相容论者说,对"某人可能做不同于实际所做的决策和行动",我们应该给出一个"假言的解释"(hypothetical interpretation),相当于说"某人可能做不同于实际所做的决策和行动,倘若他选择那样做的话"。因此,说你在岔路口可能向右走,就是说如果你选择向右走,你就会向右走,你是有这个能力的。这样,调和论者解释道,自由意志和决定论是相容的,因为即使在一个决定论的世界里,有些人有时可能以别的方式行动,只要他们选择那样做的话。在这个意义上,至少有某些行为是取决于行为者的。

尽管假言解释的策略在相容论者中很流行,但它引起了不少争论。它碰到的一个很大的困难是,单凭"某人可能做不同于实际所做的,倘若他选择那样做"不足以解释"某人有能力做不同于实际所做的"。如果某人缺乏做不同于实际所做的能力,他就没有可能做不同于实际所做的事情。而这种能力的存在是否与决定论相容,人们的看法不一。

法兰克福式的情形。许多人认为,道德责任要求有备选的可能性(alternative possibilities)。美国当代哲学家哈里·法兰克福(Harry

Frankfurt)在一篇影响极大的论文中论证说,在许多情况下,即使一个人没有这些备选可能性,他依旧对他所做的事负有道德责任。法兰克福的论证使用了一个思想实验,我们用你在岔路口的经历来描述这个思想实验。假设有一位高明的脑科学家,他在你的大脑里植入了某个装置,一方面这个装置能监控你的大脑状态,另一方面这个装置可以"反事实地"根据脑科学家的指令干涉你的行为。后一方面需要解释,它的意思是,如果你将要做科学家要你做的事情,该装置不干涉你;如果你要做其他事情,科学家将出手纠正你。你像实际发生的一样,走到岔路口,稍一思索,选择左边的路看马戏去了。有趣的是,你大脑里发生的一切,科学家都知道,但他并没有干涉你的行动。当然,如果你当时决定选择右边的道,科学家会来干涉,但实际上这种情况并没有发生。法兰克福认为,这个思想实验表明:第一,事实上你在岔路口时除了走左边的道外,并无其他备选的可能性;第二,你依然对你的选择负有责任。结论似乎是,道德责任并不要求备选的可能性。受法兰克福的影响,许多相容论者纷纷设计出类似的、涵盖面更广的情形来证明决定论与道德责任的相容性。这些情形通常被称为"法兰克福式的情形"(Frankfurt - style cases),在相关文献中一时蔚为大观。

相容论者认为,法兰克福式的情形表明,即使决定论威胁到自由意志和道德责任,那也不是因为决定论与做其他事情的能力相抵牾;即便决定论与某种基于做其他事情能力的自由相抵牾,这种自由也不是道德责任所要求的自由。

法兰克福的策略并非无懈可击,因为他的论证达成的目标是有限的。这是因为,即使我们承认在他设计的情形中道德责任并不要求备选的可能性,但这并不意味着决定论的威胁就解除了。你由于受到脑科学家的监控,在岔路口时实际上并没有备选可能性,但备选可能性的缺乏只是一个局部事实,即仅就你个人的行动而言。你的行动没有备选的可能性,并不意味着整个世界是决定论的。决定论是全局性的,一旦决定论成立,你在岔路口实际别无他择,但反过来不成立。在法兰克福式的情形下,你本人的行动没有备选的可能性,但整个情节(你加上那科学家)却似乎是非决定论的。这是因为,如果科学家在你实际做出选择时,还有能力干涉你,那么你的选择就不是被先前的原因条件所决定的。科学家有选择的余地,表明这个情节不是决定论的。

6. 决定论再思考

刚性决定论、意动论和柔性决定论之间混战了几个世纪。直至今日,关于自由、道德责任和自由意志之间的关系,依旧是众说纷纭,各执一端。虽然近年来这个领域里产生了大量的哲学文献,哲学家们纷纷推出各种构思巧妙、无微不至的案例和论证,但他们之间的分歧不仅没有得到有意义的整合,反而渐行渐远。这种现象在哲学的每个领域都存在,但在决定论的问题上尤为突出。指望这一章的讨论得出明确的、能被广泛接受的结论,肯定是不切实际的。

从逻辑上看,这三方的观点似乎穷尽了可被持有的立场的可能性。你如果不赞同相容论,你只能接受不相容论,而在这个前提下,你又需要在刚性决定论与意动论之间做出取舍。或许,我们应该返回来思考一下,这种状况的症结出在哪里,还有没有新的出路。下面我将结合当代物理学,尝试给出一种对决定论的新理解,然后看看这种经过重新理解的决定论是否为道德责任留下地盘。当然,这种尝试是非常粗线条的,欢迎有兴趣的读者自己去填充必要的细节。

古典的因果决定论的表述借助了两个前提:第一,过去是固定的、无法变更的;第二,自然法则是不可能被违反的。这些前提似乎是我们(不管是决定论者还是非决定论者)的常识的一部分。刚性决定论者认为两个前提蕴涵着我们除了做我们实际所做的,别无他途。意动论者并不挑战这两个前提,只是强调它们合起来也无法决定一个有自由意志的人的行为。大部分相容论者在接受这些前提的条件下,试图做出某种调和,如利用假言解释的技巧。在第一个前提的背后有一个根深蒂固的形而上学图景,那就是,世界早先的状态被看做是本体论上具有特殊地位和力量的状态——过去决定现在,相对于过去而言,现在似乎是开放的;现在决定未来,相对于过去和确定了的现在,未来是开放的。当然,这种开放性对于相容论和意动论有不同的意义。这种用过去—现在—未来的单向决定结构来表达世界状态的方式就是我们习以为常的三维框架。

对当代基础物理理论的最好解释并不支持这种三维框架,即使这些理论被理解为是决定论的。如果世界的早先状态可以被视为固定了后来的所有状态,在同样的意义上,后来的状态也可以被视为固定了先前的所有状态。因此,过去并不具有某种现在和未来所不具有的本体论特权。我们不再说,我们的行为只是受制于过去,而现在和未来不仅不制约我们的行为,而且受制于我们的行为。如果我们采纳一种四维的宇宙框架,我们会看到,过去－现在－未来这样的单向决定结构不再具有描述意义,或者说,不再有任何适用性。在四维宇宙里,我们只有时空区域(regions of space-time)及其状态。在使用过去、现在、未来这些概念时,我们假设了某个特殊视点的存在(如现在),我们赋予现在某种独特的地位。在四维框架下,一切只是不同的时空区域,基础物理学旨在揭示这些时空区域之间的逻辑关系,而不是时序关系,因为这些区域在本体论上是等量齐观的,没有哪个区域比别的区域更具有"实在性"或者"真实性"。在这样的世界里,假定它是决定论的,它的每一个部分都与其他部分处于一种决定或固定关系之中,没有哪一部分搞特殊化,扮演更强势或更弱势的角色。

如果上面的勾画成立的话,决定论对于自由和道德的含义就可以得到新的揭示。造成这个问题难解的一个主要因素是因为各方都隐含地接受了一种用三维图景表述的单向因果决定的观念。根据这个观念,不可改变的过去事件加上不可违反的自然律唯一地确定了后来的事件,正是这种不可变更性剥夺了自由和责任的可能性。一旦我们放弃这种三维图景,代之以更加符合当代基础物理理论的四维框架,不可改变的过去的观念就无法在否定自由和道德责任的论证中起任何作用。从这个角度看,相容论者不必为他们曾经面临的最大苦恼而苦恼了。当然,这些只是纯防御性的,要从正面给出一个对自由和道德责任的说明,说明它们在"决定论"的、四维的宇宙中何以可能,则是另外一项艰巨的任务。

建议阅读文献：

1. A. J. Ayer, "Freedom and Necessity", in *Free Will*, ed. Gary Watson (Oxford & New York: Oxford University Press, 1982), pp. 15-23.
2. Peter Van Inwagen, "When Is the Will Free?" *Philosophical Perspectives* 3 (1989): 399-422.
3. Harry Frankfurt, "Alternative Possibilities and Moral Responsibility." *Journal of Philosophy* 66 (1969): 823-839.
4. Carl Hoefer, "Freedom from the Inside Out", in *Time, Reality and Experience*, ed. C. Callender (Cambridge: Cambridge University Press, 2002), pp. 201-222.
5. Galen Strawson, "The Impossibility of Moral Responsibility", *Philosophical Studies* 75 (1994): 5-24.

第三章 上帝之死

上帝之死是一个现代文化现象,解释这种现象的成因不是这里的任务。我也无意去详细评价这种现象是积极的还是消极的。我将要关注的是一种概念上的工作,即,上帝之死是否意味着伦理学是没有希望的。利己主义和决定论对伦理学的挑战体现在我们无从选择的想法上。利己主义者说,由于我们的本性,我们不可能选择去做道德的事情;某些决定论者说,由于世界的本性,我们所做的一切都是在我们的控制之外的。上帝之死对于伦理学的挑战则来自另外一个角度:即使我们有选择,即使我们也许不是完全自私的,但我们面临一个道德困境,那就是,我们失去了道德标准(如果曾经有的话),失去了道德指引,甚至对许多人而言,失去了道德信心。这个挑战认为,没有这些标准、指引和信心,我们无法知道什么在道德上是对的、什么是错的,无法按照是非对错办事,也无法保证善有善报、恶有恶报。造成这个困境的原因是道德标准的根基崩溃了——在西方,人们说上帝死了,或者说,越来越多的人意识到,上帝这种东西从来就没有存在过;从更一般的角度看,实际上是那些人们曾经认为是维持道德秩序的、超人类的绝对权威退出了舞台。

世界上除了信徒之外,还有不信神的人即无神论者,还有未置可否的人即存疑论者(agonistics)。随着世俗化和科学化的拓展和加深,后两类人群的数量越来越大。这个文化现象是否反映了上帝不存在的事实,是另外一个话题。当尼采发出"上帝死了"的宣言的时候,他是在吁求人类在生活和价值上的一个转换。他并不想去证明上帝的不存在。证明或否证上帝的存在是形而上学家的工作,而这种工作正是尼采不屑一顾和想要超越的。

当然,并不是每个在思考道德的前景的人都会面临上帝之死的挑战。例如,许多无神论者和存疑论者就不承认有这个挑战。从社会和文化的角度看,不信神的人们跟信徒们相比,并不缺少道德感,在道德实践上并不逊一筹,缺少宗教信仰的人并不必然缺少道德信念,因此,道德跟宗教信仰没有直接的关系。不过,这种反应可能过于简单。或许你生长在无神论的环境中,朴素地接受了某些道德信条。如果你有足够深刻的反思,情况可能不一样。例如,有神论者可能说,你接受的道德是表面的,你并没有触及道德的真正根基;他们甚至说,道德存在的事实,恰好证明了某个超人类的实体的存在,正是这个实体为人类生活制定了道德价值和义务。另一方面,无神论也可能滋生道德怀疑论和虚无论。这一点与我们讨论决定论对道德责任的威胁时看到的情况有类似的结构。刚性决定论者和意动论者都认为决定论与道德责任不相容,两者的差别是,意动论者相信一个反事实条件句:设若世界是决定论的,那么道德责任不存在;而刚性决定论者相信一个实质条件句:因为决定论为真,所以道德责任不存在。在道德与上帝的关系上,某些无神论者,跟刚性决定论者相像,接受一个实质条件句:因为不存在一个超自然的、为人类行为"立法"的实体,因而道德法则是不存在的;还有一些无神论者认为道德是某种"错误意识"带来的错觉,是统治阶级欺骗人民的手段;更有一些科学主义者认为自然界中根本就不存在道德价值这种东西,或者说,道德的存在与我们对世界的最好的理解是不相容的。

因此,弄清上帝之死对于伦理学的意义是一项清理伦理学基础的工作,人们对这个议题的关注在伦理学中历久不衰。

1. 卡拉马佐夫论题

宗教对人类生活的影响是显而易见的。世界上大大小小的宗教在数量上超过千种,几乎所有的宗教都对道德生活提供了理解。人们要互惠地、和平地和繁荣地生活在一起,需要各种明确或隐含的对相互行为的限定。在许多宗教的教义中,除了某些仪式上的管理外,还有一些禁令。希伯来的《圣经》中包含上帝为人类行为建立的规范,在著名的"摩西十诫"中,我们看到孝敬父母(第五条)、不可杀人(第六条)、不可奸淫(第七条)、不可偷盗(第八条)、不可作假见证来陷害他人(第九条)、不可贪恋他人的财产(第十条)这些诫命。东方宗教也有许多富含道德内容的条款,如佛教的"五戒十善"中的五戒分别是:不杀生、不偷盗、不邪淫、不妄语、不饮酒。这些戒条所规范的都涉及人类生活最基本的方面,如生命、性、财产、家庭、社会交往和个人修养。许多学者干脆把伦理和道德植入对宗教的定义之中。英国诗人、社会批评家马修·阿诺德(Mathew Arnold)说,"宗教是被感情所拔高、所激发、所陶醉的伦理"。法国社会学家涂尔干(Emile Durkheim)是这样定义宗教的:"宗教是一个与神圣事物相关的信仰和实践的统一系统,神圣事物是超然物外的和冒犯不得的,这些信仰和实践将其所有信奉者结合成一个单独的、名曰教会的道德共同体。"英国哲学家布拉德雷(F. H. Bradley)说,"宗教是通过我们存在的每个方面来表达善的全部实在的企图"。

宗教的影响通常不仅是通过各种经文和注疏展现出来的。各大宗教传统中都流传着大量的信徒、圣徒和典型人物的事迹,他们中有许多成为其传统的道德样板。基督徒的道德推理经常采用这样的形式,"如果耶稣处在你的位置,他会怎么做?"对一个社会、尤其是一个宗教势力很强的社会来说,宗教的力量是不可忽视的,甚至在很多方面还是决定性的。无论是从经济、文化还是生活的层面,常人在做事情的时候,是不必作复杂的道德推理的,因为那些生动的典型,为他们的思考和行动提供了快捷的参考方式。

在许多人看来,伦理学有一个宗教的基础,是非常自然的。他们为上帝之死忧心忡忡。在他们看来,上帝之死摧毁了对道德生活而言必不可少的东西。在宗教社会里,人们供奉他们的神,按照神的意愿去生活,成为他们生活最基本、最强大的约束。对许多人来说,他们的神是他们所遵守的道德法则的唯一来源,他们的宗教教义完全覆盖了他们的道德义务。信仰带给信徒两种信心。首先,信仰让他们相信对错的标准是客观的存在,他们的行为被置于这些绝对的标准的检测之下。人类历史上的许多战争是由宗教引起的,参战的人们抛头颅、洒热血,不惜牺牲生命,都是由于他们坚信自己是为真理而战,自己的事业符合神的旨意,因而是绝对正义的、值得冒死犯难的;而他们的敌人则是堕落的、邪恶的、应该被消灭的。第二,由于他们相信绝对权威的存在,他们也相信绝对权威设计的奖惩机制。按照神的意愿去生活,按照神的教条去行动,就可以上天堂、得享永福;反之,地狱和无尽的折磨就是一个人的归宿。是上天堂还是下地狱,审判那天一切都会兑现。这两种信心才是道德的保证。除此之外,信徒们对道德的尊崇还体现在对上帝的感激之上,感激他的仁慈和赐福,以服从和服务作为回报。

上帝之死对于伦理学的威胁正好在于这两种信心的丧失。第一,道德被看做是一套规则系统,这套系统必须有一个立法者。如果没有这样一位立法者,那意味着没有任何行为是不道德的。或许帝王、圣贤都可以立法,但这样的人间法则不具有普遍性和客观性,更不具有至高无上的权威性。第二,如果人们不相信有一个超自然的力量在行使他的道德权威,那么他们就可以无所顾忌地为非作歹。基督教的教义中有末日审判之说,它让好人上天堂,坏人下地狱。佛教中有业报之言、轮回之论。这些威慑力的存在体现在完美无缺的奖惩机制中,维持这个机制的,正是那些神圣事物。其实,这两种信心之间存在着一种张力。第一点说上帝之死使得道德与不道德之间没有界线了,然而,如果世界上不存在道德与不道德之分,怎么可能会有人为非作歹呢?

有神论的道德观也可以对无神论者发生影响。中国传统中的知识分子大体而言是不信教的,但是在迷信权威上不逊于宗教信徒。除了有人倡导成立儒教外,更有把先哲、政治领袖神化之风,将某些学说定于一尊,供人们引经据典。无论是有神论者还是无神论者,他们都以各种方式为社会确立权威,这些权威通常成为政治和道德领域的指南。

为方便计,在下面的讨论中,我们把注意力集中在西方主要的一神论传统的宗教上,即犹太教、基督教和伊斯兰教。尽管三者有许多差异,它们的确在一些重要的核心学说上是相同的。它们都断言一个真神的存在。在这些学说中,上帝是一个超自然的存在者;他像人但无肉身;他是永恒的、自由的、全能的、全知的、全爱的;他是包括人类在内的宇宙的创造者;他是人类服从和崇拜的唯一对象。我们特别关注这些宗教,是因为许多信徒认为,他们的宗教是人类的道德规范的唯一来源。

将道德建立在宗教的基础之上的伦理学理论常常被冠以"神令论"(Divine Command Theory)之名。哲学家一般把伦理学的内容分为两个领域:一个是价值论的,一个是义务论的。前者是关于善和恶的说明,使用善、恶、无所谓等概念;后者是关于义务的说明,要求、允许和禁止是基本的概念。神令论的伦理学几乎只关注后一个领域。根据神令论,一个行为(类型或个例) A 是被要求的,当且仅当上帝命令 A;一个行为是禁止的,当且仅当上帝命令非 A;一个行为 A 是允许的,当且仅当上帝没有命令非 A。一个统揽性的表述是,神令论主张,一切人类义务排他性地出自上帝的命令。在神令论中,上帝与道德的关系可以被理解为立法者与法律的关系。立法者使得某些事情是合法的、非法的,在同样的意义上,上帝使得某些行为是必须做的、允许做的或禁止做的。

说到这里,我们自然可以得出一个结论。神令论意味着,假如没有上帝,一切都是允许的。美国宗教哲学家菲利浦·昆因(Philip Quinn)把这个断言称为"卡拉马佐夫论题",因为它出自陀思妥耶夫斯基的小说《卡拉马佐夫兄弟》的主人公之口。

2. 神令论的几个明显困难

神令论声称为人类道德提供了一个毋庸置疑的基础,因为每个行为的道德特点都可以通过上帝的旨意来确定。但是,它的可靠性有待进一步的检验,验证的标准取决于它如何面对一些明显的困难。

在许多实践问题上神令论无能为力。神令论说,上帝的意志就是道德法则。但是,即使在有神论者之中,也存在着大量的关于这些法则的内容的分歧。例如,在上帝如何对待离婚、非婚性行为、同性恋、人工流产、自杀、死刑、军备竞赛、环境保护、动物权利等问题上,信徒们意见不一。他们似乎也找不到合适的方法来确定上帝允许或禁止哪些事情。这些分歧反映出一个问题——上帝的命令无法可靠地用来指导实际行动。

神令论者的一个常见答复是这样的：人们从多种途径获取关于上帝的命令的知识，有人阅读《圣经》，有人听从教会，有人做祷告。这些不同来源的知识在很多问题上常常有冲突。但是，人们可以运用自己的理性去推断，一个仁爱、具有超级智慧和公正的存在者将会在那些实践问题上释放什么命令。

这个答复的缺点是，它要么原地踏步，要么让神令论变得无关紧要。原地踏步，是因为人们使用了理性的手段之后，仍没有达成关于上帝的命令的一致意见。神令论变得无关紧要，是因为一旦人们通过理性就能达到真正的道德知识，上帝的命令变得多余。

《圣经》中的道德缺陷。在人们的社会实践中，道德探究和宗教探究经常纠缠在一起。在许多情况下，人们的道德判断直接地出自宗教语境，"天杀的""下地狱的""菩萨心肠""上帝保佑"等等是最常见的道德谓词。根据神令论，上帝的告诫是唯一的、终极的道德资源。当然，这并不是说，在每个具体情况下，人们都要先参考上帝的告诫再行动。领会上帝的旨意有一些但并不太多的途径：宗教体验、阅读圣经、咨询教会等。我不准备讨论所有这些形式的神启，只把注意力集中在《圣经》文本的解读上。

希伯来圣经《旧约》被西方三大一神论宗教奉为权威经书。如果它的记载是绝对正确的，我们会发现，大量我们认为在道德上恶的东西，《圣经》是允许的甚至要求那么做。这里略举几条。上帝要求的事情有：杀死通奸者、同性恋者、安息日工作的人，驱逐皮肤病患者，让以色列人搞种族清洗，砸死渎神者，等等。他允许的事情有：奴隶制、父亲卖女为奴、强奸女俘虏或将其霸占为妻、虐待儿童、以儿童为祭品以求得他帮助战事，等等。从上帝的品格和作为看：他嫉妒心极强，要独占人们的膜拜；为一些人的过错而惩罚其他人，如男人为亚当之错注定劳作，女人为夏娃之失而忍受分娩之苦；蓄意屠杀无辜者，如为威胁法老而杀死埃及的所有初生儿，等等。

仅有这些并不足以击败神令论的支持者们，他们会用各种技巧，甚至非常高深的哲学和神学思辨技巧，来调和并重新解释经文，使之与目前的道德感相协调。但是，这仍旧留下一个问题。不管《圣经》是写实的还是寓意的，我们对它的阅读本身就是一个道德思考的过程。我们在研究一个文本的道德内容时，不可能是完全被动的受体，许多时候要使用自己的道德感和理性，这些又从何而来呢？显然不是文本给予的。更有一些护教论者，试图捍卫他们的教义，声明《圣经》上说的没错，是我们的理解有错，才对它产生怀疑。但是我们在评价这些解释性的尝试的时候，我们的头脑不是在做相关文本的备份工作。我们常常从文本中抽身出来把文本作研究对象，站在足够远处审阅文本，询问某个文本是否代表了一种可以接受的道德。所以，当我们去阅读文本、领会天意的时候，我们是在进行自己的道德思考，进行道德论证和推理。

恶的问题。恶的问题并不是对神令论的直接反驳，它针对的是神令论所依赖的一个全知、全能、全善的上帝的观念。这样一个上帝如果存在的话，他也应该预计到人类面临的可能的灾难，并且有能力和有理由防止灾难的发生。现实中存在难以计数的灾难或者恶，像野蛮的人类大屠杀，夺去无数生灵的瘟疫，可怕的洪水和干旱，无论是人为的还是自然的，都让我们有理由怀疑这个上帝的存在。

有神论者对恶的问题有多种回应，其中最有力的当属一种被称为"自由意志防卫"（free will defense）的辩护。其核心想法是，如果人类的行为不是出自他们的自由意志，那么道德上的善就不可能。这里的自由意志是上一章讨论过的意动论式的自由意志，亦即，它是反决定论的。为了创造出道德善，上帝必须创造出具有自由意志的造物。由于自由意志是反决定论的，因而上帝不可能造出既具有自由意志、同时又只行善不作恶的造物来。上帝的这种无能无损于他的无所不能，因为上帝也无法违反形而上学的必然性。由于人类具有作恶的自由，因此上帝无法造出一个全善无恶的世界——这是可能的。自然的恶可以类似地处理，只不过作恶者是同样具有自由意志的撒旦及其同伙。

"自由意志防卫"的吸引力，一方面要借助一种意动论的形而上学，另一方面依赖于我们极其看重自由行动。即使把意动论的形而上学的问题放在一边(上一章对此有所讨论),我们也需要重新审视自由意志之善。假设作为一个旁观者,当你看到纳粹的集中营、看到南京大屠杀时,你会如何着想?你是宁愿这些事情发生并且类似的事情将来还要发生,也要让人类的行为自由,还是反过来,为了制止这些恶,宁愿他们没有这种自由意志?

另外一个相关的问题是神之恶的问题。上面谈到的恶只是上帝没有制止的恶。神之恶说的是,如果基督教的经文是纪实的,那么基督教的上帝自己犯了难以计量的恶行。单以上帝的惩罚之一为例。根据正统的教义,不信上帝的人将永堕地狱,受尽折磨。这种惩罚的性质可以从质(折磨的强度)和量(折磨的持续期)上来刻画。在质和量两个方面,下地狱的惩罚都是任何人间的酷刑所无法比拟的,这种惩罚甚至是无法想象的。但是,惩罚的理由却是卑微的,被惩罚者不过是缺少某种信仰。惩罚的理由与惩罚的尺度之间的这种巨大的不相称,超出了俗世间任何不正义的判决所能达致的程度。

3. 游叙弗伦两难

以宗教为基础的伦理学在哲学史上受到的最强冲击,很早就出现在柏拉图的对话《游叙弗伦》中。游叙弗伦的父亲涉嫌杀人。作为一个自认为明是非、懂虔敬的青年,游叙弗伦准备去法庭告发他的父亲。在法庭入口处,他与苏格拉底有一段著名的对话。他告诉苏格拉底,他相信他所做的事情是虔敬的。苏格拉底问他什么是虔敬,他的回答是,凡是让诸神喜欢的,就是虔敬的,凡是让诸神厌恶的,就是不虔敬的。苏格拉底接下来提出了一个流传后世的问题:

> 诸神喜欢虔敬之举为是因为它是虔敬的,还是说,它是虔敬的是因为诸神喜欢它?

这个问题史称"游叙弗伦两难"(Euthyphro's Dilemma)。

用一神论的上帝替换柏拉图多神论背景中的诸神,用命令替换喜

欢,用更一般的道德概念,如正确,替换虔敬,我们就可以得到一个针对神令论的"游叙弗伦两难":

> 上帝命令正确的行动是因为它是正确的,还是说,一个行动是正确的是因为上帝命令了它?

为什么这是一个两难呢?这是因为,上面的两个选项,(1)上帝命令正确的行动是因为它是正确的,(2)一个行动是正确的是因为上帝命令了它,似乎是互相排斥的。这两个选项的区别可以用一种形象的比喻来说明。第一个选项的意思是,上帝扮演着道德标准的发言人的角色,或许是一个完美的发言人。第二个选项的意思是,上帝是道德标准的制造者。想象一个政府的新闻发言人。如果他是一个完美的新闻发言人,那么他的每一个新闻报告都反映了一个业已存在的事实,他的报告的真实性依赖于事实如何,但他决不能创造事实。苏格拉底的提问对神令论而言是一个两难,是因为采纳任何一个都会导致神令论者难以接受的后果。

我们先看第一个选项。它意味着上帝的命令受制于上帝之外的道德标准,就像新闻发言人的报告受制于外部的事实真相一样;也就是说,在上帝的命令之外独立地存在着道德标准。上帝发布什么命令,要看这些命令是否体现了道德标准。这意味着,上帝不是道德标准的制定者。另一个方面,如果道德标准独立于上帝而存在,那么人们可以直接去探索或求助他,上帝作为道德创造者的角色就失去了意义。无论如何,这是神令论者无法接受的。

那第二个选项呢?它似乎是神令论者仅有的选择,也是神令论者乐于接受的,他们不是正像游叙弗伦那样声称神之所好即吾之义务吗?按照这个选项,上帝的喜欢或者命令,使得一个行为正确。如果上帝喜欢诚实,那么诚实的行为就是正确的;上帝憎恨偷窃,那么偷窃的行为就是错误的。总而言之,无论上帝喜欢或命令什么,它们都是正确的。在这样一种对伦理学基础的理解中,上帝不再是道德事实的报告者,而是创造者;换句话说,上帝不是选择正确的事情来发布命令,而是他的任何命令都直接成为人类的义务。上帝凭自己的力量,就能使得一个行为成为正确的。这个选项的一个后果是,伦理学的基础建立在上帝的专断之上:上帝怎么说,人类就应该怎么做;用人们熟悉的话讲,强权即公理(Might is right)。道德法则如果出自上帝的肆意命令或偏好,伦理学反而失去了基础。神学中有一个人们长久讨论的问题。上帝命令亚伯拉罕杀死自己无辜的儿子以撒作为献祭,亚伯拉罕应允下来。尽管使者的出现戏剧性地免除了可怕的结局,人们依旧怀疑下达这个命令的上帝是否值得崇拜和服从,以及如果值得的话,理由是什么。如果是因为他无比的力量,那么崇拜是出于奴性;如果是因为他那美妙的奖赏或可怕的惩罚,那么服从是出于自私自利。这些都不是我们所理解的积极的道德条件。

如果上帝的力量不足以创造道德法则,那么我们要问,上帝命令或喜爱某些事情,是否是基于某些理由?如果上帝的好恶没有任何理由的话,他的命令当然是任意专断的;如果他喜欢欺骗、偷盗、残忍,那么欺骗、偷盗、残忍都是善。这样的命令不足以为伦理学奠基。如果上帝基于某种理由命令或喜爱某件事,比如诚实,那么是这种理由,而不是上帝的命令,最终解释了为什么诚实是我们的义务。在后一种意义上,上帝的命令并没有把诚实变成一件好事。

许多神令论者并不为这个两难所动,他们提出,上帝除了全能之外,还是全善的。这样一位上帝,依其固有的全善本性,不可能喜欢欺骗、偷盗、残忍,因而那些任意专断的指责是不能成立的。但是,我们在什么意义上说上帝是全善的?根据神令论,如果没有上帝,就没有善恶之分,因此一个东西是善的意味着它是上帝喜欢的。这样,说上帝是善的,只不过是说上帝是上帝喜欢的,即上帝是自爱的。但是,仅从上帝是自爱的,我们推不出上帝不可能喜欢欺骗、偷盗、残忍。说上帝依其本性是善的,说的是上帝的所喜所好是依据道德规则的,不是说他的所喜所好创造了道德规则。对照前面的新闻发言人的例子。一个完美的新闻发言人是一位遵守职业规则的人,就像一位指哪儿打哪儿的神枪手一样。一个新闻发言人不是通过制造新闻发言规则来成为一位完美的发言人的,就像一位枪手不是靠打哪儿指哪儿成为神枪手一样。上帝的情况是类似的。他的至善体现在他知道所有的道德规则并且总是严格执行这些规则，而不是体现在他创造了这些规则。

神令论者说上帝不可能命令或允许欺骗、偷盗、残忍。为什么？假定你是一位神令论者，你相信上帝是仁爱的。一天你得到某种神启，说上帝要求你每天去偷窃一件财物。几乎每个人都会说，一位仁爱的上帝绝对不会下这样的命令。人们这么说的原因不是因为他们认为上帝是仁爱的，而是因为他们认为，正因为偷窃是恶，所以仁爱的上帝不会命令偷窃。上帝作为全善、全爱、全知者，看得清这些道德事实。充其量，这只能说明上帝比人类更有能力认识道德真理，而不能说明上帝创造了道德真理。

4. 总　结

如果上帝不是伦理学的基础，那么上帝之死对伦理学而言并非一个灾难。我本人不相信任何超自然的位格或力量的存在，更不相信，伦理学必须有一个超自然的基础。但是，对各种宗教教义的怀疑并不意味着对它们的道德功能的轻视甚至否认。或许，我们需要的是一个更健全的对宗教和道德之间的关系的理解。

如果前面的分析成立的话，那么宗教或许在某种程度上、对于某些人而言可以成为道德的心理基础，但绝不是它的逻辑基础。宗教为人类的许多情感提供了栖所、温床和慰藉，对许多人来说，它是许多深刻的人类诉求的依据，这些诉求包括对自身有限性的超越、对宇宙秩序的敬畏、对终极性和绝对性的体认、对生命意义的追寻。在宗教的语境中，恐惧和希冀并举，欲望与禁忌共生。宗教所要求的虔诚心和奉献感，是一类非常独特的人类心理现象。它们与各种教义中蕴藏的丰富道德戒条一起，为信徒们的行为动机增添了极为复杂的道德因素。

除了动机上的作用之外，宗教还常常为信徒们提供了方便的道德推理途径。每一种宗教传统都是一个道德样本的大橱窗，展示着历史中生动的道德事例。先知圣徒、高僧大德的言行常常是后来者习惯使用的快捷的行动指南。值得注意的是，这些道德典型的影响并不局限于信徒的范围之内,通常扩散到整个社会,成为整个共同体共享的道德资源。

虽然宗教提供了道德思考上的便利,强化了道德行为的动机,但前面的分析表明,宗教对于道德生活而言,在动机上不具有排他性(即唯有宗教考虑驱动人们的道德行为),在推理上不具有确定性(即教义产生确定的道德结论),在内容上不具有权威性(即教义提供正确的道德原则)。虔诚的信仰和深沉的奉献感,在实践的层面上既可以为善,也可以作恶。宗教迫害、各种形式的圣战、宗教裁判所、恐怖袭击无不是人类道德实践中最触目惊心的场面。

道德领域与人类生活的其他领域并不是泾渭分明的,事实正好相反。在任何一个成熟、丰富的文化中,与道德思考相互影响的,除宗教之外,还有神话、文学、艺术等等。

以神话为例。神话是人类的虚构。人类用神话来构造一个想象的世界,而不是用它来描述现实的世界,在这个意义上,它不同于哲学和科学。神话中的人物、角色多是不存在的,神话中的事件多是反自然规律的。《宝莲灯》中沉香"劈山救母"对于我们的物理世界不可能为真,但它传递了一个道德信息——孝是美德。它以独特的方式与我们进行对话,让我们获得生动、亲切和直观的触动。它所传递的道德信息在我们中间代代相传,在每个时代得到重新的审视和解释。这种虚构的道德样品所行使的道德功能,并不逊色于冗长的说教和浩繁的经典。从这个角度看,神话只是已有道德的一种形象的表达。宗教的道德功能可以类比于神话。在无神论者看来,宗教像神话一样,也是一种人类虚构,人们通过宗教来表达和强化他们的伦理信念。与神话扮演的角色近似,宗教只是伦理信念的象征,而不是基础。

或许,上帝之死不应该被看做是一件值得惋惜的事情。当一个神话不再给我们传递信息了,这说明我们不再为它所触动。上帝之死意味着我们脱离了先前深信的神圣秩序,或者说让虚构与现实脱钩了。失去了确定性,我们可能赢得了自由。或许人类可以有道德法则,但道德法则不需要一个超级立法者。或许道德是我们为自己立的法。

建议阅读文献：

1. 当代神令论伦理学的一个代表性版本见 Philip Quinn, *Divine Commands and Moral Requirements*（Oxford：Clarendon Press, 1978）。
2. 休谟在他的《自然宗教对话录》给出了对恶的问题的经典表述。
3. 用自由意志防卫来对付恶的问题的挑战，见 Alvin Plantinga, *God and Other Minds: A Study of the Rational Justification of Belief in God*（Ithaca and London：Cornell University Press, 1990）。
4. 对神之恶的讨论见 David Lewis, "Divine Evil", in *Philosophers without Gods: Meditations on Atheism and the Secular Life*, ed. Louise Antony（Oxford & New York：Oxford University Press, 2007）。
5. 游叙弗伦两难出现在柏拉图的《游叙弗伦》中，见 Plato, *Euthyphro*, in *Complete Works*, ed. John Cooper（Indianapolis：Hackett Publishing Company, 1997）。

第四章　相对主义

前几章考察的对伦理学的挑战,尽管出发点各异,但都指向一个相同的结论:伦理学是不可能的。这种不可能性是基于道德的某些必要条件被剥夺,以至于毫无道德可言:或者我们不可能有真正的道德动机;或者我们不可能有真正的道德责任;或者没有道德法则的立法者。在这一章,我们要面临的挑战不是道德不存在,而是道德太多了。说道德太多,不是指一个道德的内容太丰富,而是说道德的个数太多。这个挑战声称,不同的社会文化实践着不同的道德规范,对于人类而言,不存在普遍可接受的伦理标准。如果不存在普遍的伦理标准,伦理学似乎失去了研究对象,伦理学的工作完全可以被民俗学、社会学以及人类学方面的工作所替代。这就是来自相对主义的挑战。

要理解相对主义的挑战,我们不妨将伦理学与礼节和数学做一个比较。礼节因社会而各不相同,一种举止在一个社会中很得体,在另一个社会中可能是不恰当的。中国人一般不当着客人的面打开礼物,美国人则相反。人们通常不认为不同社会的礼节存在着优劣之分,因而有入乡随俗之说。换言之,礼节是局部性的,是建立在特殊的社会实践之中的;人们认为不同理解的差异完全是自然的,无所谓高下对错。数学则处于另一端。人们不认为 7 + 5 在一个社会等于 12,在另一个社会可以等于 15。换言之,数学是普遍性的,不受社会差异的影响。那么,道德呢?道德相对主义者认为,道德规范更像礼节,不同社会所实践的道德有着相同的有效性,彼此之间没有对错优劣之分。他们还认为,只有采纳这个立场,我们才能真正宽容那些持有我们不认同的道德观的社会和人们。因而,道德相对主义声称,伦理学试图去发现适用于全人类的普遍道德规范,是既无必要,也不可能的任务。

相对主义思潮有形形色色的变种,在我们这个时代有巨大的影响。对于相对主义是否正确、接受相对主义会带来什么样的后果,人们看法不一。有些人认为,相对主义有明显的经验证据的支持,应该是人们本能上就接受的观点;有些人认为,要破除傲慢自大、各种文化沙文主义和种族中心论,相对主义是令人鼓舞的良药利器。也有一些人认为,相对主义是一种肤浅、似是而非、内在地不一致的学说,哲学家卡尔·波普(Karl Popper)更是称之为"我们时代的主要哲学疾病"。

1. 文化多样性

从古到今,文化的多样性就一直得到关注。到了20世纪,随着东西方文化交往和碰撞的增多和加剧,人们越来越强烈地意识到不同的社会实践之间的多样性。当代对道德相对主义的关切以及相关争论的兴盛,在很大程度上是由20世纪上半叶一些人类学家和社会学家的工作引起的。下面我叙述三个有代表性的例子,它们在许多文献中都得到了讨论,为人们所熟悉。我们每个人在自己的经历和阅读中都能接触到大量案例,需要关心的是,从这些明显的、不可否认的文化多样性中我们能够推导出哪些具有伦理意义的结论来。

大流士的恶作剧。古希腊伟大的历史学家希罗多德记载了这么一个故事。波斯国王大流士把他治下的一群希腊人召到跟前,问用多少钱可以收买他们,让他们吃掉他们死去的父亲的尸体。希腊人的答复是,多少钱都诱惑不了他们。大流士又招来一群被称为卡拉丁人(Callatians)的印度人,这些卡拉丁人有吃掉亡去父亲的遗体的习俗。两群人都在场时,大流士问卡拉丁人,给他们多少钱才能让他们焚化他们死去的父亲。卡拉丁人惊恐万状,央求他别说这么可怕的话。希罗多德最后用品达(Pindar)的诗句总结人们的习惯:"习俗君临万物。"希罗多德借此批评那些不尊重宗教和风俗的事情。他说,任何一个人,当他想在全世界一切风俗中找出最好的,在做完全部考察之后,最终会认为自己的风俗习惯是最好的。

20 世纪之前的爱斯基摩人。爱斯基摩人散居在阿拉斯加、加拿大北部、格陵兰岛和西伯利亚东北部的北极地区。爱斯基摩的名称得自毗邻的印第安人对他们的(可能有贬义的)称呼,意思是"吃生肉的人",他们并不如此称呼自己。20世纪之前,他们的生活状况并不为外部世界所知,是探险家带来了关于他们的报告。今天,爱斯基摩人的生活条件已经与世界的其他部分接轨,他们的生活方式也不再是下面描述的那样。

其他方面的差异不提,爱斯基摩人的婚姻制度和性关系非常独特。男人通常有多个妻子,有时让妻子陪客人过夜作为待客之礼。在一个部落里,首领可以要求其他男人出让妻子与之发生性关系。妇女也可以自由地离开她们的男人寻找新伴,只要他们的男人不闹事。这种婚姻模式与我们"文明"社会的实践相比,的确显得另类。更引人注意的是,爱斯基摩人似乎不太看重生命,弑婴弃老的现象很常见,女婴受害尤甚,这样的行为也不会受到什么社会谴责或压力。

非洲的割礼。非洲的女性割礼的习俗有逾4000年的历史。它的起源可能无法考证,但这种习俗一直沿袭下来,目前还在30多个国家流行。今天在非洲,一些地区全体女孩须行割礼,另一些地区半数女孩须行割礼。世界卫生组织统计,全球有超过1亿的女性接受过割礼,每年大约有200万女孩要面对被实施割礼的境况。

女性割礼,简单地说,就是用手术割除女性性器官和生殖器官的一部分或全部,通常在10岁之前进行。在西方媒体中,割礼被称为"女性生殖器毁损"(female genital mutilation)。一方面,割礼的场面是血腥和残忍的,大都是在没有任何麻醉之下进行的。另一方面,割礼对女性的后果是严重的。手术过程带来的风险包括未消毒器具造成破伤风、大出血、病毒(包括艾滋病)传播甚至直接致死。割礼的后果因切割的程度而异。接受过割礼的妇女会不同程度地忍受阴道和尿道的慢性炎症、痛经、小便失禁等折磨;割礼留下的伤痕影响性欲,女性在性交时感到疼痛、无法享受快感;受过割礼的妇女有更大的分娩困难、造成母亲或婴儿死亡的风险。割礼对女性造成的心理伤害更是难以计量。

割礼在非洲许多国家承担着一种社会功能,标志着一个女孩被社会地认可为一个成人。还有一种社会人类学的解释,剥夺性享受能力有利于保证女性在婚前是处女,在婚后保持贞节。

在我们生活的文化环境中,通行的原则是:亡父的遗体是要土葬或焚化的;朋友妻是不可戏的,遑论发生关系;老要有所养,幼要有所依,弃老弑幼是天理不容的;割礼的风俗历史上没有,即使有,现在也是受到谴责的,尽管历史上的妇女缠足让我们蒙羞(后面将回到这个话题上)。我们如何看待那些与我们迥异的社会实践? 相对主义者说,你不赞同甚至谴责其他文化的社会实践,认为别人是错的、你是对的,那是因为你的判断使用的是你自己的文化中的标准,别人也可以用他们的标准来评判你的社会,两种标准都只在各自的局部有效,它们之间不存在一个中立的或者客观的标准来判断谁对谁错。相对主义者有他们自己的论证。

2. 道德相对主义

文化的多样性是人们在实践中发现的,不是在书斋里构想出来的,因此它是一个经验论题,描述了一些文化人类学事实。这个论题在哲学文献中也被称为描述的道德相对主义或者文化相对主义:

> 文化相对主义论题:通过经验观察就可以发现,一个道德判断是否为真,人们的看法在不同时代、不同社会中存在着深刻的差别。不存在所有时代、所有社会都普遍承认为真的道德判断。

上一节给出的几个例子似乎非常充分地佐证了这个论题。"吃掉亡父遗体是对的""弑婴是允许的""给女孩实施割礼是应该的"这些判断分别对于卡拉丁人、爱斯基摩人和某些非洲社会是对的,但对于希腊人和其他社会是错误的。看起来,道德分歧是广泛而深刻的。许多哲学家和人类学家认为,这个经验论题有力地支持了另外一个论题,一个元伦理论题:

> 元伦理的道德相对主义:道德判断不是客观的或普遍的,而是相对于一个人群生活于其中的文化、传统或社会实践的。不存在所有时候、所有地方、适用于所有人的道德判断。

一个元伦理命题并不是一个一阶道德判断,而是一个关于道德判断的性质的命题。我们看到,对伦理学构成直接威胁的,正是这个元伦理论题。如果这个元伦理论题是正确的话,那么伦理学在回答一个伦理道德问题(如堕胎是道德的吗?)时,要么张不开嘴,要么只能羞羞答答地说,问题的答案取决于问题是在哪儿问的或对谁问的(对爱尔兰人而言堕胎是邪恶之举,对中国人则不同)。

在向世界扩张的过程中,在欧洲人及其殖民后裔中曾经流行一种种族优越论,也被称为种族中心论(ethnocentrism)。这些人认为他们的道德价值是优于其他社会的道德价值的。针对这种思想,美国人类学家露丝·本尼迪克特(Ruth Benedict)提醒人类学研究者不要用他们自己的文化标准来评判他们的研究对象,以避免种族中心论。本尼迪克特宣称,"道德在每个社会中都各不相同,它是一个方便的术语,代表被社会地赞同的习惯"[1]。另外一位人类学家威廉·G.萨姆纳(William G. Sumner)说得更明白和露骨:

> "正确"(right)的做法是祖先的做法和古老相传的做法。传统是其自身的保证。它不受经验的验证。正确这个观念就在习俗中。它不外在于习俗、没有独立的起源、不用来检验习俗。在习俗中,存在的,总是正当的。这是因为它是传统的,从而拥有先祖鬼神的权威。在习俗面前,我们的分析戛然而止。[2]

如果道德是社会习俗的一部分,社会习俗又各不相同,那么道德随着社会的不同而不同,就是很自然的结论。在萨姆纳看来,无论什么涉及好坏对错的问题,只要追究到习俗上,就没有进一步追究的必要和可能了。一个有趣的事情是,这些人类学学者从拒绝道德帝国主义到拥抱道德相对主义,似乎是一蹴而就的。

试图用文化相对主义论题来支持道德相对主义的人们通常大致采用下面的论证形式:

(1) 在一个社会习俗中的人们相信 x 是正确的,在另一个社会习俗中的人们相信 x 是不正确的。

(2) 因此,在 x 是否正确的问题上,不存在客观的答案。

具体到大流士的恶作剧中,相对主义者会进行这样的推理:

(3) 卡拉丁人认为焚化亡父遗体是错误的,而希腊人认为焚化亡父遗体是正确的。

(4) 因此,在焚化亡父遗体是否正确的问题上,不存在客观的答案。

同样的推理也可以应用到上一节的其他两个事例上。

但是,这种推理显然是不成立的。从(1)中,我们只能逻辑地推出:在 x 是否正确的问题上,不存在两个社会习俗中的人们都同意的答案。人们对一个问题的答案存在分歧,并不表明这个问题没有客观的答案。以两小儿辩日为例。小儿甲说早晨的太阳比中午的太阳离他们更近,小儿乙则认为情况相反。甲与乙的分歧并不能证明他们争论的问题没有客观的答案。

相对主义者对这个反驳有两种回应。一种回应是,第一个前提中的分歧是关于道德的分歧,不是关于事实的分歧。两小儿的分歧可以有理性的化解之道,是因为他们都试图报告一个客观事实。但是,道德分歧具有完全不同的性质,因为道德信念并不报告或者指向某种"道德事实",或者说,世界中根本就没有所谓的道德事实。这种回应所依据的立场被称为"道德反实在论",它单独就构成了对伦理学的挑战,我们将在第五章讨论这个挑战。

另一种回应是,第一个前提中的分歧必须被理解为是根本性的。何谓根本性的道德分歧?一般而言,说关于一个行为的道德分歧是根本性的,就是说即使分歧各方对这个行为的非道德性质达成一致,他们在评价这个行为时依然还存在分歧。简单地说,根本性的道德分歧是不可化解的分歧。反过来说,如果一个分歧是非根本性的,这意味着在原则上分歧各方通过背景信息的揭露、不相干因素的清除、误解的澄清以及科学的进步等手段,可以成功地解决他们的分歧。相对主义者认为,如果文化多样性所呈现出来的道德分歧是根本性的话,那么分歧各方所依据的道德标准就是不可通约的,因而在道德问题上没有客观性可言。

现在的问题是,文化多样性是根本性的吗?探讨这个问题是下一节的任务。

3. 文化多样性再思考

前面列举的文化多样性的例子多少都是令人吃惊的。在我们的文化中,吃掉亡父遗体的行为是骇人听闻的,弃老和弑婴是令人发指的,女性割礼是惨无人道的。这些道德实践上的巨大差异不容否认,但我们是否有足够的理由认为,对这些实践的差异的最好解释是我们和他们具有根本不同的道德规范呢?

先看卡拉丁人吃掉亡父遗体的风俗。表面上看,希腊人和卡拉丁人在坚持自己的做法上绝不妥协。但是,行为上的差异不等同于道德信念上的差异,因为解释一个行为的因素,除了道德信念外,还有其他信念。假若大流士有兴趣多问双方一些问题,或许我们会发现,双方在道德信念上并无根本分歧。我们可以构想一段大流士与卡拉丁人的对话。当然,这是纯粹虚构的,未必符合真实的历史背景。

　　大流士:你们尊重你们的亡父吗?
　　卡拉丁人:当然,我们尊重我们的父亲,我们在这一点上不比任何人差。
　　大流士:那你们为什么吃掉父亲的遗体,而不是像希腊人一样火化呢?
　　卡拉丁人:不,我们不能像希腊人那样,绝对不能。父亲的遗体不能毁于无形,我们要把他的血肉保存在我们身上,世世代代传下去。将来我的遗体也会被我的儿子们吃掉,先辈的血肉会保佑子孙……

类似的对话也可以发生在大流士与希腊人之间。这里的关键点是，一个行为并不是一个时空中的抽象事件。如果我们仅仅是抽象地描述一个事件（如一颗子弹穿透一个人的胸膛），我们是无法直接推断出它的道德属性的，因为它可以是一个谋杀行为，可以是擦枪走火，可以是一个自卫行为，还可以是一个死刑的执行，等等。卡拉丁人和希腊人对待亡父遗体的两种风俗，可能都表达了相接近的伦理原则——如尊重故去的父亲，这些原则再加上不同的宗教或形而上学信念，就会产生不同的实际做法。今天中国的法律要求火化遗体，在法律颁布之前传统的做法是土葬。这个转换在中国社会、特别是农村曾引起了不安，但有什么人会认为，这个转换使得中国社会的道德信念发生了根本性的变化呢？

爱斯基摩人的弑婴弃老现象在我们眼里是触目惊心的，在他们那里似乎是习以为常的。从表面上看，我们会认为他们不尊重生命，甚至认为他们是野蛮的、未开化的，或者至少他们的道德是原始的、落后的。但是事情并不是如此简单。我们需要追问情况是怎么发生的。爱斯基摩人生活在气候严酷的北极。他们是游牧民族，为了寻找食品需要经常迁徙，过多的婴儿和体弱的老人对他们是沉重的负担。通常他们只能选择最强壮的婴孩带走。女婴被弃现象更严重，是因为，一方面，男性是整个家庭最主要的食物提供者，另一方面，由于长期从事危险的捕猎活动，男性减员速度远远大于女性。

但是，即使弑婴弃老是出于整个家庭存活的必要，完全是出于无奈，有报告表明，这类行为也不是随意的、无所谓的。通常，杀婴不是他们首先考虑的选项。过继、领养在爱斯基摩人中非常普遍，放弃婴儿是最后之举。这里，我们需要再一次强调，我们不能抽象地看待这些杀婴行为。爱斯基摩人对待儿童的态度并不是根本地与我们不同。

思考这些行为还可换个角度。设想我们这些"文明人"去过他们那种日子，我们会怎么做？即使在我们的社会中，也会碰到紧急情况。大饥荒或者战乱的年代里我们也曾卖儿卖女甚至易子相食，这也是我们五千年文明史的一部分。今天，我们更是发现，爱斯基摩人也过上了好日子,儿童可以上学,老人住在装有下水道和暖气设备的木板房子里。什么人会说,爱斯基摩人的道德规范在一夕之间发生了根本性的变化呢?

对于有4000多年历史的女性割礼,我们能说些什么呢?我们已经知道,割礼对女性的危害是巨大的,为什么这种残忍的实践在今天的世界中还流行着呢?一个起作用的因素可能是宗教。宗教信仰上的分歧常常被认为属于人类分歧中最根本的一种。如果对待割礼的不同态度源于宗教信仰上的分歧,我们似乎有理由认为这里存在着相对主义者所认为的根本的道德分歧。但是,实行割礼的人群来自多种宗教背景,而许多宗教,包括势力最大的基督教和伊斯兰教,都没有要求割礼。另一个常见的解释是传统使然。像萨姆纳这样的相对主义者认为,传统就是正确的保证。这意味着,对一个实践割礼的社会来说,割礼是正确的事情,因为这是传统保证的,尽管对其他社会来说,割礼是错误的。换言之,传统的不同才是这个分歧的根本点所在。

但是,道德思考并不是做考古学研究。一种实践有多长的历史是一回事,实践着它的人们是否正确,是另一回事。萨姆纳声称,风俗是一个人群对其特定环境的适应,"某时某地的风俗中的一切,对于该时该地而言,必须看做是得到了辩护的"。那么对割礼的辩护如何进行呢?显然,割礼不会有爱斯基摩人选择弃婴那样的功能,因为是否对女性实施割礼,并不影响该群体的生存。或许有如下理由:不能从性中得到享受的妇女不太可能淫荡;受过割礼的妇女对丈夫更忠贞;妇女把心思放在丈夫孩子身上,保证家庭稳定;割礼让女性纯洁和成熟;等等。问题是,一旦列出了这些理由,列出了女性割礼带来的"好处",人们就进入了某种理性探究的层次上,而不再强调对割礼的辩护只需诉诸传统就足够了。

这些"好处"或者社会利益应该被认为是对一个社会的全体人员、包括那些承受割礼的妇女的好处;换句话说,割礼的风俗造福于社会,使得社会变得更好。虽然计量这些好处和利益是非常困难的,但我们有什么理由认为割礼有这样的作用呢?反过来讲,如果废除了割礼,是不是那些社会里的妇女就容易变得淫荡、妻子容易对丈夫不忠、儿童将得到更少关爱、家庭变得不再稳定、妇女成熟不起来呢？回答这些问题，需要借助大量的心理学、社会学、经济学等方面的工作。这些工作，无论是由相关社会的内部人士来做还是这些社会之外的人们来从事，都是基于客观的数据和分析，提出独立的指标和评价结论。

　　从定性的角度讲，女性割礼对社会是有害的。一个社会所面向的价值不仅仅是勉强生存，还有进步和繁荣。如果一些群体必须用广泛的女性割礼来维持家庭的稳定和男人的享受，那我们宁愿对这种家庭制度和男性的统治表示怀疑，怀疑它们是否值得维持。道德的一个重要功能是提升人群的福利状况，与之背道而驰的习俗，无论有多么深厚的传统，都是不道德的。因此，尽管割礼的习俗引起了严肃的道德分歧，但没有什么理由表明，这种分歧是根本性的、无法化解的。这是因为，我们仍有足够的资源来探索割礼的自然属性。分歧的双方在割礼的益处和害处的衡量上并没有达成理想的一致。从概念上讲，在这个事例中没有相对主义的地盘。从现实政治的角度看，非洲许多国家近些年来逐渐从法律上禁止了割礼手术，越来越多的社会认识到，它是应该摈弃的陈规陋俗。

　　对三个有代表性的事例的分析表明，相对主义者宣称的文化多样性并不表明人类社会之间在道德规范上存在根本性的差异。或许，当相对主义者希望从他们看到的文化多样性中寻求支持他们的立场的证据时，他们忽视了文化共性。我们不妨思考这样一个问题，一种文化要想生存和有活力，哪些道德原则是不可缺少的？从人身安全方面看，在一个随意杀人而不为过的社会里，任何人的生命都得不到保障。人们不得不想尽办法保护自己，或许结群互助是非常有效的，但结群必须建立在群体内部互不伤害的条件上。因此，几乎每个社会都会将谋杀与其他可能"正当"的杀人（如死刑、自卫、战争）等区分开来。从繁殖的角度看，人类的繁殖是通过男女的结合完成了，下一代的哺育和成长需要很长的时间，因而家庭的组织、性关系的模式以及对儿童的照顾是非常重要的，因而每个社会都有相应的规范和禁忌。从社会交往的角度看，人类的社会性建立在人们的相互依赖上，一个人们互不信赖、互相欺骗的社会可以想见是无法运转的。也许我们还可以考察其他的方面,但这些基本方面的道德规范构成了社会生活可能的条件。尽管不同文化的道德规范在这些方面都存有不同程度的差异,对各种例外的容允程度有不同,但这些差异并不影响更高层面上的共性。

4. 宽容及其他

道德相对主义还与一个现代美德——宽容——联系在一起。一些人认为,道德相对主义的立场给了宽容的概念最好的支持,或者说,由于支持了宽容,相对主义更加可信。相对主义者的理由似乎是这样的:如果道德相对于其文化,那么不存在独立的基础批判其他文化的道德;若不存在独立的基础批判其他文化的道德,我们应该宽容其他文化的道德;既然道德相对于其文化,因此,我们应该宽容其他文化的道德。

这个推理貌似有理,其实包含着一些混乱的逻辑纠缠。首先,这个推理中的"我们"指的是谁? 由于这个推理采纳了一般的形式,这意味着,任何一种文化中的人们,如果他们是相对主义者,都可以做出这个推理。这样,一位希腊相对主义者说,他们应该宽容其他文化;一位中国相对主义者说,他们应该宽容其他文化;对于一个穆斯林相对主义者说,他们应该宽容其他文化……。归纳起来,所有相对主义者,无论来自哪种文化,都说他们应该宽容别的文化。这样一来,宽容成为一个普遍的规范要求,而这个结论恰好是相对主义者想要否认的。

一些相对主义者否认他们的立场支持普遍的宽容原则。他们说,宽容只是在某些文化中才是显著的价值,因此,上述推理中的"我们"指的是承认宽容原则的那些道德体系,这样就可以回避上面的窘境。美国当代哲学家黄百瑞(David B. Wang)就是这么为相对主义申辩的。他指出,道德相对主义与一个伦理原则结合起来,就能够支持宽容原则。黄百瑞称这个原则为"辩护原则":我们不应该干涉他人,除非我们的干涉在他们面前是可辩护的。举个例子,一夫一妻制对于我们的社会是正确的和可辩护的,但对一夫多妻制社会并非如此。在这种情况下,我们如果干涉那些社会,我们诉诸的理由或价值只对于我们是有效的,对他们无效。如果没有(在这种情况下很难有)其他事实让他们接受我们干涉的合理性,那么我们就不应该干涉那些社会。其他社会对我们的干涉也是如此。不过,黄百瑞的论证只能表明,在接受辩护原则的人们看来,元伦理的道德相对主义支持了宽容原则,这个论证并不能在一般的意义上建立相对主义对宽容的支持关系。

那么,对于那些不承认宽容是价值的社会,相对主义者能说些什么呢?设想一个社会相信某种宗教是唯一正确的,不信者都是不道德的,必须想尽办法让他们皈依。根据相对主义者的看法,这个社会尽管是不宽容,但既不比那些有宽容要求的社会更好,也不比它们更差。在什么意义上,相对主义支持了宽容呢?

从心理学的角度看,如果你坚定地或者严肃地持有一套道德准则,你如何宽容那些与之根本相冲突的实践。例如,如果你坚信生命的价值值得捍卫,你如何能够真诚地宽容寡妇所谓"自焚"殉夫的"萨蒂"(suttee)风俗?如果你是一个相对主义者,你是否真的相信某些行为(如种族灭绝)是真正邪恶的,假定你同时认为这些行为在其他传统中不算什么坏事?

最后,无条件的宽容并不总是正面的价值。如果上一节对某些非洲社会的女性割礼的分析是正确的话,那么其他社会的宽容和沉默实际上是一种道德失败。对宽容的限度没有给出一个说明之前,相对主义者无法在宽容的问题上得分。

作为一种关于道德的性质的理论,道德相对主义不仅在跨文化的议题上面临困难,而且在处理一种文化内部的道德问题时,也捉襟见肘。在后一方面,道德相对主义至少要面对两个难题。

第一个难题是道德进步问题。一般认为,中国妇女缠足之风始于北宋,到清代发展到登峰造极的地步。缠足对妇女的危害不亚于非洲的女性割礼。缠足的解放始于清末,1949年之后,缠足被彻底禁止。今天的中国人普遍认为缠足是陋习,缠足的解放是真正的道德进步。可以与之相比的道德变革在世界各国都有发生。按照相对主义,一个行为是对是错,没有纯粹的回答,要看在什么时候对什么人而言。这样,按照相对主义,缠足对宋朝人而言是对的,对今人而言是错的,但宋人今人谁对谁错,没有客观标准来评判,今人也不能用今天的标准来判断宋人的做法。相对主义似乎蕴涵着,道德转换就像时尚(如流行色)的变化一样,没有好坏可言,只有流不流行。缠足在清朝是对的,是因为它流行于清朝;在今天是错的,是因为它不再流行。相对主义者所忽视的是,废除缠足是几代人呼吁、奋斗、努力的结果。

第二个难题是亚群体问题。以中国为例。中国社会是个大群体,包括许多小群体,或以民族划分,或以区域划分,或以宗教信仰划分。大部分中国人是无神论者,因而无神论的文化是主流文化。一个佛教徒,既是大社会的一员,又是他的宗教群体的一员。他在考虑吃肉是否正确的问题时,应该遵守那种规范,是无神论的规范还是佛教的戒律?道德相对主义无法给出指导。文化、传统、习俗、时代、群体都是相对主义用来划定道德适用范围的概念,这些范围的边界何在?在当今全球化、多文化的时代,相对主义如何说明不同传统文化的交往与融和?如果以一个现代国家作为文化、传统或习俗的边界,显然会碰到亚群体的问题。

5. 总　结

至此,我们针对相对主义对伦理学的挑战作了如下分析。

首先,相对主义者所声称的经验证据——文化的多样性——并不支持不存在普遍的道德规范的结论。我们分两个步骤论证了这一点。第一,文化多样性不是道德相对主义的直接证据。第二,对几个典型的文化多样性的事例的分析表明,文化多样性背后不一定存在根本性的、不可化解的道德分歧。

其次,我们看到文化共性的存在,即任何一个社会的生存,必须依赖一些普遍的道德规范。这一点构成了对相对主义的直接反驳。

再次,相对主义自身面临一些困难。它声称支持了宽容的美德,但我们的分析表明这是错觉。它无法解释一个文化内的道德进步。它无法处理一个社会内部的亚群体所面临的道德分歧。

所有这些给了我们有力的理由去对道德相对主义投不信任票,它并未对伦理学构成威胁。

注 释

〔1〕 Ruth Benedict, "Anthropology and the Abnormal", *The Journal of General Psychology* 10 (1934), p.73.

〔2〕 William G. Sumner, *Folkways* (Boston, Massachusetts: Ginn & Co., 1906), p.76.

建议阅读文献：

1. 当代对道德相对主义的捍卫，见 Gilbert Harman, "Moral Relativism", in *Moral Relativism and Moral Objectivity*, G. Harman and J. J. Thompson (Cambridge MA: Blackwell Publishers. 1996), 第3—64页；以及 David Wang, *Moral Relativity* (Berkeley, California: University of California Press, 1984)。

2. 对道德相对主义的批评，见 James Rachels, "The Challenge of Cultural Relativism", in *The Elements of Moral Philosophy*, fifth edition, (New York: McGraw-Hill, 2007), 第16—34页；Michele Moody-Adams, "The Empirical Underdetermination of Descriptive Cultural Relativism", in *Moral Relativism: A Reader*, ed. P. K. Moser & T. L. Carson (New York: Oxford University Press, 2001)。

第五章 主观主义

　　我们经常见到人们在各种问题上进行争论。2007年中国的媒体上有一场沸沸扬扬的关于野生华南虎的论战。一般认为野生华南虎已经灭绝，但一位猎人声称近距离拍摄到一只野生华南虎的照片，地方政府的林业部门根据照片断定野生华南虎的存在。虎照引发了极大的社会关注。怀疑者认为照片是造假之作。这场争论至今未有明确的结论。一方认为虎照是真实的，另一方认为虎照是伪作，或许还有一些人半信半疑。无论如何，所有人都会认为，这些照片是否是一只活体野生华南虎的照片，属于客观事实的范畴，笃信派和否定派必有一方是正确的，另一方是错误的。我不敢肯定，在这个问题上，是否有这样一种高阶的观点：争论的双方无所谓"对"与"错"，他们都是在表达自己的观点；任何一方所相信的事情，对于他们自己而言就是对的，不存在一方的观点比另一方更"正确"这样的说法；不同的人有不同的观点，仅此而已，多说无益。说这种观点是高阶的，是因为它回避了被争论的问题的内容，不讨论有哪些证据和论证支持或反驳哪一方，而是只把注意力集中在争论和分歧上。这种高阶立场，至少对于事实的领域而言，是站不住脚的，没有什么人严肃地持有它。但是，在道德和更一般的价值领域，类似的高阶主张却颇为流行，被称为主观主义。假定两群人在争论死刑是应当保留还是废除的问题，这显然是一个属于道德领域的问题。主观主义者会说，保留派和废除派的观点对于各自而言都是对的，但到底应该废除还是保留死刑，不存在客观正确的答案，仅此而已，多说无益。

古希腊的智者派哲学家普罗泰戈拉曾说,"人是万物的尺度",这可以看做是一个早期的主观主义宣言。道德主观主义有多种表现形式。一种常见的形式是,当某人认为一个行为是不道德的时候,他只是表达一种态度,即他不赞同这个行为;反过来,当他认为一个行为是道德的时候,他表达的是另一种态度,即赞同或喜欢这个行为。英国哲学家罗素曾说,人们在价值上的差异实际上就是在趣味上的差异。美国作家海明威在谈到道德时说,道德的东西就是使一个人感觉好的东西,不道德的东西就是使一个人感觉差的东西。作为一个狂热的斗牛爱好者,他说:"斗牛对我而言是非常道德的,因为在斗牛进行中我感觉非常好,而且我感到了生与死、有朽与不朽……"[1]

如果主观主义是一个站得住脚的观点,它对伦理学的威胁是显而易见的。伦理学的目标是要回答怎么行动、如何生活的问题。而根据主观主义,这些问题不可能有客观的回答,因为一个人应该遵守哪些行动原则、追求哪些价值,不存在普遍有效的答案。与虎照是否真实的问题不同,道德和价值上的问题根本上是因人而异的。在主观主义者看来,一个行为是否正确,依赖于从谁的立场上看:一个人认为同性性行为是不道德的,他的观点对于他而言是正确的;另一个人认为同性性行为并非不道德,他的观点对于他而言是同样正确的;在这两个人之间不存在谁高谁低、谁对谁错的问题。

1. 个体与社会

道德主观主义的基本思想是,道德不是普遍的,而是因人而异的。这似乎是道德相对主义的一种极端化。道德相对主义否认道德的普遍性,是基于道德规范因不同社会而各不相同,每个社会的习俗和传统是道德规范的权威性的来源;相形之下,道德主观主义否认道德的普遍性,是基于道德原则因人而异,每个人自己才是他的道德原则的最终来源。因此,道德相对主义是一种集体版本的主观主义,道德主观主义是一种个人版本的主观主义。

尽管主观主义与相对主义有这种形式上的相似性,但两者之间存在一个严重的冲突。冲突表现在主观主义否认道德的社会性,而相对主义则坚持道德的社会性。

　　文化相对主义主张道德是依赖于社会、文化或传统的,而这些都是集体性的。这种依赖性体现在两个方面。一方面,每个社会有其独特的道德律令,这些律令为生活在社会中的个人划定了道德生活的范围。尽管一个社会的道德规范的形成要经过长期的历史过程,其稳定性依赖于生活在其中的人们的共同维护,但这些规范的内容是不从属于个人偏好的。因此,在什么是道德的、什么是不道德的这类问题上,文化相对主义者不承认一个社会中的个人可以各自给出自己的回答,正好相反,他们认为个人的行动和思考必须依据业已成为惯例的集体要求。在这个意义上,道德的内容注定是外在于个人选择的。另一方面,许多文化相对主义者认为,传统是道德的权威性的天然保障,任何道德论证和辩护需要通过建立在传统之上的共识才能获取有效性和正当性。由于不存在跨社会的道德视角,每个社会的传统自身就是唯一的和最终的道德权威。在合法性的意义上,个人无法与社会对抗,如同希罗多德引用的诗句所言,"习俗君临天下"。

　　道德在这两个方面对于社会的依赖性正是主观主义者想要否认的。主观主义者拒绝社会地施加的道德,呼吁每个人,即使是在道德的问题上,也要从集体的约束中解放出来,不做集体道德的奴隶,要做个人道德的主人。在主观主义者看来,一方面,社会施加的道德的内容值得怀疑,另一方面,社会道德的权威性应该颠覆。从前一方面看,无数的社会变革都肇始于对个性解放的欲求。离婚的自由、包办婚姻的废除就是明证。另一方面,社会道德不过是一种人为构造,反映的是社会多数人(包括前人)的看法。但是,对文化传统、宗教、领袖、父母、师长、圣贤所断言的事情不假思索地盲从,根据主观主义,就意味着自我的丧失、意味着奴性和卑微。主观主义要求拒绝外部权威,每个人发展自己的道德,因而跟集体版本的相对主义是不相容的。跟后者相比,主观主义在一个更根本的层次上挑战了道德的普遍性。

2. 主观主义的论证

道德主观主义起源于古代,在今天已经蔚为大观,成为当代文化的一个显著现象。许多人认为这种现象是病态的、放纵的、有害的。支持者们则为它欢呼,认为它是健康的、解放的和富有成效的。主观主义者常常声称他们的道德观得到许多论据的支持,常见的论据有如下四种。

道德证明是不可能的。解决事实信念上的分歧、错误常常有法可循。例如,判断华南虎照片是真是伪,在原则上可以诉诸许多手段,如实地勘察、证人取证、照片的技术分析、专家的意见等。但是,对道德信念上的分歧,如死刑是否是道德的,却无法照此办理。从前的人相信道德是上帝的命令,但上帝已经死了,不能为我们提供指导。判断死刑是否道德也不可能通过实地考察来完成。人们无论观察了或知晓了多少例判决和执行,它们都无法帮助断定死刑是否道德。道德专家(如果有这类人的话)也是无济于事的,因为那些自称或被称为专家的人士,包括最伟大的伦理学家们,都达不成像样的一致意见。除了在电视、报纸和其他场合捍卫自己的观点之外,他们之间的分歧绝不比普通百姓的分歧小。诉诸每个人自己的文化传统也不可行,不同的传统提供不同的回应,甚至一个传统内部也可能存在不同的声音。总之,道德信念跟事实信念是完全不同的。道德的问题最终只能靠每个人自己来回答,每个人的回答只要是真诚的、出自自己的良知的,都是同样有效的,不存在一个人比另一个人更有优势和更有权威性这回事。

宽容。我们拥护主观主义,因为它让我们对他人的观点持一种宽容的态度。尽管他人的观点与我的相左,但是,这些观点并无谁对谁错之分。每个人都有权坚持自己的观点,无权把自己的观点强加于他人,这样,宽容不同的观点就是理所当然的。主观主义的这个优点在古代就被注意到了。由于主观主义认为道德和真理是相对于个人的,因此它要求每个人自主地做决定,从而为民主和平等的权利提供了根据。

自由。每个人的道德观都不逊于他人的道德观。只有一个人按照自己为自己确立的价值观做出选择,而不是受制于那些所谓更"正确的"外部权威(宗教的、社会的、古圣先贤的、大多数人的)的时候,他才是自由的。主观主义恰好支持了这种自由,让人们从外部樊篱的禁锢中解放出来。按照存在主义的说法,一个人注定是自由的,他之为他,是由于他是被自己的选择所塑造的,他只为自己的选择负有责任,在他的选择之前并不存在一个先定的秩序或目标来规定他的生活道路。

率真性(authenticity)。当代世界流行一句来自尼采的口号,"重估一切价值"。每个人都生活在特定的环境中,每个心灵都浸染了来自于社会的、文化的、传统的、宗教的成分,这些成分,无论是好是坏,在行动、在思考、与人打交道时不可避免地、不知不觉地发生着影响。稍一反思,每个人多少都能发现他身上继承下来的东西。一种解放运动会说,要认识你自己,这些东西都要受到怀疑,要对它们发问,它们凭什么取得支配我的权威?我凭什么要遵从它们?只有把这些东西悬置起来,我们才能真正看清自己。归根结底,每个人都是孤独地面对一个属于自己的自我。在一种深刻的现象学意识里,没有祖先、没有鬼神,世界上只有你自己。自我的存在是确定性的,他者的存在则需要得到验证。这里就出现了率真的概念。根据这个概念,一个人只对自己负责,一切要经过自己的省思、自己的衡量,在自己的意识中得到彻底的审查。当外部权威,包括宗教的、传统的、他人的、祖先的权威受到怀疑甚至崩溃了之后,你才能倾听自己最内部、最纯粹的声音,才能发展出符合自己的内在本性的、只属于你一个人的道德,这是主观主义的呼唤,是来自率真性的呼唤。

率真性是以单数第一人称(我)的方式发出的呼唤,它要求:做我自己!我是以我的方式做人,过我的生活,而不是模仿别的任何人。最重要的是对我自己真实(being true to myself)。在朝这个方向(什么方向?)努力时,我会面临各种外部压力,在倾听自己内部的声音时,我会接收到许多噪音,但是,如果我不能抗拒压力、过滤噪音,我就无法做我自己。我做人的方式必须是独到的,而不是向外部服从的。因此,率真性似乎为主观主义提供了哲学上的支持。

总结一下,主观主义似乎有许多优点。第一,主观主义反对不假思索的、朴素的对外部权威的接受,无论它们是社会的、宗教的还是他人的。它鼓励在道德问题上我们每个人自己为自己提供解答。第二,主观主义为宽容的美德提供了支持。由于每个人有自己的道德,每个人自己的道德与他人的道德一样好,因此每个人并不是他人的道德权威,不应该高高在上对他人的道德思想和行动指手画脚、说长道短。简言之,主观主义提倡宽容,而宽容是美德。第三,主观主义倡导个性的自由和解放,主张每个人自己选择自己的价值,不迷信外部的东西。第四,主观主义得到率真性的理想的支持,而率真性的理想具有强大的哲学基础。

3. 对主观主义论证的回应

这些论证看起来很有力量。仔细的考察将表明,这是一种错觉,它们不足以为主观主义提供合理的支持。

第一个论证说我们在道德信念的辩护上是无能为力的,外部权威(上帝、文化传统以及他人)要么不存在,要么靠不住,观察和实验手段又不适用,因此,道德问题并无客观答案,每个人自己的良知才是最终的诉求。这个论证强调了道德信念和事实信念在辩护上的不对称性。华南虎照片是真是伪在原则上有客观的事实为依据,但在死刑是否道德的问题上,并不存在客观的道德事实,只有不同人的不同看法和意见。这种不对称性可以表述为,在华南虎照片的真伪问题上,人们普遍持有一种实在论的态度,那就是,在两种对立的信念之外,不可能有第三种高阶信念(即两种信念对于各自的持有者来说都是对的);而在死刑的问题上,第三种高阶信念则完全是可能的。

这个论证涉及两方面的问题。一方面是形而上学问题,涉及道德事实是否存在的问题,这里我们不做讨论。另一方面是信念的辩护问题,属于认识论范畴,是我们将要进一步探讨的。我们从两个角度分析这个论证,一是辩护的手段,二是辩护的难度。

上面的论证认为,事实信念的辩护有多种可用的手段。在科学领域,人们可以用实验、观察的手段,而在伦理学中没有类似的资源。但是,这个差别并不能表明道德证明是不可能的。对外部权威的怀疑,质疑谁有资格在道德问题上指手画脚,并不必然让我们对道德证明持悲观态度。在伦理思考中,我们并不是必须在外部权威和个人创造之间二取其一。我们对伦理问题可以进行理性的探索,既可以有个人的反思,也可以有相互交流。理性的思考、论证的检视、科学的分析、其他思想资源的利用都是从事伦理工作的重要手段。道德证明并非总是不可能的。西门豹治邺的故事在中国几乎家喻户晓。漳河每年的大水给邺县带来灾难,地方势力用河伯娶妇的幌子来敛财。或许当时当地许多人相信河伯娶妇的神话,相信为了避免更大的灾难,做出牺牲献祭是必要的。西门豹惩治恶势力所使用的逻辑和兴修水利的举措,证明了为河伯献妇的原则是建立在错误的前提之上的,也捍卫了不必要的牺牲是错误的这个更高的原则。类似地,20世纪之前爱斯基摩人弑婴弃老的习俗对于他们的生存是必须的,因此不应被谴责为不道德。在伦理思考中,我们经常会发现,一些道德原则建立在错误的或不合理的非道德信念之上,一些原则之间有内在的不一致性,这些都让我们理由认为前一类应该放弃,后一类应该做出调整。

招致分歧的大部分道德问题都是极其困难的,如死刑、同性性行为、堕胎等,当人们思考这些难题时,很容易产生这些问题是不可解的印象,这些印象是主观主义论证吸引人的一个重要因素。前面将虎照问题和死刑问题摆在一起,更是强化了这种印象。其实,在非价值的领域中,也存在大量让第一流的科学家觉得"不可解的"问题,如数学中的连续统假说、量子力学中的测量问题、宇宙学中的大爆炸问题、心理学中的意识问题等等。科学家们在处理这些问题时,没有更多的可利用的手段,在给出自己的见解时,没有达成一致,因而表现出极强的主观性,声称"这就是我的看法"了事。但是这种暂时的主观性并不是最终的结局,他们的探索并不停留于此。

对于第一个主观主义论证,还需要补充的一点评论是,即使我们不能证明在某个问题上谁对谁错,我们也不能由此推断在这个问题上的所有看法都是同样正确和合理的。许多人相信在宇宙的其他地方存在着智能生物。或许直到地球毁灭那一刻,人类都无法证明这个想法,但外星球是否有智能生命总是有唯一正确的答案的。我们当然不能说,由于我们不知道这个答案,所以任何答案都同样正确。

第二个主观主义论证挟宽容的美德以自重。这个论证有点误导性。一个伦理理论要求我们宽容有不同道德信念的人们,这固然是它的一个优点,但是,除非这个优点是它独有的,否则,宽容所给予的支持就要打折扣。显然,宽容不是主观主义者的专利,因为许多相信客观道德的人们都把宽容看做是一个道德要求。主观主义者认为道德是每个人为自己创造的,并不要求人们接受任何特定的道德要求,包括宽容。从逻辑上讲,一个主观主义者既可以把宽容作为自己的道德原则,也可以拒绝它,因为主观主义的道德是自我设置的,非外部施加的。若是这样,那么宽容原则就不是主观主义的必然产物,两者的联系不是内在的。

更糟的是,主观主义与宽容原则的关联是不稳定的,这是因为主观主义者对宽容的逻辑有一种肤浅、甚至错误的理解。宽容的逻辑中包含的一个必要条件是,被宽容的对象在宽容者看来不仅仅是不同的,更重要的是,宽容者认为被宽容的对象是错误的。你有可能宽容你认为正确的事情吗?当然,认为对方是错误的并不意味着宽容者自己就是正确的。我可能把一个正确的观点误认为是错误的而对它宽容。同时,宽容不能与宽恕相混淆,后者是对错误一方的责任的免除,宽恕的前提是双方对错已定。而根据主观主义,两个不同的道德观点之间谈不上哪个正确、哪个错误。如果是这样,宽容从何谈起呢?

宽容通常并不是事情的结尾而经常是事情的开始。面对分歧,人们常常在寻求合理的解决。有些人持有一些你认为是很坏的观点,你对此表示宽容。实际情况可能是一方是正确的、另一方是错误的,也可能双方都是错误的。宽容使各方的交往变得更加理性,避免额外的对立,有助于分歧的化解和共识的形成。在人们用理性和经验进行道德交往的过程中,宽容起着重要的作用。但是,没有人认为,宽容是无条件和没有限制的。超出了限度,宽容就变成了冷漠和不负责任。对于宽容的这些特点,主观主义者给不出说法。

主观主义的第三个论证是对自由的吁求。这个貌似深刻的论证需要接受进一步的追问。我们渴望自由,是因为自由是有价值的,我们希望不被干涉,是因为干涉压制了我们应有的自由。为什么自由是好的?为什么选择是很重要的?这是需要用其他资源来解释的。压制自由、剥夺选择是错误的。这种错误体现在:第一,损害我们的福利;第二,阻碍了我们追求真理的能力的养成。但是,自由并不完全体现在外部干涉的消失,自由的选择不是随意的,而是基于理由的,理由则有相当的客观性。当你选择某种价值例如友谊时,并不是说友谊是有价值的是因为你选择了它,而是说你选择了它是因为它是值得选择的。就像阿奎那说的那样,一个东西是好的,不是因为人们喜欢它,而是人们喜欢它是因为它是好的。海明威说斗牛是道德的,是因为斗牛让他感觉好。假设在一次看斗牛之前,他吃了一粒奇怪的药丸,结果看斗牛时感觉很差,这是否意味着斗牛就是不道德的呢?如果是的话,为什么与斗牛不相干的一粒药丸有如此大的魔力,竟然改变了斗牛的道德性质呢?这里的要点是,许多价值是先于人们对它们的感受的。主观主义在这个方面有点颠倒,一个东西是好的并不是因为我选择或喜爱它,或者说,我内心认为它好,它就好。我们的确从历史和现实中发现,有些人坚持认为好的东西恰好是最低级的东西。

第四个来自率真性的论证是一个非常抽象的哲学论证。它有一个隐含的笛卡儿式的前提,即任何一个思考者对自己的心理内容的知识是确定无疑的。这个思想在20世纪的现象学传统中得到长足发展。在道德问题上,它采纳这样的形式:我们应该相信自己内心最深处的承诺;在这之前,一切外部的因素都应该被隔离,否则它们会阻碍我们认识到真正的自我。因此,在我内心深处,我认为是对的东西,对于我就是对的;其他人的情况也是如此。率真性要求我对自己真实,道德是我个人的道德,我的道德原则不及于他人;其他人的情况也是如此。这样,在我深刻地反思过之后,如果我认为撒谎是错误的,那么撒谎对于我来说,就是错误的,但对于他人而言,撒谎是否错误,取决于他人内心是否认为撒谎是错误的。总之,我所遵从的道德,是由我创造的。

这样的想法会碰到一些明显的麻烦。首先,这里出现了一个逻辑学或者语言学问题。按照上面的想法,日常语言中的所有道德谓词,如"好""坏""对""错""道德的""不道德的"都不能直接单独使用,必须对它们做相对化处理。例如,我们永远不能说"死刑是不道德的",只能说"死刑对于 X 是不道德的",这里"X"指某个人。但是,"死刑是不道德的"完全是一个正常的汉语句子,凭什么禁止我们这么说呢?

除了这个逻辑上的麻烦外,一个更大的麻烦是道德上的。假定一个人从内心深处认为为了取乐而折磨人在他看来是对的,那么这么做对他而言就是对的。如果他实际上这么做了,主观主义将不会谴责他。那主观主义者如何处理希特勒的情形呢?希特勒不仅严肃地、发自内心地认为犹太人是低劣的民族,应该从地球上消灭掉,而且实践了他的原则。难道希特勒比其他人更少率真性吗?从这个角度看,主观主义作为一个元伦理理论,有着不可接受的规范伦理结果。

4. 对主观主义的批判

上一节的讨论对支持主观主义的论证做出了回应。如果这些回应成立的话,那么主观主义理论并没有有力的支持论据。但是,一个理论缺乏有力的支持,并不表明它就是错误的,除非我们用进一步的论证指出它的缺陷和错误来。在上一节对主观主义论证的回应中,我们已经看出主观主义的一些错误。

最朴素和最常见的主观主义版本是这样的:道德判断不过是说话者对某件事表示赞同或者不赞同。这样,当某人说"死刑是不道德的"的时候,他只不过是说"我不赞同死刑";当另一个人说"谦虚是美德"时,他不过是说"我赞同谦虚的举止";等等。这种朴素的主观主义产生了一系列致命的后果。

道德判断不可能出错。根据朴素的主观主义,一个人在对某事做道德判断时,只不过是在报告自己对该事情的心理反应或感受。这意味着在做道德判断时,任何人都不可能出错。假定张三说"谦虚是美德",按照主观主义分析,此时张三只是在报告自己的态度,即他赞同谦虚的举止。只要他实际上持有这个态度,那么他对这个态度的报告就是正确的,因而它的"谦虚是美德"的判断也是正确的。这个说明适用于任何人做出的任何道德判断。当然,张三有一种"出错"的可能性。那就是,张三在说假话。或许他的真实态度是不赞同谦虚,但为了取悦听众或为了其他目的,他说出"谦虚是美德"的话来。但是,说谎、不诚实不同于认知错误。前者是明知真相而故意说出不符真相的话,后者是不知真相而真诚地说出不符真相的话。因此,按照主观主义的分析,只要一个人如实报告自己的感受和态度,他在道德判断上就没有犯错误的可能性。还有一种可能的情况,即一个人在报告自己的感受和态度时,他并不清楚他到底有什么感受和态度。但是这种情况对于正常的成人而言几乎是不可能的。总之,主观主义排除了人们的道德判断出现错误的可能性,而在道德实践中,人们经常会做出错误的道德判断。这表明主观主义的道德观出了问题。

不可能有相同的道德判断。在道德实践中,不同的人做出同样的道德判断的现象非常普通。例如,当张三和李四都认为谦虚是美德时,他们有相同的道德判断。但是,主观主义蕴涵着这是不可能的。理由是:当两人都说"谦虚是美德"时,一个人的意思是"我(张三)赞同谦虚",另一个人的意思是"我(李四)赞同谦虚"。这两句话由于"我"的意义不同而具有不同的意义,因此两个判断是不同的判断。更糟糕的是,主观主义蕴涵着一个人在不同时间或不同地点都不可能做出相同的道德判断,因为做出任何一个道德判断只不过是在说"我此时(或在这里)赞同(或不赞同)……"

不可能有道德分歧。在道德实践中,如果张三说"谦虚是美德",李四说"谦虚不是美德",那么他们在某个道德问题上出现了分歧,即他们两人的观点是不相容的。他们两人如果坐在一起,大概会互相争论起来,比如说,张三会对李四说,"我不同意你这句话,因为……"道德分歧经常发生,在生活中并不奇怪。但是,按照主观主义的分析,道德分歧是不可能的。这是因为,张三和李四做出他们的判断时,他们分别说的是,"我(张三)赞同谦虚"和"我(李四)不赞同谦虚",而这两句话之间根本不存在逻辑矛盾。如果李四对张三说,"我不赞同谦虚",张三会说"我不同意你这句话"吗?当然不会,因为张三会承认李四说的是一个事实,两人在李四是否赞同谦虚的问题上没有分歧。

尽管主观主义还有其他版本,这里讨论的朴素版本是其思想的内核。如果朴素的主观主义不能成立,其他版本的主观主义也面临着类似的危险。

5. 总　结

至此,我们分步骤回应了主观主义对道德客观性的挑战。我们看到,主观主义既有批判性的一面,挑起了对集体道德和外部权威的怀疑,要求检讨传统伦理思想的基础,也有建设性的一面,呼吁道德思考对于个性的关注。这些对于伦理探索无疑是有启示的。但是,在探索道德的性质时,主观主义采取的路径,从批判的视角和个性的弘扬,到否定道德的客观性,进而滑向纯粹个人道德,在我看来是方向上的错误。主观主义声称得到了几个方面的支持,如道德证明的不可能性、自由的呼求、宽容的美德和率真性理想的召唤。前面的分析表明,这些资源要么被主观主义所误解和误用,要么并不能为主观主义道德观提供真正的支持。同时,主观主义所呈现的道德观被证明是有严重缺陷的。

注　释

[1]　Ernest Hemingway, *Death in the Afternoon* (New York: Charles Scribner's Sons, 1932), p.4.

建议阅读文献:

1. 查尔斯·泰勒:《现代性之隐忧》,程炼译(北京:中央编译出版社,2001年)。
2. Jean-Paul Sartre, "Existentialism is a Humanism", in *Existentialism from Dostoevsky to Sartre*, ed. Walter Kaufmann (New York: Meridian Books, 1957)。
3. James Rachels, "Subjectivism in Ethics", in *The Elements of Moral Philosophy*, fifth edition (New York: McGraw-Hill, 2007), pp.35-51.

第六章　科学主义

伯特兰·罗素在他1903年发表的名篇《一个自由人的崇拜》中写下了这样的文字：

> 人的产生是有原因的，但这些原因要达到什么目的却不可逆料；他的起源、他的成长、他的希望和恐惧、他的爱和信念，只是原子的偶然排列的结果；任何热情、任何英雄之举、任何强烈的思想和情感，都不可能让一个个体生命不朽；所有年复一年的劳作、所有的奉献、所有的灵感，人类天才的所有如日中天的光芒，都注定要在太阳系的巨大死亡中灭绝，以及整个人类成就的殿堂，必然无可避免地被埋葬在一个成为废墟的宇宙的碎片下——所有这些，即使并非不惹口角，也几乎是确定无疑的，以至于任何哲学，只要否认它们，都别指望有立足之地。[1]

这段文字表达了一个"科学的"世界观。毫无疑问，人的境况在这个世界观中是得到表述的，人类的信念、情感、劳动、创造都是世界的一部分。但是，这一切都不过是"原子的偶然排列的结果"，而在另一种可能的、科学告诉我们某个时候会出现的一种原子排列中，它们都将灭绝或消失。如果科学说出了世界的真相，即一切事物，人类的和非人类的，都是特定的原子排列，那么价值何在？义务何在？如果科学命题给出了关于世界的最终描述、解释和预言，陈述价值和义务的伦理命题会扮演什么角色？如果正确的科学命题陈述了关于世界的事实因而是真理,伦理命题有机会、有资格成为真理吗？如果有些伦理命题是真理,它们是关于世界的哪一部分的真理？如果物理事实使得某些物理命题为真,那么世界中存在着使得某些道德判断为真的"道德事实"吗？如果伦理命题不可能为真,"伦理学"这个名称还有什么意义？

如同对于任何哲学问题一样,不同的人们对上面的问题有不同的回答。在这一章中,即使高度选择性地论述和评价这些回答,也是不切实际的。我们将要关注的是这样一种回答:在科学的世界中没有道德事实,道德价值、道德属性、道德义务等不是世界的构造物,因而客观的伦理学是一项无望的计划。这个回答背后的逻辑是,如果科学的世界观是正确的,而这个世界观与伦理学的前景是不相容的,那么伦理学是不可能的。当然,赞同这种不相容性的人不一定赞同科学的世界观,他们可以反过来推断:由于价值是存在的,因此科学的世界观是错误的。同样的逻辑出现在决定论与自由意志的关系上,刚性决定论认为决定论为真,因此自由意志不存在,而意动论者认为自由意志的存在否定了决定论。例如,当代英国作家、《周日时报》的专栏作家布赖恩·艾坡亚德(Bryan Appleyard)就怀着对科学世界观的厌恶写道:

> 科学的世界观已经剥夺了我们的价值的外部依靠……。科学隐含地剥夺了自我在世界中的位置及其价值的来源……。科学已经对人类的自我感和目的感产生了毁灭性的影响……。科学的漫无目的、无关价值、明显的客观性和灵效,已经逐渐褫夺了任何认为一种生活方式、一个系统比另一个更有价值的理由。现代科学态度——由于科学的灵效而不是由于科学家的阴谋——摧毁了生活的目的,将我们所有人置于一种无聊的、青春期虚无症的境况中。[2]

我们在这一章将要讨论的对伦理学的威胁很难用一个简单的名称来表示,或许"科学主义"比较接近。名称只是标签,我们需要关心的是名称之下的观点和思想。需要注意的是,并非所有的科学主义者都坚持科学与客观价值的不相容。这一点再次与决定论和自由的情形相似,即并非所有决定论者都否认自由的可能性。接下来,我们要考察一些论证,看看它们是否证明(某些版本的)科学主义构成了对伦理学的威胁,看看伦理学的目标能否得到捍卫。

1. 道德事实的地位

许多人相信客观对象、客观性质和客观事实的存在。说一个事物是客观的,就是说它是独立于观察者的。太阳存在了很久,即使地球上没有进化出能够观察和研究太阳的性质的人类,太阳的那些性质还是那样。一个性质或关系,当体现在某个或某些对象中,就构成一个事实。如果涉及的对象和性质是客观的,那么相应的事实也是客观的。用哲学的话讲,认为一个论域中存在客观事实的观点就是关于这个论域的实在论。例如,数学实在论者认为数学对象和数学性质是客观存在的,真数学命题表达了独立于认识者的数学事实。大部分人都是常识实在论者,他们相信大部分日常对象具有客观实在性,如日月星辰、各种植物和包括人在内的动物、人工制造的各种物品。科学实在论则在更基本的层次上理解客观实在性,认为日常的宏观对象都是由微小到肉眼不能直接观察的粒子构成的。

许多人认为世界上有善与恶,并且认为善与恶是客观的性质。在他们看来,伦理学的可能性建立在道德价值、道德事实的存在之上。这种观点被称为"道德实在论"。道德实在论包含三个要素。首先,道德实在论认为伦理学,像许多科学一样,是一个合法的探究领域,有自己独有的研究对象或主题即道德事实。其次,道德实在论者相信道德事实是客观的,也就是说它们在某种意义上是独立地"在那儿"。在这一点上,道德实在论与科学实在论相同。我们的道德信念为真,当且仅当它们表达了道德事实,就像我们的物理信念为真当且仅当它们表达了物理世界中的事实一样。最后,道德实在论认为我们对道德事实的认识是可错的。大部分道德实在论者都相信我们能够具有道德知识,尽管我们并不总是能够得到道德真理。

道德反实在论则否认道德事实的存在。反实在论者认为,在道领域中根本就不存在供人们去认识的客观真理。许多人在科学领域坚持实在论立场,在伦理领域则持有反实在论的观点。这种观点的组合在很大程度上是基于这样的考虑:如果科学的事实就是关于世界的全部事实,那么道德事实是一种什么事实呢?我们在下面将要讨论的一些对伦理学的挑战就跟这种考虑有关。

道德实在论与道德的相对性和道德的主观性等观念是冲突的,但它与道德神令论是相容的。道德神令论者更是主张,上帝的命令才是道德事实存在的根据。不过,科学主义者不接受超自然对象的存在,因此,必须在别的地方寻找道德事实。

探讨世界上存在什么事物的学问,是哲学中最基本、最古老的分支,称为本体论(ontology)。古往今来,人们发展出了形形色色的本体论。古希腊哲学家泰勒斯认为水是整个世界的基本元素;中国的古人主张阴阳五行说;各种有神论者各自相信各种超自然神灵的存在。随着现代科学、特别是物理科学的出现和深入人心,人们的本体论思想越来越受科学结论的影响。例如,在中国的民俗中,天空中打雷闪电的现象曾经被看做是雷公电母的行为,但今天雷公电母已经从人们的本体论中被剔除了。

本体论的工作是非常困难和复杂的。尽管在哪些事物具有本体论地位的问题上人们争论不休,许多哲学家接受一个从事本体论工作的指导原则,是中世纪哲学家奥卡姆提出的。这个原则说的是,如无必要,勿增实体,它有一个形象的名称"奥卡姆剃刀"(Occam's Razor)。根据这个原则,在那些相互竞争的解释某些现象的理论或说法中,做出了越少的假定的理论或说法就越好;换言之,最好的理论是那些采纳最少的设定的理论,或者说,是本体论上最节约的理论。奥卡姆剃刀在数学和自然科学中得到广泛运用。两个具有相同计算能力的数学系统,推设更少的公理的系统通常更有优势。天文学中的一个经典例子是简洁的哥白尼理论取代纷繁复杂的托勒密体系,尽管后者在解释行星运动现象的能力上不亚于前者。从前,人们用超自然的力量来解释他们观察到的现象。宗教信徒用上帝的干预来解释洪水、干旱和瘟疫。我们的先人为了解释雷电现象,推设雷公电母这些类人角色的存在。为什么这些解释现在被废弃了？毫无疑问有许多因素，包括文化和政治因素在起作用。一个更深的原因是，有了物理学、气象学、地理学、医学之后，上帝和雷公电母这类额外的推设并不增加任何解释力量。

但是，在一个科学的世界里，道德价值和道德事实存在于什么地方呢？正是在这个问题上，科学主义对伦理学的影响出现了。

一些科学主义者认为，道德价值和道德事实，像上帝或雷公电母一样，并不为我们解释世界中的现象带来任何贡献。我们不需要用善恶、对错等概念来解释电闪雷鸣、高山隆起、河流改道、瘟疫肆虐，科学已经或者原则上将要做完所有的解释工作。这样，我们似乎只有两种选择，要么认为道德价值和道德事实根本不解释世界中的任何事情，故而用奥卡姆剃刀将它们剔除；要么认为它们可以解释一些事情，但这些事情不是自然界的一部分。前一个选项显示道德事实必须从科学的世界图景中退位。后一个选项把我们推到某种神秘的世界观上，我们需要承认在科学所揭示的世界之外，还存在其他事物。一些科学主义者指出，采纳后一个选项，意味着把道德与前科学阶段的迷信划为一类。

2. 道德观察

或许道德实在论者会这样回应：无论科学主义者怎么说，一个确凿无疑的事情是，我在世界中的确观察到了道德属性；从苏格拉底拒绝逃跑中，我看到了正义；从特雷莎修女毕生的作为中，我看到了仁爱；从日本军队的屠杀中，我看到了暴行；等等。不过我们先看看休谟是怎么说的：

> 要想证明一些事实，即恶与德的存在不是我们凭理性就能发现的，这有何困难呢？拿任何一个被公认为恶意的行为，如故意杀人为例。用一切方式考察它，看看你能否发现出你所称为恶的事实或实际存在来。你无论用什么方式看待它，你只发现一些激情、动机、意愿和思想。在这个情形下没有其他事实。只要你考究对象，你就完全看不到恶。在你反省自己的内心并发现你心中对这

种行为产生一种反对的情绪之前,你是永远发现不了恶的。事实就在这里,但它是感觉的对象,不是理性的对象。它在你身上,不在对象中。[3]

休谟并不反对你看到了某种东西,只不过实际情况是,你看到的性质不是世界中的对象所固有的,而是你添加在对象上的。用一些哲学家的术语来说,这些性质是你"投射"在对象上的,它们不过是你心中的一些情绪或态度。

假定你看到这一幕:一个士兵端着刺刀走向一对母女,刺刀将母亲紧抱女儿的双臂划开;女儿失去了依靠倒在地上,刺刀扎进她的胸膛;女孩的胸口流出大量鲜血,她挣扎着,最后不再挣扎了;刺刀又朝向她的母亲……。在这一幕中,你真的看到了邪恶和残暴吗?善与恶的性质被设想为是客观的。为什么让你震惊不已的一幕,会让那士兵后面的指挥官开怀大笑、称赞不已呢?我们完全可以设想那指挥官的认知官能跟你的相比并没有什么缺陷,你见到的他都见到了。甚至你们两人在对这一幕的描述上可以完全达成一致(就像在法庭上证人只需要描述知道的事实一样)。你可以不用任何善与恶的概念来完整地解释你看到的场景。女孩死于流血过多,流血是由于刺刀刺穿胸部,这一刀是士兵刺出的,士兵得到指挥官的命令或允许,命令是一组语言……。这个描述是纯粹客观的,看到的人都会同意。在这个描述中,女孩不是死于残暴之举,而是死于刺刀。推而广之,这是一个事实的世界,对这个世界的完整解释不需要援引善和恶这些道德性质。既然道德性质在对世界的解释中不是不可缺少的,奥卡姆剃刀要求我们要么认为它们是不存在的;要么,像主观主义者认为的那样,把它们当做人类的主观反应。一些哲学家认为,一个恰当的本体论只承诺自然事物以及我们对它们的情感反应。

休谟的观点中隐含着一个前提,即眼见为实。这里的"眼"需要做广义理解,泛指我们的感官,包括闻、触、尝、嗅。如果道德性质是真正客观的话,我们没有一项感官能够直接感知它们。问题是,凡是我们无法用感官去知觉的东西,都不存在吗?显然不是。要回答这个问题,我们可以反问:是否只要是我们感知到的,一定是存在的?当然不一定。我们经常有幻觉和错觉。眼花的人看到不存在的对象,耳鸣的人听到不存在的声音。许多时候,我们不是仅靠感官来确定事物的存在和它们的性质。科学家在科学理论的指导下发明精良的仪器来扩大我们的观察能力。在这个意义上,我们的观察跟特定的理论是相关的。我们知道,没有任何人能够用裸眼直接观察到质子或电子,但人们都相信它们的存在。因此,上面的论证说我们看不到善和恶,这不足以证明善和恶不是真正的性质。或许,借助与物理学中的微观性质的类比,道德实在论者可以为道德属性找到一条出路。这个想法是,虽然质子不能被直接观察到,但是,它在对科学观察的最佳解释中起了作用。例如,在一个设计好的云室中,一条水汽轨迹的出现表明一个带电粒子经过。同样,如果推设道德事实存在,能够让我们很好地解释道德观察,我们就有理由相信道德事实存在。

当代美国哲学家吉尔伯特·哈曼(Gilbert Harman)认为这个类比无法拯救道德实在论。他否认道德事实和道德属性的存在,理由是它们在对道德观察的最好解释中不起任何作用。哈曼将观察在伦理学中和科学中所起的作用做了对比。他指出,即使假定我们能够观察到道德事实,它们与科学观察中的物理事实也是不同的。我们先看看科学观察的例子。设想你用一个观察来检验某个理论。当看见云室里出现一条水汽痕迹时,你相信一个质子经过了那里。如果这个观察是与该理论相关的,那么,对你观察到这条痕迹的最好解释是一个科学事实——有一个质子经过了那里。但是在"道德观察"中情况就不同了。你看到一群孩子把一只活猫放在火上烤。你观察到了这个事件,像许多人通常的反应那样,你至少会想"多残忍啊",甚至会说这帮孩子在做错事。但是,什么东西最好地解释了你的反应?哈曼说,答案决不是某个外部的道德事实。像休谟一样,哈曼认为,要解释人们对孩子烤猫的反应(即所谓道德观察),我们只需要做出一些关于这些人的心理学假设就行了,例如,人们的心理构造就是如此这般,当碰到某种事情时会出现某种反应。换句话说,在所谓的"道德观察"中,道德事实或属性实际上是你添加在观察之上的。对科学观察的解释在外在于观察者的世界之中,而对道德观察的解释只是内在于观察者的心理状态。因此,哈曼总结说根本不存在道德事实。

我们看到,观察证据在科学和数学中起的作用,似乎在伦理学中看不到。道德家说并不帮助解释为什么人们观察到他们观察的事情。因此伦理学是成问题的,虚无论必须得到严肃考虑。虚无论是这样的学说:没有道德事实,没有道德真理,没有道德知识。这个学说可以说明,为什么援引道德事实看来并不能帮助解释观察,因为不存在的事情不可能解释任何事情。

极端的虚无论认为道德简直就是错觉:不存在对或错、正义或不正义、善或恶。根据这种虚无论,我们应该放弃道德,就像一位无神论者,当他判定宗教事实不能帮助解释观察之后,放弃宗教一样。一些极端的虚无论者甚至指出,道德仅仅是宗教的一点迷信残留物。[4]

对哈曼论证的一个有影响的回应是这样的。道德事实在解释我们的道德观察中能够起作用,这和科学观察的情形并无多少不同。对科学观察的最好解释是科学事实,例如,只有设定质子通过云室的事实,才能最好地解释我们为什么观察到云室中的那条轨迹。同样,对道德观察的最好解释是道德事实。例如,希特勒是邪恶的这个道德事实,至少可以部分地用来解释为什么他残杀了数百万人;希特勒残杀数百万人之事实解释了我为什么相信他在道德上是邪恶的;因此,希特勒在道德上是邪恶的道德事实,至少部分地解释了我为什么相信他在道德上是邪恶的。当你看到那群孩子在火上烤猫的行为时,在某种道德原则(如,无端地制造痛苦和折磨在道德上是错误的)下,你可以推断一个道德事实(无端地烤猫在道德上是错误的)的存在,这个事实解释了你在这个情况下的道德观察:这帮孩子在做错事。这种道德解释模型是普遍适用的,也是道德实在论者应当坚持的。当然,我们的这种解释并不总是正确的,因为我们的观察、理论都有可能出错。但是,在科学的情况下,我们同样可能出错,例如,在化学中,人们曾在某种理论下用燃素的存在来解释观察到的燃烧现象。因此,就哈曼的论证而言,道德实在论与科学实在论的处境相同。

这个回应至少在形式上指出道德观察与科学观察的机制并没有很大的不可比性。但是,推设道德事实的存在还面临着另一个挑战,即道德事实似乎有一种难以驯服的怪异性。

3. 道德属性的怪异性

休谟和哈曼的论证试图直接否认道德性质在自然界中的位置。另一位道德实在论的批评者、澳大利亚哲学家J. L. 迈奇(J. L. Mackie),从另外一个角度论证了世界中没有客观价值的结论。虽然迈奇所指的价值不限于道德价值,如善、正当、义务等,还包括审美的、艺术的价值,后者通常被认为是非道德意义上的价值,但他的论证集中在对道德价值的考察上。迈奇认为,日常道德判断有两个重要的特点:客观的和规约性的(prescriptive),合起来可以称为客观规约性。客观性比较容易理解,规约性是什么意思?在迈奇看来,说一个道德判断是规约性的,就是说它是发出指令的或者指导行动的,即它告诉我们应该怎么做、给我们行动的理由,即使我们并不愿意做它要求的事情。说某件事是善的,就是说我们每个人都应该去做这件事,或者我们每个人有理由去做这件事;说某件事是恶的,就是说我们每个人都不应该去做它,或者说我们每个人有理由不做它。对比以下两个判断,"地球是椭圆的"和"诚信是好事"。前一个判断有客观性,但没有规约性,因为无论谁做出这个判断,这个判断本身对任何人都没有提出任何行动上的要求。后一个判断,根据迈奇的看法,既有客观性,又有规约性,因为它要求人们都去行诚信之事。无论如何,迈奇认为,客观规约性是我们的道德语言的特点。但是,我们的道德判断尽管有这种特点,它们是否表示了它们应该表示的客观价值,就像"椭圆"表示了世界中一个客观性质一样?迈奇说:

> 如果有客观价值的话,那么它们就会是一种非常奇怪的实体、

性质或关系,完全不同于宇宙间的其他任何事物。相应的是,如果我们觉察到它们,那必定是通过某种特别的道德知觉或直觉的官能,完全不同于我们通常知道其他每件事的方式。[5]

由于这种怪异性,迈奇推断说,"价值不是客观的,不是世界的构成物的一部分"。这样,道德判断处于一个十分尴尬的境地:它们依其固有的逻辑特点而应该表达客观价值(或道德事实),但世界中压根儿就没这种东西,就像一场没有新娘子的婚礼一样。迈奇由此得出这样的结论,人们的道德判断都是错误的。迈奇把他的结论称为关于道德信念的"错误论"(error theory)。在都是错误的意义上,道德信念跟迷信信念(如"昨晚鬼敲门")可以划为一类。

迈奇的错误论引起了极大反响,因为它意味着没有任何东西在道德上是错误的。我们曾听说,如果上帝不存在,那么没有任何东西在道德上是错误的。现在,无神论者迈奇不需要上帝不存在的假设,就直接得到这个结论。

迈奇的怪异性论证包含两个部分:一是道德事实在形而上学上的怪异性,一是在认识论上的怪异性。对这个论证的评价我们将在后面予以详述,现在需要解释的是这两种怪异性。先看形而上学上的怪异性。迈奇说道德价值是怪异的,是相较于"任何其他事物"而言,这意味着后者是不怪异的。一个事物不怪异,通常来说,是因为我们对它的行为和性质比较熟悉。依照假设,道德价值是客观规约性的。这意味着,无论什么时候(以某种方式)知觉到某种道德性质(比如善),我们身上就产生了某种行动的动因或理由。道德性质的怪异性在于,我们熟悉的一斤重、椭圆形、左旋等,并没有这种驱动行动的力量。当然,并非世界上的所有事物都不具有驱动行动的力量。在迈奇的本体论中,自然事物还包括我们的情感反应。根据迈奇的看法,欲望和态度可以驱动行动,但这些属于主观状态,依假设与道德价值无关。因此,道德价值的客观规约性使得它们与其他事物格格不入。再看认识论上的怪异性。迈奇的这个论证跟前面休谟的论证相似。休谟说无论我们多么仔细,也感知不到道德性质;迈奇则说,要感知具有客观规约性的道德性质,我们需要一种特殊的官能,一种类似于第六感的道德直觉能力,而这种能力在科学主义者看来是神秘的。这个认识论的论证并非是结论性的。这是因为,第一,我们无法觉察的东西,并不一定在认识论上是怪异的,电磁场和光速就是例子;第二,我们觉察到的"东西",可能在认识论上是怪异的,如某些人(实义地而不是比喻性地)说撞见了鬼、某些人说自己直接与上帝交流等。

迈奇的论证,如果成立的话,要求我们再次挥舞奥卡姆剃刀对道德事实下手。这是因为,道德事实与我们熟悉的科学世界格格不入,推设它们的存在会让科学的本体论变得不协调。如果放弃道德事实的实在性并没有坏的结果的话,我们应该高兴地这么做。

至此,我们有三个反对客观道德价值的论证。休谟的论证说我们在世界中观察不到客观的道德价值,因此我们有理由怀疑它们存在。我们看到,这个论证不是足够有力的,因为直接观察不到的物质,只要能够为解释我们的观察做出不可缺少的贡献,它们在本体论中还是可以有一席之地的。例如,在一个理论背景下,设定质子的存在可以解释我们为什么观察到云室中的轨迹。哈曼的论证则试图掐灭这个希望。哈曼论证说,对道德观察的解释不需要推设道德事实的存在,因为一些关于观察者的心理假设就足以解释道德观察了。奥卡姆剃刀要求我们剔除这些没用的道德事实。上一节的一种对哈曼的回应表明,道德实在论者可以否认哈曼指出的道德观察与科学观察的不可比性。但是,这个回应留下的一个问题是,如果有道德事实,那么它们在一个科学的世界中扮演着一个怪异的角色。不像别的事实,道德事实有一种驱动行为的魔力,这在迈奇看来好像是科学的世界中有一些迷信的元素。

4. 理解客观价值

如上所述,根据一些科学主义者的看法,我们应该相信的性质只能是科学结论所支持的,或者至少与这些结论相容的那些性质。道德实在论者相信的客观价值,由于其存在既不被科学探究所确立,也与科学的实在观不相容,因此我们最好认为是不存在的。这些科学主义者认为,如果一个伦理理论的可能性依赖于客观价值的存在,这正好构成了反对这个理论的理由。

迈奇的论证中隐含着许多假定,这些假定在一些人看来是毋庸置疑的。第一个假定是,我们有一个明确的、轻松的划界标准,将自然的或科学的领域与其他领域分开,我们对前一个领域的认识至少在原则上是没有问题的,因而对这个领域的本体论承诺没有怪异性;这个领域之外的事物,如果有的话就是神秘的。第二个假定是,对科学领域的性质的觉察以及由此产生的信念在驱动行为方面是惰性的。第三个假定是,价值是纯粹实践性的,没有认知的可能性。

我们至少可以从两个角度来处理迈奇指出的怪异性。一个想法是,或许我们可以把价值属性与一些科学主义者认可的性质做类比。另一个想法是,我们可以把对价值的探究与科学主义者承认的另外一些领域做类比。如果这些类比是恰当的话,来自怪异性的论证就失去了力量。

一个有影响的价值模型是把价值看做是一种倾向属性(dispositional properties)。我们可以用两个小例子来说明倾向属性的特点。一块普通铁皮有可弯曲性但不具有易碎性;一块普通玻璃有易碎性但不具有可弯曲性。说可弯曲性和易碎性都是倾向属性,指的是任何具有可弯曲性的物体在某些条件下(如给它两端施压)会呈现弯曲形状,以及任何具有易碎性的物体在某些条件下(如被铁锤重击表面)会呈碎状。说一块普通铁皮具有可弯曲性,说一块玻璃具有易碎性,并不一定要求这块铁皮必须在某个时刻呈现出弯曲形状,也不要求一定要求这块玻璃被打碎。因为倾向性质只是一种"蓄势待发"的性质,不是一种表现性质。很多人认为,颜色性质(如红色)也是倾向性质。一个物体是红色的,当且仅当在正常条件下这个物体被正常观察者看出是红色的。这里出现了两个"正常",都不是规范意义上的正常,"正常"条件可以理解为照明状况,是物理条件,而"正常"观察者是在统计意义上讲的。在这个意义上,颜色属性是一种倾向属性。一方面,颜色与人类的感性在概念上是关联的,在这一点上,颜色与可弯曲性和易碎性这些独立于观察者反应的倾向性质不同。另一方面,一个东西是某种颜色的,并不一定要求人们实际上看到它是这种颜色,在这一点上,颜色性质与其他倾向性质并无不同。

一些哲学家用与颜色属性的类比来解释价值的特点。从概念上讲,一种价值是与正常环境下正常接收者的情感反应相关联的。这样,价值像颜色一样,是依赖于知觉者的反应的性质。但是,依赖于反映的性质不必是主观的,也可以是客观的。价值可以独立于特定的人类经验而存在,就像锁在柜子里的钱包的红色性质一样,你此时此刻没有看见它,不表明它不是红色的。这个用颜色性质解释价值的模型在很大程度上反驳了价值是相对于特定接收者的主观主义观点。如果价值能够严格地类比为颜色性质,那么迈奇所说的怪异性就不再构成否定客观价值的论证了。不过,价值与颜色性质的类比到底能走多远,哲学家们正在进行激烈的争论。把颜色当做价值的模型的思路留下一个问题:道德判断是直接的,无须经过任何推理过程?我们知道,对颜色性质的知觉是立即呈现的、一目了然的,不需要任何证据、额外的信息等,但是,人们的道德判断在许多时候要求一个推理过程。

或许我们可以采用另一个回应怪异性论证的策略,就是把道德事实看做是某种规范领域里的事实。一个规范事实并不描述世界中的事件,而是评价发生的事情或者规定哪些事情应该发生。人们熟悉的一个规范领域是逻辑领域。以逻辑中的肯定前件推理(modus ponens)为例。它是这样一个规则,如果你相信命题 p 并且相信 p 蕴涵 q,那么你就应该相信 q。这个规则并不描述现实世界中的人们是如何进行推理的,它的有效性并不因为在现实中很多人违反了它而丧失,在这个意义上,它的"真值"是客观的。毫无疑问,它也是规约性的,因为它评价和指导在某些条件下人们应该相信什么。这样,在逻辑领域里我们找到了客观规约性的例证。错误论者如何对逻辑规则的客观规约性做出回应?如果一个逻辑规则描述了一个逻辑事实,而逻辑事实又具有客观规约性,那么逻辑事实在形而上学上是怪异的吗?因而逻辑学中的命题全部都是错误的吗?一个科学主义者如何做一位关于逻辑学的错误论者呢?

假定逻辑学是合法的探究领域,我们为什么不能以类似的方式处理伦理学呢？这里的想法是，像逻辑领域一样，伦理学的对象——道德领域——也是一个规范领域。伦理学并不描述人们如何表达自己的态度、欲望或者从事什么行为，而是评价和指导人们在某种场合下应该具有什么样的态度、应该欲求什么、应该如何行动。道德事实被理解为一些道德原则所表达的规范事实。

5. 如何做一个健全的科学主义者？

前面的讨论引起我们的反思，让我们有机会重新审视科学主义对伦理学的挑战。这其中奥卡姆剃刀扮演了至关重要的角色。这其中奥卡姆剃刀说"如无必要，毋增实体"，这个原则本身是一个规范原则，为我们的本体论探究提供了评价标准，或者说指导我们如何从事本体论工作。我们不妨思考这样的问题：这个原则在自然界中的地位如何？显然，作为一个规范原则，它并不描述或者解释我们是如何从事本体论工作。奥卡姆剃刀不描述、不解释、也不预言日常的或者科学上可观察的现象。按照一些科学主义者的思路，凡是不对世界中的事情做出解释上的贡献的东西，都应该被剔除，那么，奥卡姆剃刀做不出任何解释上的贡献，是否也应该被剔除呢？奥卡姆的剃刀是规范性的，如果不存在规范性的、评价性的真理，那么奥卡姆剃刀也不可能为真。这样，这把剃刀成为自己的敌人，它伤及自身。这说明，奥卡姆剃刀的使用不是毫无限制的。由于奥卡姆剃刀本身属于规范领域中的一个原则，试图用它来剔除所有规范事实的企图注定是自相矛盾之举。因此，奥卡姆剃刀正是规范领域的实在性的一个保证。

即使在事实领域，奥卡姆剃刀也不是用起来毫无麻烦，稍不留神，它会剃物无算。某人死在医院，医生的诊断是他死于癌症；这样，癌症解释了他的死亡，因此我们相信癌症是世界的构成物的一部分。很好！但是，癌症不存在！为什么？因为病人体内的某种大规模细胞变异解释了病人的死亡；你可以给出更详细的生物学解释，取代医生的病理学解释，而生物学解释中根本就不需要提及癌症！且慢，细胞也不存在，因为分子层面的解释根本不需要提及细胞的概念！如此解释下去，我们最后只需要使用本章开头罗素所使用的概念"原子的偶然排列"或者基本粒子的某种特定配置。某种科学主义加上奥卡姆剃刀要求我们剔除那些在最好的科学（在当前是基本物理学）解释中不起作用的概念，照这样做下去，不仅所有的日常事物，风雨雷电、崇山峻岭、江河湖海、飞禽走兽都将不存在，而且多数其他科学中不可缺少的概念，从天体到地质板块、从机体器官到微生物，都将没有所指。

否认这些事物的存在对我们许多人而言既会引起心理上的不适，也会引起实践上的不便。我们感到不适，是因为我们发现习以为常的事物变得虚幻；我们感到不便，是因为如果不使用种种表达这些事物的概念，在生活中我们将无所适从。不过，这些理由还不足以让我们去嘲弄科学主义的荒诞不经，就像无神论或上帝之死给宗教信徒到来的不适和不便不足以证明无神论的荒诞不经一样——尽管的确有许多人认为无神论是荒诞不经的！不过，就伦理学的前景而言，我们可以有信心地说，既然奥卡姆剃刀剃掉了这么多事物，它剃掉了道德价值就不足为奇了。反过来说，如果我们继续相信前一类事物的存在，那么我们当然可以继续相信道德价值的存在。

相信道德价值的存在要求我们重新为道德价值定位。我们在前面论证了一个结论——规范领域的存在，但我们并没有说明规范领域到底是一个什么样的领域，它和其他领域的关系如何。一个常见的看法是，规范领域是"应该"的领域，与之相对应但不相交的领域是"是"的领域，即事实领域。休谟曾经给出了一个逻辑禁令：从任何只包含"是"的前提中不能得出包含"应该"的结论。休谟说，"是"所表达的关系完全不同于"应该"所表达的关系，因此要从其他关系中演绎出"应该"的关系，应该提出理由。但是，休谟没有注意到一个问题，他自己说的"应该提出理由"中的"应该"从何而来？假定"是"的领域与"应该"的领域互不交叉是一个事实，但从这个事实中推不出任何"应该"的结论来。脱离这个困境的一条出路是放弃规范领域与非规范领域的绝然区分。我们有现成的事例说明这条出路是有希望的。在进化生物学中，我们说某些生物特点，如长颈鹿的长脖子、猎豹的速度是具有适应性的。具有适应性既是一个描述性质（描述了某些特点），也是一个评价性质(对相关对象而言具有这个性质比起缺少这个性质是一种更好的状态)。

我们所面对的对伦理学的挑战建立在这样的推理上：(1)事实领域与价值领域是井水不犯河水的，划分两者是轻而易举的；(2)只有事实的领域才是科学的领域；(3)科学告诉我们世界的最终构成物是什么；因此，(4)价值不是客观世界的一部分，要么根本不存在，要么是纯粹主观的，从而在任何一种情况下客观的伦理学都是不可能的。如果这个推理是可靠的话，那么一个科学主义者要么是一个道德虚无论者，要么是一位主观主义者。但是，并非所有科学主义者都一定要接受第一个前提，尽管他们可以有条件地接受后两个前提。一旦前提(1)被放弃，价值成为科学的研究对象便不再难以理解。只有一种非常特殊的科学主义才与客观的伦理学不相容。我们已经证明，一方面，这种特殊的科学主义所诉诸的论据，如价值的不可观察、价值没有解释上的贡献、价值的怪异性、价值语言的逻辑等，都不是结论性的；另一方面，采纳这种立场要求推设一个规范领域的存在。

那么，一位健全的科学主义者如何看待伦理学呢？第一，他不必认为道德价值是超自然的性质(如神学的、迷信的)。第二，他认为存在着客观的规范领域，如逻辑领域。第三，他认为伦理领域在本质上与逻辑领域并无不同，两者的差别是主题上的。第四，规范领域并不是独立于事实领域的，这两个领域的关系恰好是科学探究的对象之一。需要在这里进一步说明的是第四点。探索两个领域的关系，有两种方案可选。一种是非还原的方案，认为价值属性以某种方式依赖于非价值属性但不等同于后者。另一种方案是还原的方案，认为关于事情应该怎样的事实实际上是一类特殊的、关于事情就是怎样的事实。

在这里我们只探讨一下还原的方案，我们以逻辑的一致性为例极其粗线条地勾画出它的轮廓。一致性要求一个人不能同时相信一个命题及其否命题。科学主义的基本立场要求用自然的资源说明一致性的规范要求何以可能。我们设想，在人类进化的某个阶段，人们是否遵从这个要求是随机发生的。事情很清楚，在其他条件(如环境、信息的接收等)相同的情况下，遵从者取得优势。想想一个人既相信这只老虎吃人又相信它不吃人,他的结局会怎样。这种优势必须能够以某种方式传递给后代,或许是通过基因的作用在大脑的某些部分形成特定的功能模块。这个模块的形成标志着一个可靠机制的出现,让其拥有者在具体情况下做出具体反应,如剔除不一致的信念或者修改先前的信念。大部分传统哲学家把这种能力理解为心灵本身所拥有的力量,只从内省中清晰、明确的观念以及它们的结合中寻找规范性的根据,并且认为心灵外部的世界是没有规范性可言的。一旦对心灵与外部世界做了这样的切割,规范性就要么在外部世界中,要么在人的心灵世界中。还原的方案不接受这种图像,强调规范性是主体与主体生活于其中的世界之间的一种关系性质,或者更确切地说,是一种协同性质。这种协同性质是历史性的,是自然选择的优胜者。我们只能从内省中感受到规范性的约束,并不表明这种约束的来源就是我们的心灵。

同样的说明也适用于道德规范,只不过是对一个道德规范的说明比对一个逻辑规范的说明要复杂许多。这种相对的复杂性体现在我们熟悉的道德规范中渗透着许多社会学、心理学因素。例如,从最抽象的道德原则(如尊重生命)到非常具体的行动准则(如我不杀在心理特性上比猪更精微的动物)的应用,在不同的场合受到不同社会和文化背景的影响。虽然有这种复杂性,同样可说的是,道德法则的约束只能从意识中感受到,并不意味着像康德所说的那样,它们是"内心的"。与逻辑规范性一样,道德规范性,即不单独存在于主体意识中或者由心灵的某种神秘能力所保证,也不单独存在于外部世界中,而是漫长的历史过程所形成的一种协同性质。这些就是一位健全的科学主义者应该对伦理学说的。如果这是对的,那么科学主义不仅不构成对伦理学的挑战,反而是伦理探究的助推器。

注 释

〔1〕 Bertrand Russell, "A Free Man's Worship", in *Mysticism and Logic and Other Essays*(New York: Barnes & Noble, Inc., 1917), pp.47-48.

〔2〕 http://www.thoughtware.com.au/philosophy/philref/PHILOS.06.html

〔3〕 David Hume, *An Enquiry Concerning the Human Understanding*, ed. Tom L.

Beauchamp(Oxford & New York: Oxford University Press, 1999),p. 301.
[4] Gilbert Harman,*The Nature of Morality*(New York: Oxford University Press, 1977),p. 11.
[5] J. L. Mackie,*Ethics: Inventing Right and Wrong*(London: Penguin Books, 1977),p. 38.

第二部分 基 础

第七章　人类善

人类是复杂的动物。人类有感受力,有快乐和痛苦的感受,有压抑和兴奋的情绪;人类有欲望和趣向,会希望和趋求一些事物,回避和拒绝另一些事物。人类有各种各样的需求,包括生理的、心理的和智力的需求。人类是易受影响的,他们可以受益,也可以受损,利益和伤害的施加者可以是他人、社会、自己以及自然因素。这些利益和伤害到底是什么样的事物?人类的福祉是由哪些因素构成的?什么样的事态是值得追求的?如果伦理学的目标之一是实践性的,即旨在提升人类的福利状况,那么它首先要说明这种福利状况的结构,说明什么能使得一个人的状况变得更好,说明生活中的哪些成分使得生活是值得过的。人类善(human good)就是这一章的主题。

在西方伦理学史中,善和正当或正确(right)一直是两个核心概念。在任何一个完整的伦理理论中,两个构件是必需的:一个是关于行动的评价的理论,把必须的(obligatory)、允许的(optional)和禁止的(forbidden)等属性指派给不同类型的行动;另一个是关于价值或善的理论,说明哪些事物是善的。两个构件中的哪一个更为基本,伦理学家的态度不一。一些伦理理论把善的观念作为基石,在此之上发展出相应的道德原则。对他们而言,伦理理论必须首先确立一种价值观,道德判断的依据是被判断的对象是否实现了、促进了或者导致了某种善。即使把正当作为更基本的道德观念的道德理论,也不否认善的问题的重要性。如正义或公平涉及某些善的分配,涉及不同人的利益是否得到恰当的对待;正确或错误的行为涉及它们是惠及还是危及他人。尽管在伦理学史上有不同的理论倾向,有些理论认为正当优先于善,另一些理论认为善优先于正当,但是,善的观念作为道德探究的一个基本维度,其重要性是不可否认的。

人类是大自然的一部分,自然中还有其他动物。许多非人类的动物在不同程度上拥有人类的特性,如感受和欲望的能力。如果一种善的观念对人类的某些特性做出了响应,那么给予这些响应的道德考虑没有理由不延伸到具有相似特性的动物身上。例如,如果痛苦对具有感受痛苦的能力的人类是坏事、是恶,那么它对能够感受痛苦的其他动物也是坏事、也是恶。除了对动物的考虑之外,没有感受力的自然环境也进入了道德视野,这使得今天对价值和善的思考比历史上的任何时期都更加丰富和复杂,在这个主题上的争论也更加激烈。这些思考引发了当代伦理学的一些转向,导致了应用伦理学的繁荣。不过,在本书中,我将把注意力集中在构成人类福祉的那些价值上。

1. 工具善与内在善

我们先从一般性的观察开始。我们经常对人们的生活状况做出评价。比如说,某些人过得好、幸福、愉快、如意、成功等,这种状况是积极的、正面的;另一些人过得不好、悲惨、痛苦、失意、失败等,这种状况是消极的、负面的。毫无疑问,这些描述正面状态的术语"好""幸福""愉快""如意""成功"等并非有相同的意义,同样,那些负面的评价术语的意义也不尽相同。把这些差别先放在一边,在做出这些断言时,我们是在肯定一些状态,否定另一些状态,而要正确地做出这些断言,我们离不开一种价值观。价值就字面而言是指有意义性、重要性、让人在乎。人类生活如果没有价值的话,就没有质感,没有差别。

万物皆有其用。你弃之如敝履的,他人可能如获至宝。如果把人们各自认为有价值的东西放在一起,你会发现它们五花八门,找不出什么共性来。什么样的事物对一个特定的人是好的或善的,依赖于他的具体特点和环境。对于张三而言是善的东西,可以非常不同于对李四而言是善的东西,例如,1000度的近视眼镜对张三是好东西,但架在只有100度近视的李四的鼻梁上可能是巨大的灾难。许多人认为,这种价值上的驳杂经过适当的处理将不会造成很大的理论困难。对于种种我们认为是善的东西,我们问哪些善构成了好的生活、哪些因素造成了好的生活。显然,一副1000度的近视镜对张三是个好东西,不是因为它构成了张三的福利状态的一部分,而是因为它提升了张三的福利状态(缺少它或者它的替代品,张三的福利将受到影响)。

正因为如此,哲学家们将工具性的善与内在善区分开来,然后用这个区分来考察各种被认为有价值的事物。当一个事物或一种事态是因其固有的性质、而不是因其与其他事物或事态的关系而被称为善的,我们就说它是内在地善的,反过来,当一个事物或一种事态不是因其固有的性质、而是因其为其他善所作出的贡献而被当做善的时候,我们就说它是工具性的善。这样,尽管1000度和100度的两副眼镜有很大的差别,但这种差别是针对它们都是作为工具而言的;如果我们追问两副眼镜所服务的目的——维持良好的视觉,我们会发现这种目的不再因人而异,或者差异的幅度不大。当然,我们还可以继续追问,良好的视觉是工具性的善还是内在善?如果是工具性的,那么它服务的目的是什么?有了答案之后还可以进一步问下去。

大部分人都承认,生活中的许多事物只具有工具性的价值。金钱是最典型的例子。钱对许多人来说是好东西,但是,很少有人为了钱本身的缘故而喜欢钱,因为钱的好处不是内在于那些纸片或金属片之中的。钱的价值体现在它与其他价值的关联上,有了钱,你就可以去购买其他你认为有价值的东西。从价值论的观点看,内在善是我们最终关注的。这是因为,首先,内在善比工具善更为基本。一方面,如果世界上没有任何东西是内在地善的,那么说哪个东西具有工具性的价值就是没有意义的;另一方面,我们追求内在善是因为它们本身就是善的,它们是我们的目的,而工具善是达到这些目的的手段。当我们比较两个人的生活状况,或者比较一个人在不同时期的生活状况时,我们总是关心两种状况在内在善方面的差异。按照一种我们将在下面讨论的价值论——快乐是生活中唯一的内在善,如果两个人的生活包含大致相同的快乐量,那么两者在金钱持有量上的差异就无关紧要了。其次,工具善在产生内在善的效率方面可能是因人而异的。在经济学中我们经常用收入的高低来衡量生活状态的好坏,但这种衡量是以一个隐含的假设为前提的,即人们将收入转化为福祉的能力大致相等。在现实中,我们经常发现这个假设并不成立。一位高收入者的生活可能过得一团糟,而一位中等收入者的生活可能恰然自得、井井有条。

由于工具善的意义只在于它们能够产生内在善,在价值论上真正要紧的是后者。因此,我们需要关心的问题是,什么事物或事态才是终极的或者内在的善?对这个问题,伦理学史上有许多回答。根据某些东方宗教,终极的善是心灵的一种冥思状态;根据某些人的理解,一个人的最终追求应该是一种称为"内圣外王"的身心境界;在某些西方宗教教义中,最终的善是存在于对上帝的膜拜和绝对服从之中的,这种与上帝的关系将最终给服从者带来无尽的幸福。柏拉图主义者把善理解为一种独立于人类感知的实体。伦理学中影响最大、人们最为熟悉的观点是,只有某些心理状态才够得上是内在地善的或者恶的,对某些人而言,心理状态指的是快乐和痛苦这类感受,对另一些人而言,心理状态指的是欲望的满足。亚里士多德用福祉($eudaimonia$,经常被翻译为含义极其不清的"幸福",相关讨论见第十二章)来指代人类的终极目的,并指出了福祉的构成要素。尼采心目中的终极善不是任何心理状态,而是艺术、审美上的成就。

内在善的观念依赖于一种普遍的关于人性的见解。尽管在人性的构成上看法不一,信奉内在善的观念的哲学家们大都认为人类有一组本质性的特征,与这些本质特征相适应的事态就构成了普遍的人类善。例如,边沁把对苦乐的感受看做是人类选择的最终依据,因为避苦趋乐是人性中最稳定的激情;亚里士多德说人人都追求福祉,因而它是所有人奋斗的目的地。但是,内在善的观念并非是所有哲学家都接受的。康德认为这个观念依赖于人们的经验和人类的偶然性,不具有普遍必然性,因而不可能作为伦理学的基础。萨特则认为善或价值不可能先于我们的选择而存在,它们是由我们的自由选择所创造出来的。

由此可见,价值论是一个非常混乱的哲学领域。一方面,哲学家们在哪些事物具有内在善的问题上众说纷纭,另一方面,还有许多哲学家认为伦理学不需要依赖于任何一种实质性的价值论。尽管这样,我们还是要去探索前一方面的问题。

2. 享乐主义

享乐主义(hedonism)是一种最简单的价值理论。严格地说,享乐主义是一组观点,价值论的享乐主义是其中之一。

享乐主义有时被理解为一种心理理论,说的是每个人都毫无例外地追求快乐、避免痛苦,或者说,每个人的终极目的是将自己的快乐最大化,将自己的痛苦最小化。这个观点被称为心理享乐主义。就像心理利己主义(见第一章)一样,心里享乐主义声称是一种关于人类本性的经验论题,旨在描述和解释关于人类的行为倾向的一个心理事实。同样,像心理利己主义一样,心理享乐主义面临一些明显的困难,例如,受虐狂的情形似乎构成了反例。

享乐主义还可以表现为一种规范的伦理理论,被称为伦理享乐主义。伦理享乐主义把道德的或者正确的行为定义为将快乐最大化和将痛苦最小化的行为。伦理享乐主义可以采纳个人版和普遍版两种形式。个人版的伦理享乐主义说我总是应该去追求自己的最大快乐以及最大程度地减少自己的痛苦。普遍版的伦理享乐主义说每个人都应该追求自己的最大快乐并最大程度地减少自己的痛苦。这两个版本显然有很大的不同。个人版只要求享乐主义者自己去将快乐最大化和将痛苦最小化,对他人则没有这样的要求,而普遍版则要求任何人都这么做。

前两种享乐主义都没有谈到价值,没有谈到快乐和痛苦是什么样的价值,是工具性的还是内在的。因此,价值享乐主义说,快乐是唯一一种内在善,痛苦是唯一一种内在恶。如果一个人的福祉只取决于他的生活中有多少内在善和多少内在恶的话,那么,价值享乐主义蕴涵了福祉享乐主义。福祉享乐主义说,福利程度只是快乐减去痛苦后的净值。一个类比是,富裕程度就是收入减去支出后的余额。根据福祉享乐主义,甲比乙过得好,当且仅当甲的快乐净值大于乙的快乐净值。需要注意的是,一个福祉享乐主义者并不是一定要接受价值享乐主义。例如,他可以说,一个人的福祉只是通过快乐净值来衡量,但说不定还存在着其他不同于快乐的内在善(例如智力、果敢)以及不同于痛苦的内在恶(例如愚笨、软弱)。

因此,我们要区分两种对福祉的说明。一种说明只借助于某种指标来衡量一个人是否比另一个人过得好,常见的指标包括收入、满意度、成就、快乐程度等等。另一种说明除了依赖于某种指标之外,还要求该指标是相对于内在善而言的。前一种说明在日常生活中很常见,应用起来很方便,各种民意测验和社会统计都采纳它。但是,它在哲学上是不彻底的,很多时候把福祉的外部原因与福祉的内部构成混在一起。

下面我们所关心的享乐主义是价值享乐主义与福祉享乐主义的混合体,因为心理享乐主义和伦理享乐主义都不是直接关于人类善的理论。我们将用享乐主义代表这样两个论题:(1)快乐和痛苦抵消的余额是一个人的福利状况的唯一指标,和(2)快乐和痛苦是仅有的内在善和内在恶。

什么是快乐和痛苦?虽然快乐和痛苦是生活中再普通不过的心理现象,但对它们做出准确的理论刻画却不是一件容易的事。我们先从简单的快乐或痛苦谈起。简单的快乐或痛苦是直接的、非结构性的、不涉及较高认知功能和认知背景的感觉,肉体上的快乐和痛苦是最典型的例子。恰当的食品带来的味觉、衣着或气候带来的温暖等都让人的感觉有了令人愉快的性质,而黄连苦胆的刺激、寒冷和饥饿则带来相反的感觉性质。这些简单的快乐和痛苦几乎是从刚落地的婴儿到白发老者都能轻易感觉的。我们可以称这些感觉为现象的快乐或痛苦。除了现象快乐和痛苦之外,快乐和痛苦还经常被看做是另外一些感受所具有的性质。中国人说的"久旱逢甘霖,他乡遇故知"描述的快乐感受以及丧父之痛是所谓的"意向的"(intentional)快乐或痛苦。意向的快乐和痛苦涉及对某些对象的希望和失望,要求较高的认知能力,例如,一个婴儿不可能有丧父之痛或金榜题名之喜。这些感受有复杂的结构并引起了许多争议。一种看法是,只有简单的快乐和痛苦才是真正的,意向性的快乐和痛苦不是真正的快乐和痛苦,而是人类的一种心理转换或联想。我们来比较两个囚犯。一个囚犯每天接受辣椒水、老虎凳的"伺候",另一个囚犯是被软禁但过着锦衣玉食的日子的高官。两个人都可能说自己痛苦,但他们的痛苦不是同一类感受性质。再如,某些人描述丧失一位至亲时,说自己"心如刀绞",或者描述心仪的场面时说"如沐春风",这些描述都是比喻性的。另一种看法是,尽管简单快乐与意向快乐有差别,两者在被感受的机制上的不同不能表明一类是真正的,而另一类不是。我们把这些争议放在一边,只需要注意到大部分享乐主义者通常都承认这两类快乐。

定量的享乐主义。每个人的生活都是苦乐相伴的,如何对他们的福利状况做出评价呢?享乐主义者说,很简单,把一个人生活中的快乐加起来汇总,再把痛苦加起来汇总,快乐总和减去痛苦总和之后的净额越大,这个人的福祉就越好。在衡量生活的好坏时,这种享乐主义只从快乐和痛苦的量上来考虑,因此是定量的享乐主义。快乐和痛苦的量化是原则上的,并不要求我们在每种情况下都做出精确的计算。毋宁说,定量享乐主义表达了一种见解。尽管在目前我们缺少客观的手段来测定各种感觉中的苦乐量,但随着科学的发展或者借助近似化手段,定量享乐主义在实际中的应用并非不可能。在计算中,需要考虑的因素不少。首先,两份快乐可能在强度上不同,其次,强度相同的快乐可能在持续期上有差别。这并不构成很大的困难。直观的想法是,一份快乐持续期越长越好,强度越高越好。如果快乐 A 的长度是快乐 B 的两倍但 A 的强度只有 B 的一半,那么 A 和 B 是一样好;如果 A 的长度和强度都两倍于 B,那么 A 的快乐量就是 B 的四倍。对痛苦量的计算可以同理进行。用这种方法,我们既可以计算一个人在某个时期的福祉量,也可以算出他一生的福祉量。

一些享乐主义者把快乐和痛苦看做是对称的,意思是说,一份快乐的善的程度跟等量的痛苦的恶的程度是一样的。根据这个对称的观点,一个带来一份快乐的行动跟一个减少等量的痛苦的行动在道德上是一样好的。拒绝这种对称性的人们认为痛苦之恶要甚于快乐之善,他们认为这也就解释了为什么不做恶或者制止恶要优先于行善举。

定量享乐主义的基本思想是,在确定一个人的福利状况时,只有他感受的快乐量和痛苦量才算数,其他考虑是不相干的。只要在量上是一样的,所有的快乐都具有同等的价值。打个比方,假定你听一小时莫扎特的音乐所体验的快乐,跟一头猪在污泥里打滚半天所体验的快乐在量上一样大,那么这两种快乐具有同样的价值;或者说,如果这头猪再多打滚半小时,它的快乐将比你的快乐有更大的价值。无论如何,这似乎是定量享乐主义所蕴涵的结论,正因为如此,有些人把定量享乐主义称为"猪的哲学"。许多享乐主义者不肯接受这种哲学,他们想在不同的快乐之间分出等级或档次。

定性的享乐主义。如果听莫扎特或者读《墨子》所体验的快乐与"拱猪"(一种扑克牌游戏)或看足球赛所体验的快乐有什么不同的话,那绝不是两类快乐在量上的差别,而是它们在性质上不是同一种类的快乐。定性享乐主义区分高级快乐与低级快乐,这个区分在大众教育中常常对应于精神快乐与肉体快乐的区分。人与猪一样,都有体验低级快乐的能力,但只有人能从科学、艺术、友谊、创造等活动中体验到快乐,这些高档次的快乐被认为比低级快乐具有更大的内在价值。如果是这样,那么在判断福利状况时,快乐的量和质都要考虑进来。

这种定性的观点虽然在直觉上有吸引力,但它似乎让我们对福祉的判断和比较变得不可能。假定两个人的生活在其他方面相同,差别是,一个人在某个时刻享受了一份中等强度的高级快乐,而另一个人在某个时刻享受了一份非常高强度的低级快乐,那么,谁的生活具有更大的内在价值?这里的问题不是我们难以对两种生活中的价值做精确的计算,而是根本无法计算,因为定性享乐主义使用了两种不能换算的指标,就像两个实数可以比较大小而两个复数无法比较一样。定性享乐主义或许会采纳一种高级快乐"词典式优先"的策略:一种生活比另一种生活有更大的内在价值,当且仅当前者包含更多的高级快乐,或者在高级快乐等量的情况之下,前者包含更多的低级快乐。由于两个人有等量的高级快乐的情形极为罕见,这种策略意味着在其他情况相同的情况下,一个人的高级快乐只要比另一个人多出少许,后者的低级快乐无论高出前者多少,他的生活总是不如前者。

对定性享乐主义的责难,定量享乐主义者有一种可能的回应,双方的争端可能无法在这里得到解决。定量享乐主义者解释说,我们觉得所谓的高级快乐更有价值,并不是因为它们有一种特殊的性质,而是因为它们有一种特殊的来源。读《墨子》、听《费加罗的婚礼》通常比吃一顿美食、看一场球赛带来更强烈、更持久的快乐。人们选择前一类活动,恰好是因为在这些活动的体验中有更多的快乐,而一个活动产生了更多的快乐并不意味着这些快乐就比其他(低级?)活动产生的等量快乐更有价值。一个类比是,高产油田比低产油田产油量大,但我们不能就此推断说前者出的油比后者出的油在油质上有高低之分。因此,定量享乐主义者说,定性享乐主义所强调的快乐的质纯粹是一种错觉。尽管理解了这种回应,一些定性享乐主义者仍不为所动,他们坚持认为,即使我们可以有意义地谈论高级快乐和低级快乐的等量,我们仍觉得高级快乐比低级快乐更值得追求。

一个进一步的问题是,定性享乐主义到底是不是一种忠实的享乐主义立场?按照福祉享乐主义的看法,在一个人的福祉中,净快乐的多寡是我们要考虑的全部因素,除此之外没有其他指标。但是,定性享乐主义认为,光考虑快乐的量是不够的,快乐的质也要参与进来。显然,对快乐的质的考虑不仅超出了原来考虑,而且设定了某种新的甚至具有优先性的指标,这样就偏离了正统的享乐主义立场。不过,即使定性享乐主义偏离了正统享乐主义的核心思想,即使它不再是一种真正的享乐主义,这也不构成一个认为它不正确的理由,因为说不定享乐主义的核心思想是错误的。

3. 趣向论

无论是定性的还是定量的享乐主义,都把快乐看做是仅有的内在善,把痛苦看做是仅有的内在恶。在许多人看来,享乐主义的福祉观太狭隘。快乐和痛苦都是特殊的心理状态,或许还有其他的心理状态也可以是内在地善的或恶的,尽管它们不必具有像快乐或痛苦那般的感受。到底哪些苦乐之外的心理状态具有内在价值或内在负价值,哪些状态比其他状态更有价值,这些问题不好回答。但是,我们直观上认为,从价值的角度看,至少有些苦乐之外的感受是积极的或消极的。例如,如果我认为我的学生们喜爱我的课程,我会感到高兴或者满意,甚至有时候会说自己很快乐;而如果我认为学生们讨厌我的课程,我会感到不如意、不满甚至觉得受伤害。但是这些感受毕竟与那些简单的快乐(如盛夏时一杯凉茶带来的感觉)和痛苦(如胃病引起的剧烈疼痛)不同。这里的要点是,与享乐主义只把善和恶赋予快乐和痛苦不同,我们用更广义的心理状态来说明一个人的福利状态。这就是说,决定一个生活过得多好的因素,只能从过这个生活的人的心理状态的特点中寻找。或许一头猪的生活中只有快乐和痛苦一类简单的感受,但一个人的心理状态比这些远远复杂得多,除了苦乐之外,他还能感受热情与冷漠、忠诚与背叛、成功与失败、创造与平庸等等。把所有这些相关的心理状态的特点考虑进来,我们似乎可以得到一个比享乐主义更为圆通的对人类福祉的说明:当一个人的心理状态中包含的有正面价值的性质越多、有负面价值的性质越少,我们就说这个人的福祉越好;换言之,一个人的相关心理状态决定了他的福利状况。让我们把这个说明称为心理状态论。

这个扩充的、更一般性的心理状态论引出了非常复杂的问题。问题的症结在于,像苦乐这类现象状态具有的性质只通过内在意识就可以确定,就是说,快乐就是对快乐的意识,痛苦就是对痛苦的意识,在失去意识的情况下,没有人能感到快乐或痛苦,而意向状态的性质却不可能光靠内在意识来确定。我们可以这样来解释意向状态的性质。假定我有一个意向状态,即希望我的学生喜欢我的课。如果我意识到学生喜欢我的课,那么我当然从这种意识中得到某种具有正面价值的性质,例如满意、自豪、高兴、喜悦等。但是,我的学生实际上是否喜欢我的课,并不取决于我是否意识到这一点,那是完全外在于我的意识的客观事实。如果我意识到学生喜欢我的课,而事实上他们的确喜欢我的课,这当然是皆大欢喜的,表明我的意向状态在内外两个方面都成功地满足了。问题是,在其他情况相同时,这种皆大欢喜的情形与另外一种情形相比较,即我意识到学生喜欢我的课但事实上他们并不喜欢,而这个事实又没有或者不可能被我发现,哪一种对我更有价值呢?

设想另外一个例子。一位卧病在床的母亲自知不久于人世,托相识很久的邻居把自己的最后一笔存款寄给远方的儿子,然后安详地离开人世。结果邻居欺骗了她,把钱存进了自己的银行户头。这位母亲是相信邻居的,而且永远没有机会发现自己受骗了,那么她的福祉有没有受到损害?在心理状态论者看来,一个人既不可能受害于也不可能受惠于他意识不到的东西。这似乎意味着,只要这位母亲是安详地离世,邻居有没有欺骗她对她的福祉毫无影响。许多人认为,这种对价值的看法是完全颠倒的,它相当于这样的说法——欺骗或背叛是坏事,是因为一旦被发现了就会造成伤害;而正确的说法是,人们受害于欺骗或背叛,是因为它们是坏事。人们甚至觉得,一个人被欺骗而还被蒙在鼓里,是一种额外的不幸。

只用心理状态的内在性质来说明福祉的做法还受到另一个论证的挑战。设想你的大脑的神经系统连接到一台计算机上,计算机发出的信号使得你能得到各种你最想拥有的体验,例如在月球上散步,在最优秀的足球队效力,证明了伟大的数学定理等。尽管你体验到所有这些美妙无比的感觉,实际上你什么也没有做到。你是否应该永远连接在这台体验机器上?如果答案是否定的话,那么心理状态论一定遗漏了福祉中的某个至关重要的成分,某个外在于主观幸福感觉的东西,即一个人的真正活动、真正成功或者愿望的真正实现。许多人因此强调,仅有恰当的心理状态,如受骗者离世前的安然心情、认为受到尊重时的自豪、体验机器中的各种美妙的喜悦,简单地讲——主观的幸福感,不足以代表一个人的福利水平高,需要补充进来的是某些外部事态,如邻居的忠实、学生的喜欢、客观的成功。

这种思考引出了一种新的对福祉的说明,伦理学家把它称为趣向论(preference theory)或者欲望论(desire theory)。趣向论可以简单地表述为:一个人的福祉取决于他是否拥有他要的东西。如果我希望学生喜欢我的课,那么学生喜欢我的课这个事态就是我要的,而一旦它实现了,我的福利状况就得到了提升。如果我想要成为一位月球上的散步者,那么只有我真正坐上飞船抵达月球并在上面行走时,我的要求才得到满足。仅有被学生喜欢的体验或者在月球散步的感觉,不足以说明我的福利状况。

享乐主义是一种实质性的福祉理论。实质性的理论指定了哪些东西是内在地善的因而构成一个人的福祉,在享乐主义者看来,这些东西就是快乐。相比之下,趣向论是一种形式的福祉理论。一种形式的福祉理论只是告诉人们如何发现一些东西是内在地善的,但并不指定它们是哪些东西。因此,说一个人的福祉取决于他的趣向的满足,只是提供了一个形式的说法,因为它并没有指出什么样的趣向或欲望的满足才构成了福祉。当然,一位趣向论者也可以同时是一位享乐主义者,因为他可以说福祉取决于趣向的满足而人们的趣向都是获取快乐。

趣向论在当代伦理学中有很高的支持率。它有三个明显的优点。首先,它不诉诸任何神秘的价值观和形而上学,也不必预设某种特殊的善的观念。其次,它与一种自由主义的思想框架相契合。由于人们的趋向和欲望不同,趣向论尊重这种差异,体现了民主的理念。它只强调人们的福利建立在他们各自的欲望的满足上,只要这些欲望不会侵犯到他人欲望的满足,人们到底应该欲求什么,完全他们自己决定。再次,趣向论至少部分地避免了体验机器论证之类的反驳,因为只要人们不愿意(实际上大部分人不愿意)沉湎在体验机器提供的经验中,那么生活在体验机器中就不符合他们的利益。说它部分地回避了这类反驳,是因为它也赞同生活在体验机器中对于那些想要这样做的人类说是最好的。但是,这些优点掩盖不了它的一些问题。

实际趣向。有些趣向论者认为实际趣向的满足是福利的标志。假设我是一个完全数的爱好者。一个完全数是一个有如下性质的自然数:它等于它自身之外的所有因数的和。6 就是一个完全数,它等于 $1+2+3$。我极度喜爱完全数,希望宇宙中全部原子的总数是个完全数。假定宇宙中的原子总数正好就是一个完全数。根据趣向论,我的愿望实现了,因而我的福利提高了。很多人会感到这个结论很荒唐,宇宙中原子总量是否是个完全数跟我的福利有什么关系?这表明并非任何我的欲望的满足都对我的福利有所贡献。趣向论需要做进一步的限定:我们所说的趣向并不是不加限制的,我们只需要考虑跟我们生活相关的趣向，如收入提高、空气清新、腐败现象得到控制等，只有它们的满足才构成我的福祉。

即使加上这些限制，实际趣向论仍面临另一个困难。在生活中我们形成各种趣向和欲望，但它们有许多可能是建立在错误的信息、不谨慎的推理、偏见以及缺乏经验之上。我们经常见到瘾君子的欲望、对信息的误判、对神棍的迷信等，在这些存在各种缺陷的情况下，相关趣向的满足不仅不能促进福利，反而造成灾难。无论如何，大部分人认为，一个人的实际趣向可能由于种种原因是不合理的，因而建立在它们的满足之上的福祉论是不可靠的。

理想趣向。鉴于实际趣向的满足不能反映真正的福祉，人们转向那些理想的趣向——只有理想欲望的满足才增进我的福祉。一个理想的趣向，是在免除了上面那些缺陷的情况下形成的。理想的条件要求信息准确、理性思考、排除偏见、经验丰富等，在这些条件下所形成的趣向的满足才增进我的福利。比如说，我目前有喝酒的欲望，假定我当下的身体状况不适合饮酒而我并不知道这一点，那么这个欲望的满足就不是我的福祉的一部分。这样，我们就得到了一种理想趣向论。说明什么样的趣向在什么样的环境中对于一个人是理想的，并不是一件容易的事，伦理学家们也没有形成主流性的看法，但我们在此不纠缠于这个问题。我们只需注意到，在揭示福祉的性质时，理想趣向论认为人们的实际需要不算数，算数的是他们的理想需要。当然，有许多实际趣向同时也是理想的，不过，理想趣向论者会说，这些既实际又理想的趣向在福祉中算数，不是因为它们是人们实际具有的，而是因为它们对于人们而言是理想的。

尽管避免了实际趣向论的困难，理想趣向论也陷入了新的困境。我们如果问，为什么只有理想趣向的满足而不是实际趣向的满足才构成了人们的福祉呢？答案可能是，理想趣向的满足是客观的善，不依赖于人们实际上是否有这些趣向。如果是这样，那么有些东西的价值是独立于人们的实际欲望的。这些是值得拥有的，不管你是否欲求它们，当我们知情、理性、不带偏见、深思熟虑、没有盲点时，我们就会认识真正价值之所在，同时我们也会认识到我们在无知、鲁莽、迷信等条件下的趣向并不反映真正的价值。我们越朝着这个更客观的方向来理解人类福祉,我们越觉得理想趣向论偏离了趣向论的立场。

4. 客观善与至善论

　　前面讨论的几种福祉理论分别面临着一些困难。享乐主义把福祉定义为快乐的呈现和痛苦的减少,但它忽视了苦乐之外可能还有其他具有正价值和负价值的心理状态;更一般的心理状态论无法处理建立在错觉上的满意以及体验机器等情形;趣向论试图通过主观欲望与外部事态的匹配来确定人类善,但由于种种不理想因素的存在,人们的实际欲望的满足不一定构成了他们的福祉,而把福祉建立在理想趣向的满足之上最终引导我们走向一种客观善的观念。根据这种观念,存在一些客观的善和恶,一个人的福祉水平是由他的生活中包含的这些客观善和恶所决定的,客观善越多、客观恶越少,他的生活就越好,反之则越糟。这些善或恶具有内在的价值或负价值,与人们是否欲求它们无关。有些哲学家甚至做出更强的主张,认为这些价值是独立地"在那儿",不管人们是否能够认识它们。

　　即使在相信客观的人类善的哲学家之中,他们对哪些东西是客观善并没有一致的意见。一个常见的做法是开一个清单,列出各自心目中的客观善。有趣的是,享乐主义者也相信客观善,他们开出的清单中只有一个条目是客观善的,即快乐,只有一个条目是客观恶的,即痛苦。不赞同享乐主义的人们会列出更多的条目,经常上榜的客观善有健康、知识、良好的人际关系、自由、创造性、对美的欣赏、成就、声望、自尊等。哲学家帕菲特(Derek Parfit)在讨论一种关于人类善的理论(他称之为"客观清单理论")时,还列出了这样一些善的事物:道德善,合理的行为,个人能力的发展,有子女并做好父母,知识,对真正的美的意识。

　　客观善的理论容易引起一些混淆。享乐主义者和趣向论可能都在某种程度上赞同客观善的存在,只不过他们认为这些善(或者他们各自列出的清单)都是工具性的。一位享乐主义者可能说,例如,就养育子女而言,有孩子是好事,正好是因为它会带来极其愉快的感受;一位趣向论者可能说,就知识而言,有知识通常更容易帮助我们满足自己的各种欲望。客观善理论不接受这样的理解,它主张这些善是内在的,它们对快乐的增加和趣向的满足有提升作用,但这种工具性的角色不是它们的实质;即使它们不带来快乐、不提升满足,拥有它们也是值得的。

赞同客观善的理论家们仍有许多工作要做。除了把清单上的项目列齐外,他们还需要探讨这些善之间是否存在内在关系,它们是相互独立的,还是可以在理论上统一起来的。多元主义者认为存在着多种相互独立的客观善;另一些人认为实践上不同的客观善实际上构成一个有机统一体。一个更深刻的问题是这些善建立在什么样的基础上,对这个问题的探讨形成了伦理学中的至善论(perfectionism)传统。至善论在伦理学史上曾有显赫的地位,古代的柏拉图和亚里士多德、中世纪的托马斯·阿奎那、近现代的黑格尔和尼采,都以不同的方式将至善论融入自己的哲学体系中。在至善论者看来,一个人要过得理想和完美,需要实现种种客观善,因而对客观善的追求既是人性的要求,也体现了人性的本质特点。

至善论是一种厚重的、实质性的和最大主义的价值观,与当代世界流行的那种轻薄的、形式的和最小主义的价值观有很大差别。最小主义的价值观经常以自由主义的名义出现,强调自由、自主性、权利等形式上的善要优先于知识、美德、人际关系等实质性的善。在伦理学史上,康德和罗尔斯等伦理学家怀疑至善论的价值观能否作为伦理学的基础;也有一些哲学家否认伦理原则可以从关于人性的理论中推导出来;还有人认为,至善论与自由主义不仅是相容的,而且是互补的。我们暂且把这些复杂的理论发展放在一边,去思考一下至善论的一个可能后果,到目前为止,许多人发现这个后果难以接受。

至善论有一个家长主义的后果。家长主义,顾名思义,表示了父母拥有的对未成年子女的权威。在价值问题上,家长主义蕴涵着父母对于未成年子女的福祉有决定权。如果至善论是对的,那么它似乎蕴涵着一个人的生活过得好坏与他本人的观点无关。你的生活实现了许多至善论强调的客观善,至善论说你过得很好,即使你并不喜欢你所过的这种生活。这里的问题不在于,就像至善论者可能回应的那样,人们常常由于没有认清自己的本性而产生错误的自我判断,如过得很好却自我否定。问题在于,一个人的自我评价与他的生活状态的好坏毫无关系。

5. 总 结

这一章的中心问题是人类的福祉取决于什么。我们探讨了三种理论:享乐主义、趣向论和至善论,以及各种理论下的一些子观点。我们发现,每一种观点都有吸引人的地方,但没有一个观点是天衣无缝的。或许我们所有人都会同意,对一个人而言,快乐是好的,某些别的心理状态是好的,某些目标的实现是好的,健康、知识、友谊等都是好的,在这些一般性问题上我们彼此之间很少有分歧。在现实生活中,我们对许多人的福利状态的评价也具有相当程度的一致性。但是,这种实践上的一致或大体一致,并没有保证我们得出一个哪怕大致首尾一贯的、大体为人们所接受的福祉理论。

这种情况在每个哲学主题上都会出现。我们应该避免的是两种倾向:一种倾向是从不同观点的相互批评和冲突中得出没有任何观点是正确的结论;另一种倾向是从不同观点的巨大而持久的分歧中得出分歧不可能解决的结论。在这里,我能说的也许是,每个人应该自己去权衡各种理论的优缺点,然后看看是否某个观点比其他观点有更强的说服力和抵抗反驳的能力。

建议阅读文献:

1. 边沁的定量享乐主义理论表述在 Jeremy Bentham, *An Introduction to the Principles of Morals and Legislation*, eds. J. H. Burns & H. L. A. Hart (London: The Athlone Press, 1970)第一章。

2. 密尔的定性享乐主义,见 John Stuart Mill, *Utilitarianism*, ed. Roger Crisp (Oxford: Oxford University Press, 1998)。

3. 一个有影响的趣向理论,见 James Griffin, *Well-Being* (Oxford: Clarendon Press, 1986)。

4. 诺齐克对体验机器论证,见 Robert Nozick, *Anarchy, State, and Utopia* (New York: Basic Books, 1974),第 42—43 页。

5. 帕菲特的客观价值清单,尽管他本人并不赞同,见 Derek Parfit, *Reasons and Persons* (Oxford: Oxford University Press, 1984),第 499 页。

6. 托马斯·贺卡(Thomas Hurka)在其 *Perfectionism* (Oxford: Clarendon Press, 1993)中为至善论的价值观提供了系统的辩护;乔治·谢尔(George Sher)在其 *Beyond Neutrality: Perfectionism and Politics* (Cambridge: Cambridge University Press, 1997)中捍卫了至善论在政治理论中的应用。

第八章 实践理性

我们是根据理由去行动的动物。大部分时候我们都认为,为什么应该做某些事情、不应该做另一些事情是有理由的。尽管我们不总是根据理由去行动,尽管我们即使根据理由行动也不能保证总是根据最好的理由去行动,但几乎没有人否认,我们具有这种根据理由去行动的能力。哲学家把这种能力称为实践理性(practical reason)。我们在运用实践理性的能力时所做的事情就叫做实践推理(practical reasoning)。与实践理性相对应的一种能力被称为理论理性。理论推理给我们相信(或不相信)某些事情的理由,而实践推理给我们做(或拒绝做)某些事情的理由。

实践理性是伦理学中的一个基本概念,当代主流的伦理理论都是建立在某种对实践理性和实践推理的说明上。如果说一种伦理理论的价值观体现了该理论的道德形而上学,即价值观揭示了道德世界里有哪些元素的话,那么一种实践理性观就构成了该理论的道德认识论和道德心理学。假定人们相信客观道德价值的存在,那么接下来的问题是,他们是如何认识到这些价值的?我们在上一章已经探讨了人类善的观念,但我们并没有具体讨论人们关于善的判断如何得到辩护。一些伦理理论,如直觉主义,通过预设道德直觉或道德感这些官能来回答道德认识论的问题,在这个框架下,一些伦理学家宣称,一些基本的道德命题如撒谎是不对的,这对于具有道德直觉的人们来说是自明的,就像三角形的内角和等于180°对于数学家是自明的一样。还有一些理论回避了道德认识论的问题,例如,情感主义者认为,道德判断根本就不是认知意义上的命题，无所谓真假，它们只不过是表达了说话者的主观态度。对于不接受直觉主义和情感主义的人们而言，要捍卫客观价值的学说，就必须说明我们何以认识这些客观价值。如果道德判断既不是直接出自我们的直觉或道德感，也不是我们的主观态度的表达或投射，人们就有必要使用一些非直接的方法来完成道德判断。我们知道，科学信念的辩护有实验、观察等手段，但这些手段似乎不能直接用来做伦理判断。从这个角度看，实践理性的观念比客观价值的观念更为基本，因为客观价值的存在是以我们共有的实践理性为前提的。因此，许多人认为，由于伦理领域的特殊性，实践推理是道德辩护的唯一途径。

除了认识论上的考虑外，实践理性还承担着解释人类行为的任务。伦理学是一门实践科学，伦理思考的产品不仅包括道德信念或主张，还包括道德行为。当一个人做出如诚实是对的、谦虚是美德这类断言时，他是否同时具有某种行为的动机？实践理性在对动机和行为的性质的解释中扮演什么样的角色？这些问题在伦理学领域获得了广泛关注。

因此，对实践理性的性质的探讨是对人类的道德能力的探讨。就像对人类福祉的说明一样，哲学家们关于实践理性的看法是多种多样的。尽管有这种多样性，任何一种对实践推理的说明都或明确或隐含地回答了这样一些问题：实践理性与理论理性之间是什么关系？理性在什么意义上是实践性的？实践推理在什么意义上被称做是一种真正的"推理"？实践推理到底能做哪些事情，是只具有辩护性的力量，还是既是辩护性的也是驱动行动的？这些问题还可以划分为许多子问题。

1. 实践理性与理论理性

在传统的哲学背景中，理性被认为是将人类与自然界的其他物种区分开来的一个标志性特征，理性经常与意识、思维、灵魂、知性、智能等交替使用。这种传统的看法与进化心理学和认知科学的一些结论是不相容的。理性作为一种能力，在大自然中并非为人类所独有，许多高等动物在不同程度上都展现了这种能力。虽然过去的哲学家们经常在这种划界的意义上使用理性的概念,在这里,我们不拟进一步讨论这个话题。

受某些哲学和宗教思想的影响,许多人把理性与激情或情感对立起来,认为前者是纯净的、高级的,引导人们升华,因而是人性中好的一面,后者是浑浊的、低级的,诱导人们堕落,因而是人性中坏的一面。虽然在哲学、文学以及大众思考中人们经常用这种对比来理解理性,在这里我们也不拟对这种理解做进一步的探讨。

假定人类确实具有理性,那么问题是,我们所说的理论理性(常常也被称为思辨理性)与实践理性是两种不同的能力,还是同一种能力的两种不同的运用,或者更具体地说在两个不同领域的运用?大概由于"能力"一词在这里太含糊,使得这个问题不够明确。更明确的问题是,理论推理与实践推理是两种完全不同的推理形式,还是说两者之间存在着某种关系,例如,一种是另一种的一个特殊形式?

一般认为,理论推理是冥思性的、超然的和沉静的;而实践推理是追求性的、投入的和主动的。理论理性与实践理性的这种差别被赋予了不同的含义。有些人认为这种差别是表面上的,另一些人把这种差别理解为实质性的。我们不指望在此解决这些分歧,但我们可以从不同的侧面将两者进行对比,然后看看从这些对比中能够得出什么样的结论。一般而言,人们观察到,实践理性与理论理性的差别体现在以下三个方面。

第一,两者所要达成的目标似乎是不同的。理论推理的目标是让我们的信念与世界的样子相符合,因而是认知性的。理论理性关注解释和预言的问题,旨在弄清世界上发生了什么事情,它们为什么发生以及将来还会发生什么。例如,我们使用理论理性来解释恐龙的灭绝,预言华南虎的命运等。实践推理的目标是让世界的样子符合我们的愿望,因而是规范性的。我们通过实践推理,在一组可选的但尚未执行的行为中,决定哪些是应该做的,哪些是最好要去做的。实践推理不解释事情是什么样的,但规定它们应该是怎么样的。我们借实践理性评价我们的行动理由,对这些理由做出轻重缓急上的分类和取舍。

第二，两者的运作方式似乎有重大差别。理论理性的视角是非个人的或者客观的，是开放给每个人的。尽管在实际推理中人们具有不同的背景信念，但他们试图达到客观的结论，他们认为结论是否成立并不取决于是谁得到的、对谁而言的。但许多人认为，实践理性是在第一人称的立场上运行的，这个立场既可以是个人性的，也可以是集体性的。实践理性关心在具体情况下我（或者我们）应该做出什么决定，从我的立场上做出的决定不一定适用于他人（或其他人群）。

第三，两者提供不同范畴的结果。理论推理的结果是一个人的信念系统的调整，如获得新的信念或者改变了旧的信念。实践推理的结果是一个或一组行动理由或动因的出现。信念作为信念不能单独驱动行动，而动因则是解释行动的主要因素。

但是，另一种看待实践理性的方式是强调它与理论理性的相似之处而不是差异。首先，理论理性也关心规范问题，即一个人应该相信什么的问题。在理论推理中，人们也评价和权衡支持不同信念的不同理由，例如，关于恐龙灭绝的原因有种种相互竞争的说明，比较、衡量哪些证据支持哪些说明，它们各自碰到哪些相反的证据等问题，都是规范性的工作。从这个角度看，理论理性与实践理性之间的差别只不过是两个规范领域之间的差别，前者涉及认知规范，管理人们的信念，后者涉及行动规范，管理人们的意图和行为。

其次，理论理性并不总是以客观的、超然的姿态来运作的，许多时候人们也从第一人称的立场进行理论反思，例如，自我意识和自我知识都不要求一个纯粹客观的视角。同时，实践推理也并不总是以第一人称的方式进行的，许多伦理学家甚至主张，道德推理必须是一种客观形式的推理，要求换位思考，把自己的脚穿进别人的鞋子里。

再次，实践理性与理论理性在所提交的结果上的差别引起了复杂的争论，哲学家们关于这个差别并没有形成一致的看法。一些哲学家认为信念足以驱动行动，反对者认为，信念在驱动力上是惰性的，必须与特定的目标结合起来才能触发行为。虽然这些分歧反映了对实践理性的不同说明，但我们可以从另一个角度来思考实践理性与理论理性的相似之处。如果理论推理提交的结果是信念的变化，实践推理提交的结果是意图上的变化,如果前者在驱动行为上是惰性的,后者是否一定就是活性的呢?人们都承认,在理论领域和实践领域都存在不理性的事情。理论上不理性直接导致错误的信念,如不接受得到最好支持的结论。实践上的不理性有许多形式,最有趣的一种是人们通常所说的不自制或意志的软弱。意志的软弱指的是这类情形:一个人不按照自己判断的总体而言最好的理由去行动。如果意志软弱是可能的话,我们就得承认实践推理的产品并不总是驱动行动的。

这一节的目标不是为了将实践理性与理论理性进行比较,毋宁说,这种比较可以提供一个理解实践理性的概念的背景。就两者的关系而言,有四种形式上的可能性。第一种可能性是,两者之间的区别完全是表面的。苏格拉底是这个观点的代表,在他看来,一个人只要知道善是什么就会欲求善,作恶则是无知引起的。第二种可能性是,实践推理不过是理论推理在实践场合的一种应用而已。下一节将要讨论的工具主义理性观就是这个观点的一个代表。第三种可能性是,理论推理是一种形式的实践活动,判断其合理性的标准是其实际效用,包括有效性、适宜性以及广泛性。各种形式的实用主义、罗尔斯的反思平衡等坐落在这个观点之下。第四种可能性是,实践推理与理论推理是不同的推理形式。这是一种非常复杂的观点,不仅要对两种推理的范围、特点和权威性分别给出独立的说明,而且还要说明两者如何同时体现在一个人格中。经过适当的解释,我们会发现几个主要的伦理学体系的代表人物,如亚里士多德、康德和密尔,多少都接受这种可能性。四种可能性的划分是否恰当,以及按照这种划分将有关哲学立场进行分类是否是一个好的解释策略,我们不做进一步的探讨。

由于实践理性的目标是提供行动的理由,任何一个成功的关于实践理性的理论至少需要说明两种行动理由。第一种是规范理由(normative reasons),即在某种情况下一些让人们去做某件事的理由,例如感冒构成了看医生的理由。规范理由也可以被称为辩护性的理由(justificatory reasons),意思是说,某些行动得到辩护,是因为它们是基于恰当的理由的。第二种是动机性的理由(motivational reasons),即那些使得一个行动在心理学的意义上是可能的理由。例如,感冒是一个富人看医生的动机性理由,但可能不是一个流浪汉看医生的动机性理由。在许多时候,动机性理由也被称为解释性理由(explanatory reasons),我们用这些理由来解释某个行动为什么发生。

2. 工具主义

工具主义的实践理性观可以表达为:理性指导人们的实践,是并且只是通过告诉人们采用何种必要的手段以达到既定目的来完成的,但这些既定目的是否合适则不受理性的评判。假定我明天想要跟一位朋友吃饭。我的理性能做的事情是提供一些必要的信息,如朋友的口味是什么样的、哪些餐厅既合口味又实惠、去餐厅的哪条交通线路最方便等,但理性不能告诉我跟朋友吃饭的愿望是否正确(说一个愿望是否正确,这有意义吗?)。这种手段—目的推理是我们最常见的实践推理,许多人认为,手段—目的推理是实践理性中最无争议的部分,但问题是,它是不是实践理性所能做的一切? 或者说,实践推理的范围只限于工具推理,除此之外无能为力?

休谟有两句议论理性的名言:"宁毁世界,不伤己指,这不违反理性"和"理性是并且应该只是激情的奴隶"。我们可以这样解读第一句:休谟本人并不赞同一个人"宁毁世界不伤己指",他的意思是,违反我们赞同的道德原则,并不等于违反我们的理性;换句话说,即使我们的行动指向某个道德目的,这个目的也不是我们的理性为我们确立的。实际上,理性不帮助我们确定任何目的,目的只存在于激情或欲望之中。那么,理性到底能做哪些事情呢? 答案在第二句话中:它是我们的目的的奴隶,供我们达成目标使用的。从这里,我们不难理解为什么当代工具主义者把休谟视为工具主义理性观的先驱。

如何理解理性这个奴隶的角色呢? 那就是运用关于从手段到目的的因果关系的知识来指导行动。因此,实践理性并不是一种与理论理性不同的能力,只不过是理论理性在某些方面的应用而已。在当代,工具主义发展出了更精巧的形式,工具推理也更加技术化和定量化。假定我们将各种欲望或趣向的满足度量化,然后计算出实现这些满足的概率，那么工具推理将告诉我们哪些行为能够带来最优化的趣向满足。这种技巧不仅适用于个人的情形，还可以扩展到多人、群体和社会，为集体和社会决策提供指导。当代功利主义、合理选择理论、博弈论等从不同的侧面反映了工具主义的核心想法。按照社会学家马克斯·韦伯的说法，现代世界中的社会选择是由工具合理性（Zweckrationalität）的观念所支配的。

工具主义是一种关于实践理性的最小理论，就是说，把实践理性的规范作用尽可能理解得小一些。许多人持有这么一种行动观，认为理性不是行动的动机因素，就像休谟所言，任何行动都不违反理性。如何理解这个看法？假如我的目标是跟朋友吃饭，我在正确的时间、正确的地点与朋友见面的，目标达成，皆大欢喜。假定我迟到了或者去了错误的餐厅或者根本没有找到餐厅，我的实际行动打乱了我的目标，我能说它违反了理性吗？在某种意义上可以这么讲。但工具主义者的解释是，我的行动是基于一些错误的信息或信念，我的理性产生了一些打乱目标实现的信息，并不表明我的行动是违反理性的。理性并不评判我的行动（行动只有成功与否的问题，没有真假的问题），它只评判服务于我的目标的相关信念是否为真。

无论如何，理性要成为实践理性，需要提供一个规范原则。工具主义者认为下述原则是实践理性能够给出的唯一的规范原则：每个人都应该采取达到他的目标的必要手段。让我们把这条原则称为工具原则。工具主义者认为，这个原则是唯一的理性规范，人们的行动不需要其他规范。任何规范的理由必定来自于行动者的目的或者欲望，基于目的或者欲望的考虑，是仅有的行动理由，因而，任何违反理性的行为一定是没有遵守这个原则或者与这个原则不符的行为。这似乎意味着，一个人只有在这种情况下才是不理性的：他有某个目标 X，他相信行动 Y 是实现 X 的必要手段，并且他不打算做 Y 甚至打算不做 Y。这三种态度，即有目的 X，相信 Y 是 X 的必要手段，不打算做 Y，组合起来的确表现出一种理性上的不一致。问题是，从这种不一致中能得出什么结论。工具原则说，如果一个人的确有目的 X，并且他相信 Y 是实现 X 的必要手段，那么他应该打算做 Y。但这只是避免不一致的可能方案之一。另一种可能性是,这个人应该放弃目标 X。工具推理只在一种非常狭窄的条件下才成为一个特殊行动的原因。这个条件就是,某个目的是不可变更地存在着的。工具原则要求行动者的行动理由只为追求这个主观目的。也就是说,工具原则的规范性依赖于这个狭窄的假设条件。但是,我们没有理由认为这个假设条件在任何情况下都是成立的。许多时候,人们可以自由地修正或者放弃他先前的目的或趣向。在我与朋友相约吃饭的情形中,我的目标是准时与朋友在某个餐厅会面。假定乘坐出租车去餐厅是必要的手段,那么根据工具原则,我应该乘坐出租车。如果我不乘出租车甚至根本就不去餐厅,我一定是不理性的吗?当然不一定。例如,说不定我应该改变我的目标,比如说换一个时间或地点与朋友见面,或者甚至应该取消约会。

这个想法可以类比到一些典型的认知情形中。显然,拥有下面三种认知态度的组合是不合理的:相信手里拿着的东西是一瓶矿泉水,相信矿泉水可以解渴,不相信手里拿着的东西可以解渴。但是,从这种不合理中我们推导不出如果我相信手里拿着矿泉水,并且相信矿泉水可以解渴,那么我就应该相信手里的东西可以解渴。也许我应该做的是放弃前两个信念中的某一个。

由此我们可以看出,由于工具原则是理性给出的仅有的规范原则,要么无法指导实践,要么只能在非常有限的范围内起作用。工具原则要求你无论什么时候有某个欲望,你都应该采取必要的手段满足这个欲望,但这个原则并不告诉你应该有什么欲望,或者你的欲望是否有价值。如果你的欲望无法得到辩护,那么实现欲望的手段也无法得到辩护。如果你希望你的孩子成为一名职业围棋手,工具推理或许告诉你,你应该把孩子送到某个围棋道场学习。但是,这个"应该"的结论是建立在你的主观目的(即希望孩子当职业棋手)之上的。或许由于一些因素,你的目的是有缺点的。关键的问题是,理性是否对主观目的的合理性有发言权,亦即对主观目的的理性批判是否可能。

在工具主义框架中,一个非常有影响的回答是,尽管所有的价值最终都依赖于一个人的主观目的,但是对特定的主观目的的合理批判依然是可能的。这里的策略是,尽管一个人的主观欲望或趣向的满足是他的福祉的体现,但并非所有主观目的的实现在他的福利状态中都占据同等的份额,或具有一样的重要性。与其他目的相比,有些目的是从属性的,因而在冲突时应该让路;有些目的是另一些目的的手段。例如,我的一个目的是明天跟朋友吃饭,如果因为这个目的的实现妨碍了另一个目的的实现,比如说,明天上课前批阅完学生的作业,那么或许吃饭的目的就要让路。这是不同目的在重要性上的排序。再如,我明天跟朋友吃饭,实际上是为了跟他讨论我的研究领域中的最新进展,这是两个目的之间的关联性。从原则上讲,我的所有目的,通过关联性和重要性上的排序,实际上是一组有序的欲望,因此,理性并不仅仅是确定一个个目的之实现的手段,而是将这一组整体的目的协调起来加以实现。在这个意义上讲,实践推理是整体论的(holistic)。

这种整体论的实践推理观借助了对趣向的良好排序。一组趣向的良序性是依据一种融贯标准来衡量的。当一个人理性地反思他的各种趣向时,他需要按照融贯标准做一些清理工作,如上所述,检查趣向之间的关联性和重要性。问题是,这些融贯标准是否能够产生一组得到辩护的目的。以重要性为例。在生活中,我们认为许多目的是同等重要的,因此在两个同样重要但不能同时实现的目的之间,为其中一个而舍弃另一个是无可厚非的。如果你认为一个目的比另一个更加重要,你的依据是什么?抽象地回答这个问题是很困难的。如果你是一位享乐主义者,你大概会说,更重要的目的是那些其实现会带来更多快乐的目的。但是,这个回答依赖于一个前提,即快乐是内在的善,是一个本身就值得追求的目的。而工具主义的实践理性观只要求你采纳实现你的目的的必要手段,不告诉你哪些目的是应该追求的。因此,当你在为你的目的做重要性上的排序时,如果你使用了独立的关于目的的观念,这说明工具主义的实践理性是不充分的。

另外,整体论的策略经常不足以为一组目的提供辩护。这是因为良序性条件太弱,以至于它可以被多组不同的趣向所满足。在实践推理中,如果你发现你的推理产生了太多的目的和行动的可能性,这些可能性都与你使用的融贯标准相符合,那么这正好说明这些标准无法为你的选择提供指导。

3. 超越工具主义

工具主义的实践理性观在现代世界占据着统治地位,以各种形式体现在功利主义伦理学、博弈论、理性选择理论、利己主义理论中。在哲学史上,还有其他一些与之竞争的观点。

关于客观目的的实践推理。工具主义所允许的实践推理是给定主观目的的推理,实践理性在主观目的面前完全是被动的、服务性的。但是,这种对人类理性的刻画是错误的。人类的理性有能力发现关于客观目的的事实,这些事实是独立于人类心灵的,任何人一旦发现了这些事实,他也就有了一个行动的理由。理性既确定行动的恰当目的,又可以用来指导达到目的的行动。根据一个古老的、柏拉图式的版本,人类理性能够将善——一种客观的形式或理念——甄别出来,认识到善是行为的真正目的。理性不仅是认知性的,也是追求性和实践性的。理性所提供的产品中,既有关于善的知识,也有对善的热爱。从这个立场看,一个人从事不理性的行为是因为他昧于无知——对关于客观目的的事实没有反应。

理性既发现独立于人类认知的客观目的,又通过客观目的的指引去激发行动,这种实在论的思想引起了激烈的哲学争论。许多人认为,它的最大问题是我们必须为它付出太高的形而上学和认识论代价。从形而上学的角度看,独立于人类的客观目的或者善的形式似乎是非常特殊的实体,在一个科学的世界里显得非常神秘。从认识论的角度看,如果存在这些实体的话,我们不清楚我们的自然感知能力如何与这些实体打交道,我们不清楚在什么条件下我们才算领会、抓住、掌握了这些实体的性质,我们不清楚我们是一刹那认识到客观目的还是通过假说法、试错法或者归纳法,抑或通过某种启示来认识它们。即使把这些困难的形而上学和认识论问题放在一边,关于客观目的的实践推理观仍碰到一个很大的障碍。

我们在前面看到,虽然工具主义在提供行为的规范理由上有缺陷,即工具原则不能告诉我如果我有目标 X,并且相信 Y 是 X 的必要手段,那么我就有理由做 Y,但工具主义可以很好地为我做 Y 提供动机性的理由,即我的欲望是 X,做 Y 让我实现 X。与工具主义相比,关于客观目的的实践推理观的优缺点正好倒过来。假定我知道我的生活的真正目标,即我的行动的规范理由是完善的,但我的知识不足以驱动我的行为,因为我完全可以承认某些目的是善的,但这些目的可能不是我的欲望的一部分。这一点可以通过一个例子来说明。某人可能认为侠客或骑士的生活方式是最好的,但如果他没有堂吉诃德那样的意图和举动,我们能说他是不理性的吗?因此,一个独立于主观欲望的目的如何能够指导和激发行动,这个问题对于以客观目的为导向的实践推理观来说,构成了挑战。从更为技术的角度看,要有效地实现客观目的,我们需要运用理性来判断哪些行动是有帮助的。这个判断过程本身就是一种工具推理,如果不设定相应的主观目的,工具推理无法指导行动。

既不预设主观目的、也不以客观目的为导向的实践推理。工具推理是以主观上任意的欲望、趣向或目的为前提的,因而无法提供行动的规范理由。以客观目的为导向的实践推理无法为行动者提供动机性的力量。这两种实践理性的模型,尽管存在很大差异,但有一个共同的特点,就是让目的的概念(无论是主观的还是客观的)占据主导地位。这些以目的为出发点的实践推理模型实际上贬低了理性的力量。工具主义认为理性无法挣脱个人偏好的约束,以客观目的为导向的实践推理无法说明理性何以驱动行为。一种正确的实践推理观不需要依赖任何一种目的的观念,它强调实践理性可以自足地建立规范原则,可以独立于日常欲望来激发行动。

这种实践推理观下的一个最强的观点体现在康德的伦理思想中。康德的道德理论在第十一章中将得到更详细的讨论。在康德看来,人类的构成有一种双重性,一方面他们是自然的存在者,有各种激情和偏好,另一方面他们是理性的存在者,尊重理性的普遍法则。康德认为,工具推理充其量只能得出条件性的结论,即如果你想要 X,那么做 Y。但是,人类的激情和偏好缺乏内在的道德价值,实践理性的功能就是限制激情的作用。由于任何一个人在思考时都免不了受个人倾向的影响,实践理性在抵制这种影响时诉诸一种普遍性认证,那就是,任何一个人的行动准则都必须被设想为是被所有理性行动者所接受的。由普遍性认证所确立的原则是道德的最高原则,康德把它称为绝对命令,"只按照那个你同时愿意它成为一个普遍法则的行动准则来行动",以区别于支配工具推理的、条件性的假言命令。绝对命令既不依赖于任何特殊的主观目的,也不诉诸某种完全外在于人类存在的客观目的。人们知道,欲望引起行动。康德追问,实践理性依靠自身能否导致行动,他的回答是肯定的,而且他强调,只有被理性驱动的行动才是道德的行动。

康德对实践理性的说明一直是伦理学中争论的热点。从我们所关心的议题看,可以把争论分为两类。第一类涉及康德式的实践推理能否为道德行为提供正确的理由,就是所谓的道德辩护问题。一些怀疑者认为,绝对命令对于产生道德行为的辩护既不是充分的,也不是必要的。不充分,是因为某些通过了普遍性认证的行动准则要么跟道德无关,要么是反道德的;不必要,是因为某些不能通过普遍性认证的行动准则可以是道德的。我们在第十一章还会回到这个问题上。第二类涉及康德的实践理性是否是实践的,即实践推理的产品——道德理由——是否在动机上是活性的。怀疑论者认为,康德式的实践理性不足以指导行动,因而在行动解释方面是失败的。我们接下来就将讨论实践理性与行动动机之间的关系。

4. 理性与动机

我们先看一种非常符合直觉的对行动的解释。人们很自然地认为,只有一个欲望状态配上一个(或一些)信念状态才能解释一个行动。欲望状态是广义的,既包括欲求、喜欢、羡慕等状态,也包括拒斥、厌恶、蔑视等状态。我想要喝水的欲望和我相信冰箱里有一瓶水的信念,合起来解释了我从冰箱里取一瓶水的行为。光有喝水的欲望而没有任何关于水在哪里的相关信念,无法驱动我去取水,同样,我相信冰箱里有水而没有喝水的欲望,也不能驱动我去打开冰箱。

实践理性为我们的对行动的解释做出了什么贡献呢?根据工具主

义的看法，实践理性告诉我们要达到某个目的有什么必要的手段，因此实践推理的产品是一个（或一组）信念。如果我们的目的是跟朋友吃饭，实践推理给我规划按时赶到餐厅的方法，如乘坐出租车可以让我按时到达。但是，根据上面的行动解释理论，仅有信念无法驱动行动，因此，工具主义的实践理性是惰性的。

　　人们还自然地认为，道德判断与行动动机之间存在着一种内在的、必然的联系，这种观点在道德心理学中称为内部主义（internalism）。内部主义认为，当一个人认为某个行动在道德上是正确的时候，他一定有相应的心理动机去做这个行动，或者当他认为某个行动是错误的时候，他也一定有相应的动机避免去做或者不去做这个行动。休谟就是一位内部主义者。根据他的行动理论，尽管理性是在动机上是惰性的（因为它只能提供信念，不提供目标），但一个行为的评价（如，去银行给灾区捐款是正确的行动）依赖于一个欲望（我想要给灾区捐款）和一个信念（捐款要通过银行）。工具主义似乎很好地与上面的行动理论和内部主义相符合。

　　在这个方面，以客观目的为导向的实践推理观似乎没有工具主义这么幸运。如果理性提交了关于客观目的的信念，而仅有信念又不足以解释行动，在什么意义上我们说理性是实践的呢？同情以客观目的为导向的实践推理观的人们一般被称为认知主义者（cognitivists）。认知主义者有两个可能的选择。他们可以拒绝内部主义，主张道德判断与行动动机之间没有那种内在的、必然的联系。有些认知主义者说，相信一个行动在道德上是正确的是一回事，有一个做这个行动的动机是另一回事。例如，某个非常压抑的人完全可以相信给灾区捐款是道德上正确的行为，但没有去做这件事的意愿。在这个意义上，这些认知主义者否认理性在驱动行为上的力量。

　　认知主义者也可以否认上面的行动理论，以维护理性的实践能力或者保留内部主义的吸引力。按照这条思路，一些认知主义者认为，欲望在驱动行为上不是必需的，许多时候信念单独就能承担这份工作。我在书店里发现一本休谟的著作，看了几页，认为很有意思。相信它是一本好书，我把它买了下来。在这个过程中，我没有体验到任何欲望，没有想到读这本书会给我带来快乐,会有助于我的教学,会提高我的思考能力等等。在这个情况下,它是一本好书,构成了我买它的理由。这个思路可以用于对康德的实践理性观的理解上。当一个人认为某个行动是理性的要求时,这个信念就成为他做这个行动的理由,不需要其他激情和偏好搭配进来。

以上的勾勒非常简略。在过去的几十年里,关于理性与动机之间的关系的讨论大都集中在内部主义与外部主义之争、什么是合适的行动理论这两个问题上。虽然内部主义与外部主义之争有很强的哲学思辨性,但我认为,后一个问题,关于行动的解释问题,不是抽象的哲学问题。对行动的心理解释通常诉诸不同心理状态在功能上的划分。有些理论家强调认知状态(相信、怀疑、猜测等)与非认知状态(欲望、愿意、厌恶等)的严格区分,强调前者的惰性和后者的活性,但反对者认为这种区分是被夸大的,或者建立在一种不正确的对常识心理学的理解之上。在我看来,这些争论的解决在很大程度上依赖于认知科学、特别是脑科学的进展,我们不可能指望单靠书斋里的冥思就能有明确的结论。

5. 总　结

这一章分析了实践理性与理论理性的异同,介绍了工具主义的理性观并对之做出了评价。尽管工具主义观点让人难以接受,但替代它的几种理论,如关于客观目的的实践推理观、康德式的实践理性的理论,也都引起了不少争议。这些争议还在继续,尤其体现在道德心理学领域。在理解实践理性的问题上,我们的处境与上一章的主题人类福祉的情况相似。没有一个对实践理性的说明是争议很少的。这说明我们的理论理性还没有很好地把握实践理性的特点,这只是理论上的不足,不表明我们有理由对实践理性的存在和功能持怀疑态度。

在现实生活中,我们经常是混合使用不同形式的实践推理,有时候我们是工具主义者,有时候我们试图寻找客观价值,有时候我们只关注行为的道德性质。在指导行动方面没有任何实践推理理论是完整的。或许,实践理性的概念要得到真正的解释,实践理性的作用要得到充分的发挥,我们需要一个系统的伦理理论,一个使得我们的道德思考和实践推理能够完整、一致和方便的理论。探讨这种伦理理论的可能性,就是下一章的任务。

建议阅读文献:

1. 休谟关于理性与道德的关系的论述,见他的《人性论》第三卷。
2. 康德关于实践理性的论述,见他的《道德形而上学基础》。
3. Elijah Millgram (ed.), *Varieties of Practical Reason* (Cambridge, Massachusetts: MIT Press, 2001).
4. Thomas Nagel, *The Possibility of Altruism* (Princeton: Princeton University Press, 1978).
5. David Velleman, *The Possibility of Practical Reason* (Oxford: Clarendon Press, 2000).
6. Michael Smith, *Ethics and the A Priori: Selected Essays on Moral Psychology and Metaethics* (Cambridge: Cambridge University Press, 2004).

第九章 理论与方法

在前两章中我们分别讨论了人类福祉和实践理性这两个伦理学的基础概念。我们看到,对两个概念的几种主要的说明各自都有困难。我们仍在期待更好的说明的出现。在本章中,我们将讨论伦理学中的另一个基础问题:方法论问题。我们关心的是,假定我们有了某种价值观和行动观,我们能否对它们进行理论化。这个问题可以分为两个子类:首先,一个伦理理论是什么?建立一个系统化的统一的伦理学体系,是不是伦理探索应该追求的目标?建构伦理理论应该使用哪些方法?其次,即使目前缺乏被普遍接受的伦理理论,在特定的实践情形之下,我们如何做到理想的道德判断,或者把道德判断做得更好一些?

古代和近代的伦理探讨对伦理学的方法论基础关注得较少。从当代的状况看,伦理学家们把较多的精力用在分析道德语言的逻辑特点和意义、弄清道德价值和义务的性质、探讨各种道德理论的优劣长短以及关注当代社会中的应用伦理问题上。近年来,伦理学界对伦理理论的性质、作用、地位以及建构方法逐渐产生兴趣,部分是一些反理论化思潮的刺激所致。一些哲学家怀疑哲学是否有必要产生一门关于道德的理论来,另一些人认为伦理理论在实践推理中不起什么作用,还有一些哲学家认为我们不可能有一种统一的方法来化解不同道德传统的冲突。因此,在伦理学的理论和方法的问题上做一些探讨,除了帮助我们了解和评价这些反理论化的思潮外,还有助于我们更深入地探索伦理学的任务和目标。本章关注的是关于伦理理论的问题,而不是伦理理论中的问题。

1. 何谓一个伦理理论？

道德判断有不同的抽象层次。当一个人说"我不应该在这件事情上对你有所隐瞒"时,他所做的是一个非常具体的道德判断,是一个关于特定情形的判断。相比较而言,另一些判断是关于一类情形的,援引的是一些规则,告诉人们在这类情况下应该如何行动和反应,例如"要尽可能说真话""对他人的帮助要有感激之心"。一个一般的规则可以为特定情况下的判断提供辩护。同样,对一个规则的辩护通常要诉诸更一般、更抽象的原则。例如,说真话、感恩的规则可以看做是尊重他人的原则在某些类型的情形下的体现。一个伦理理论旨在揭示这些不同层次的判断、规则和原则的逻辑关系,将适合于所有道德议题的一组原则以系统化的形式组织起来,为它们做出辩护。

一个伦理理论使用的语言中有许多伦理谓词,表达道德判断的不同概念。道德概念是复杂多样的,大致可分为四类,分别适用于四个范畴的道德评价的对象类型。当道德评价的对象是行动类型时,人们使用正当的、错误的、必须的、允许的、禁止的等概念,例如,谋杀是禁止的,私下议论他人是允许的。当道德评价的对象是行动意向或动机时,人们经常使用的概念是恶意的、善良的、无所谓好坏的。很多时候人们还评价行动的后果,他们会说某些后果是好的、坏的或无所谓的。除了这些关于动机、行为和后果的判断外,人们还对作为一个整体的行动者进行判断,这个时候判断的对象是品格类型,人们使用的评价概念是有德、无德、中性等。有德是总揽性的正面评价概念,涵盖高尚、公正、诚实、正直、慷慨或许还有勇敢等品格。无德是总揽性的负面评价概念,涵盖卑鄙、不公正、虚伪、堕落、吝啬或许还有懦弱等恶品。在这四种评价范畴中,对后果和品格的评价是价值上的评价,对动机和行为的评价涉及到义务。

一个伦理理论是一个用适当的评价概念分拣和谓述相应对象的抽象结构。不同的理论将不同的范畴作为基本范畴。功利主义把对结果的评价当做最基本的评价,对其他范畴的评价都是从对结果的评价中推演出来的,如一个行为是正确的,是因为它带来最佳的结果,有德之人是那些总是从事带来最佳结果的行动的人。义务论者认为对行为的判断是最基本的道德判断,其他在道德上有关的判断是衍生的。美德理论则把对行动主体所展现的品格的评价看做是根本性的。

一个伦理理论是由两部分组成的,关于如何行动的说明和关于价值的说明,许多伦理理论还把价值分为道德价值和非道德价值。我们可以用下图表示一个典型的伦理理论的结构:

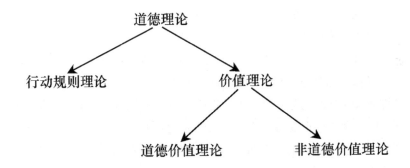

一个伦理理论既有其实践上的目的,也有其理论上的目的。从实践上看,一个伦理理论让我们在思考好坏对错时有法可依。例如,伦理享乐主义要求每个人都追求最大的净快乐,如果我在能避免受伤的情况下故意受伤,这个行为就是错误的。从理论上看,一个伦理理论要解释为什么对的行为是对的、好的事态是好的,什么使得一些行为是对的、一些事态是好的。

就像物理理论有好坏之分一样,伦理理论也有好坏之分。评价伦理理论的标准有哪些呢?尽管伦理学家们在这个问题上有分歧,他们或多或少都接受下面一些评判标准。

一致性。要求一个理论具有一致性是所有理论工作者都接受的准则。一个预言某地明天某个时段既下雨又不下雨的气象理论,不仅是无用的,而且是错误的。同样,如果我们将一个伦理理论的原则应用于具体情形时产生了相互矛盾的判断,例如,断定在某种情况下一个人既应该保持沉默又应该说出真相,那么这个理论既不能服务于实践上目的,也没有理论上的解释力。

一致性的要求在处理道德两难(moral dilemmas)的问题时,引起了复杂的争论。哲学家萨特曾经讲述过一个青年的选择困境。他想参加抵抗运动,但家中有母亲要侍奉,两者不能兼顾。从道德的观点看,两件事都是应该做的,但做其中一件意味着对另一件的否定。无论怎么做,他都处于一种冲突之中。有些人认为,这种道德两难(或许所有的道德两难)都是表面上的,一定存在更深刻的原则可以为冲突的义务做优先性上的排序,因而道德两难的现象不构成对一致性要求的怀疑。反对者认为,义务的冲突是关于人类境况的根本事实,不可能被任何一致的伦理理论所清除。

明确性。道德理论必须为道德实践提供明确的指导,这要求道德判断提供的信息是清晰明白的,而不是空洞、含糊其辞或模棱两可的。在许多关于环境问题的争论中,我们常听到尊重自然、尊重生命的呼吁。除非尊重的概念得到更为细致的表述和限定,否则,这些原则无法产生确定的道德结论。例如,是否所有的人工降雨都不符合尊重自然的原则?消灭苍蝇和蟑螂违反了尊重生命的律令吗?含糊其辞、模棱两可的道德判断并非严格意义上的不一致,但它们在服务于伦理理论的实践目的上与不一致的判断同样无能为力,在理论上也无法提供对道德性质的说明。

融贯性。一致性是一种逻辑要求,融贯性则要求一个伦理理论具有直觉上的吸引力。这种吸引力体现在,伦理理论提供的道德判断与我们反思后的道德信念相协调。如果一个理论所蕴含的结论与纳粹主义、奴隶制、社会等级制度、对妇女的系统歧视这些实践是相容的,那么这个理论缺乏我们这里所说的融贯性。尽管人们在许多问题上存在争议,如死刑、堕胎、自杀、动物权利等,他们在反对虐待儿童、强奸、屠杀无辜者等行为的态度上却是一致的,他们在仔细地反思之后还深刻而广泛地持有这些共同信念。如果一个理论配上相关条件能够逻辑地蕴涵这些经过锤炼的信念,那么它就有了融贯性的优点。这个优点符合伦理理论的理论目的。

扩展性。许多时候我们不仅要求一个伦理理论提供的道德原则与我们深刻的道德信念互相支持,我们还希望它在我们有分歧、不确信的道德问题上提供帮助。虽然指望一个伦理理论一劳永逸地解决所有道德问题纯粹是一个奢望,但伦理理论的扩展性帮助并非没有可能。在许多具体的情形下,我们的分歧和不确定性是由对相关信息的掌握上的差别、看待事物的不同角度、大量与道德考虑无关的因素的介入、情绪上的波动等因素造成的,一个好的伦理理论可以为我们提供清晰的思考方法、客观的视角、冷静的推理、对相关和不相关信息的清理。

周延性。周延性指的是一个伦理理论与更广泛的理智探究如心理学、生物学、人类学、社会学、经济学等内容的配合程度。一个伦理理论能够得到来自这些领域的良好结论的支持,是其优点之一。即使捍卫伦理学自主性的人们也不否认,伦理学与这些学科不是毫无关系的。神令论的伦理理论受到进化论的挑战,伦理相对主义认为它得到人类学和社会学方面的支持,功利主义者将自己的理论与经济学理论结合起来。伦理学与哲学的一些其他分支也有密切的联系,如逻辑学、认识论和形而上学。一个伦理理论需要逻辑学来说明道德语言的逻辑特点,借助某种认识论来说明道德推理,在一个形而上学的框架中探讨价值的实在性。

在使用上述标准来评价一个伦理理论时,我们需要注意如下四点。第一,这些标准虽然是最常见的,但肯定是不完全的。第二,一个理论是否符合某个标准,通常是一个程度问题。例如,某些理论,如自然主义的伦理理论,可能比其他理论有更强的周延性;功利主义或许在大量情形中比美德理论在指导行动上更具体。第三,由于某些理论在某些标准上比其他理论表现出色,而在另一些标准上要逊色一些,这样使得对不同的理论进行总体比较是一件极其复杂的和细腻的工作。第四,不同的理论家对它们的重视程度是不一样的。某些标准,如一致性和明确性惹起的争议较少,而关于其他标准则存在较大争议,有些标准还被一些伦理学家所否认。

2. 反理论思潮

在伦理探究的历史上，将道德领域理论化是主流的想法。在这个主流想法的指导下，伦理学家的任务是提出明确的道德理论。一个道德理论通常是由一个或一组一般的原则构成的，这些原则按照抽象级别的不同构成一个等级结构。从实践上看，一个伦理理论中的原则应用到具体情形时，要结合关于具体情形的事实，为人们提供一个决策过程，使得他们做出道德判断、形成行动的意向等。从理论上看，一个伦理理论要解释什么使得一个行为是正确的或者是错误的。人们的道德推理常常明确或隐含地援引某个伦理理论中的原则。例如，人们在评论一个欺骗的行为时，可能援引康德式的关于人是目的而不是手段的原则。尽管伦理学中的现状是众论相竞、互不相让，但许多伦理学家相信他们总是在寻求更好的理论。在许多当代伦理学家那里，理论化的想法体现在他们的理论活动中，这是他们的工作信条，虽然不必经常挂在嘴上。

伦理学有一个与物理学（或其他自然科学）不同的有趣的特点。反对物理学的理论化的人们多半不是物理学家，但反对伦理学家搞理论化的人们可以是重要的伦理学家，并且他们的反对在许多时候被称为他们的伦理"理论"。所以，当我们阅读关于道德的著作时，我们可以注意到，一些伦理学家是不主张有任何伦理理论的。从20世纪60年代开始，伦理学中的反理论化思潮逐渐传播开来，并且赢得越来越大的影响力。

反理论的伦理学家们提出了一系列论证，下面略举几例，然后对它们做选择性的分析。

理论化的模型是不当的。英国哲学家安斯康姆（G. E. M. Anscombe）于1958年发表了一篇影响极大的文章《现代道德哲学》。在这篇文章中，安斯康姆论证说，现代道德观念中使用的道德概念如义务、应该等，是从历史上的神学道德观中继承下来的，在今天已经不再具有可理解性。道德义务、应该等只能从法律的模型中获取其意义，由于法律要求立法者,而历史上的上帝作为道德立法者的观念在世俗化的时代不再适用,因此现代的无神论道德观中的理论化依赖于不再适用的模型,这是时代错乱、不与时俱进的。

理论化观念的关注点是错误的。伦理学中的理论化把注意力放在义务、行动原则或者行动的后果上,这是对道德生活的歪曲。伦理学更需要注重的是行动者的品格和动机。道德从根本上讲是一种社会实践,根植于人们的交往和关系,敏感于情境性和特殊性,不受制于严格的、系统的、抽象的原则或规则,因而不适于一个理论的展示或表现。因此,伦理学的任务是理解人类的道德生活,而不是构造规则体系。在第十二章讨论美德理论时,我们还会更多地触及这个话题。

单一的伦理理论是不可能的。当代世界的道德状况是,在一个世俗社会中存在着多元的、相互对立的道德传统,人们在理论上是混乱的,在实践上是分裂的。人们经常在一个场合用一个传统中的道德观为自己辩护,在另一个场合又使用其他传统中的道德资源,而实际上两种道德资源是互不相容的。在这种处境下,任何道德理论都不可能具有权威性,因而一个单独的伦理理论是不可能的。

特殊主义(particularism)。在决定做出某个道德判断或者如何行动时,道德原则要么是不存在的,要么是错误的。道德思考并不取决于道德原则在具体情形上的应用。德行无亏的人并不是那些掌握了道德原则的人。在典型的伦理理论中,道德原则应用于具体情形是建立在一个前提之上的,即,那些适用的具体情形共享一些基本的非道德特点,我们可以把这些特点称为相关不变项,正是相关不变项决定了一个行动的道德属性,才使得道德原则有可应用性。我们举例来说明。假定一个理论中包含一个道德原则,如撒谎是错误的,所有的撒谎行为共享一些基本的非道德特点,如蓄意地向接收者传递明知为假的信息(你可以把这个不变项定义得更完整、更准确)。那么,根据该道德理论,任何一个行动,只要具有这个不变项,在道德上就一定是错误的。但是,特殊主义者说,这么说是不对的,因为(比如说)在图灵的模仿游戏中具有这个不变项的行为可以是对的。特殊主义者的解释是,不变项不可能跨语境地决定行为的道德性质,在某个语境中,一个不变项使得一个行为是正确的,但在另一个语境中,同一个不变项可以使得另一个行为是错误的。基于这个事实,几乎所有的道德原则都是不成立的,或者说,伦理学不需要道德原则。

案例法(casuistry)。它也可以被称为以例决疑法。在道德思考中,人们的起点是那些他们自信而确定地做出道德判断的情形。这些情形被称为典型情形。依据这些典型情形,人们的道德推理可以不借助任何道德规则或伦理理论,只需要通过类比把典型情形中的道德判断套用到新情形或困难的情形上。例如,在中国人心目中,岳飞和秦桧是一忠一奸的典型。像特殊主义者一样,案例法分子(casuists)不承认伦理理论在为特殊道德判断提供辩护中担任不可缺少的角色。

这些论证只是当代反理论思潮中的一小部分,但它们刺激了我们对伦理理论与道德实践之间关系的再思考。一个尖锐的问题是,在我们的道德生活中,理论化的思考是否没有任何地位?我们不拟一一回应上面的论证,在一般性地讨论了理论与实践的关系之后,我们在下一节把重点放在对案例法的分析上。

理论与实践的划分有时候会变成一种二元对立。但是,当反思自己的道德生活时,我们会发现,理论化的活动实际上是道德实践的一部分,而且是非常重要的一部分。道德的理论化、力求严格清晰的实践推理、对各种价值的分类研究并不只是象牙塔内的事情,它们也广泛地存在于普通人的日常生活实践中。当然,人们生活中的理论化没有专业哲学家那么系统化、抽象化和严密化,是因为在绝大多数情况下人们的目标是实用的,他们更关注道德理论化所产生的效果,而不是通过它来寻求客观的道德真理。当大家都按顺序排队而你寻求谅解就插队时,他人可能会问:"你在排队时愿意看到有别人插队吗?"这就是一种诉诸角色转换或换位思考的推理。人们也经常使用一般性的原则,如己所不欲、勿施于人。在日常生活中,人们普遍强调特殊的责任和义务,如对朋友、家人、同事等的义务,把这些义务的约束看成是普遍存在的东西。如果一个人觉得自己有这种义务的话,他也会觉得每一个像他那样的人都应该有类似的义务。在个人层次上,更在社会决策层次上,对可能后果的计算和权衡常常是必不可少的推理方式。道德劝导、道德教育以及其他更广泛形式的道德交流,虽然常常发生在特定情境中,总是离不开对一些一般原则的引证。

如果上面的观察是正确的,那么我们可以说,将道德进行理论化的思考是人们的道德实践中不可或缺的一部分。构建伦理理论的尝试是人们将实践理论化的一个自然延伸。或许我们可以用农业实践与几何学的关系来做一个类比。丈量耕地需要几何计算,这或许是几何学的起因。但农业活动只需要初等的几何计算,不需要完整的几何理论。因此,优秀的农业工作者不必是一个几何学家,但这并不表明几何学理论是多余的。道德理论也是如此,道德哲学研究的抽象见解是道德理论化的一个产品。人们使用这种抽象的结构来服务于种种目的,比如把人事分好坏,行为分对错,后果分优劣,这是我们经常做的事情。但反理论的哲学家们说,所有的这些道德理论,不能使我们做出道德决定。

或许他们是对的,或许有道德的人们并不根据某种道德理论来行道德之事,但这并不意味着他们的行为不可能与任何道德理论相符,就像一个建筑工程师不使用量子力学,不表明量子力学是无用的一样。反理论的伦理学家强调非理论化的、不需要一般原则的伦理学更符合我们的道德生活,认为具备亚里士多德所说的实践智慧的人更懂得在具体情形中如何做出道德反应和行动。但是,这种说法也有点言过其实。我们只需要看到,虽然世界上有不少有实践智慧、有丰富的情景知识的人,但同时世界上还有更多没有解决的道德难题。在许多情况下,道德理论的确帮助我们做出了决定,即使不是直接地,也是间接地。诚然,迄今为止伦理学家建立起来的所有道德理论都有各自的局限性,它们在指导我们的道德实践中所起的作用因而受到限制,因而反理论的理论家们对主流伦理理论的批评是有价值的。但这些批评并没有表明没有道德理论的生活会更好。

3. 案例法再思考

案例法中的"法"指的是方法,不是法律。案例法在中世纪哲学和早期近代哲学中有极大的影响,它后来的衰败可能要归咎于两个因素。一是,中世纪的很多学者从这种方法推出干什么事情都可以,什么样的道德结论都是可以接受的。或许由于这一点,在英汉词典中"casuistry"还被解释为诡辩术,但是,这个词的词根是"case"(事例、案例)。二是,近代以来系统的伦理理论的出现导致了伦理探究范式的转换,从此伦理学家更乐于追求对普遍的道德法则的说明。20 世纪 70 年代以来,案例法在伦理学的一个应用分支——生命伦理学中复兴起来。

案例法实际上是一个非常复杂的道德推理方法,使用它时需要很精微的技巧。粗略地讲,它是通过案例对照和类比来达到道德结论。通常而言,具体的道德判断旨在回答在一个情形中一个行为是否正确的问题。一个情形构成道德判断的困难情形,一般是由于人们的直观判断或者差异很大,或者具有不确定性。案例法通过一些技巧,将困难情形与简单情形进行类比,如果两者是足够相似的,那么我们对简单情形是怎么做出判断的,我们也应该对困难情形做同样的判断。什么是简单情形呢?它们是一些典型情形,就是在一个道德团体中人们对之做出确定无疑的判断的情形。人们对这些情形的判断的确定性是得到历史、先例和共享性的保证的。这种方法的好处是,即使没有普遍原则或系统的道德理论,道德推理依然可以进行下去。与特殊主义者不同,案例法分子不必认为道德原则或道德理论是错误的,他们否认的是原则和理论在道德推理中的必要性。在这个意义上,案例法具有一种反理论倾向,因为赞同理论化的伦理学家一定会认为道德理论是必要的。

我们用一个想象的例子来说明案例法的一个具体运用。这个例子在哲学文献中被大量讨论,称为轨车问题(the trolley problem)。由轨车问题引发出来的想象的例子有许多,这里只引用最核心的情形。

困难情形。张三是铁轨巡视员,正在路边巡查。一辆无人驾驶列车行驶过来,轨道前方的铁轨上站着五个人,他们不知身处险境。张三知道,如果不想办法止住列车,五个人会被轧死。张三知道,他此时止住列车的唯一手段是将身旁的一位大胖子推进铁轨,如果这么做,五人得救,胖子死亡。略作思考,张三把胖子推进了铁轨。现在的问题是,张三做得对吗?可能大多数人觉得不对,也许有少数人觉得可以,或许更少的人觉得应该。

稍简单情形。张三是铁道扳道工,站在扳道旁。一辆无人驾驶列车行驶过来,原定通过扳道口驶在左边轨道上,左轨道前方的铁轨上站着五个人,他们不知身处险境。张三知道,如果不把列车引向右轨,五个人会被轧死。张三知道,右轨前方站着一个人,如果他扳动扳道,一人死亡,五人得救。略作思考,张三扳动了扳道。张三做得对吗?可能许多人觉得是对的,相当多的人觉得是应该的,或许有极少人觉得不应该。

最简单情形。张三是轨车驾驶员,发现分道口前方左右两条轨道上分别站着五人和一人。轨车原定驶向左道。张三知道,如果不转动方向盘,左道五人会被轧死;如果转动方向盘,五人得救,右道一人死亡。略作思考,张三转动方向盘。张三做得对吗?可能绝大多数人觉得张三应该这么做。

我们的任务不是对这三个情形中张三的行为做出判断。根据一些案例法分子的论证,如果排除道德上不相干的考虑(如法律上的、心理上的考虑),那么我们可以说,这三个情形中,张三的行为在道德上要么一样正确要么一样错误,而如果最简单情形中张三的行动是对的,那么在困难情形中张三的行动也是对的。

案例法分子对那些脱离了案例、历史、先例、环境的普遍规则或理论深表怀疑。他们认为,在道德思维中,对特殊情形的最直接、最亲密的把握以及关于相似情形的历史记录占据了最重要的地位,构成了道德推理的恰当基础。在案例法分子看来,道德哲学的目标不是一个像数学体系那样整齐的道德体系。案例法分子并不总是将一般原则从道德思维中排除出去,但他们认为,即使是没有这些原则,道德判断依然是可能的。例如,在原则之间出现冲突而又没有更高的原则提供指导的时候,我们也能够得出道德结论。他们把依据普遍原则加上特定事实而得出道德结论的推理模型描述为"原则的暴政"。在原则的暴政下,一旦原则发生冲突,道德思考常常不知所向,道德争论也无休无止。例如,在轨车问题中的困难情形下,有些人可能用胖子的权利或自主性受到侵犯来论证张三做错了,另一些人可能用两害相权取其轻的功利主义原则为张三的行为辩护。案例法分子认为，这种困境是可以避免的：我们可以依靠那些共享的关于案例的判断，而不涉及任何普遍原则。原则比对典型案例的判断更少确定性，我们在特殊情况下给出的共享判断，比一般的原则要确定得多。我们经常确定地相信某些道德结论，但是并不同样地确信这些结论为什么是正确的，或者根据哪些原则是正确的。比如，我们都确信使用健康婴儿做药物效果测试是不对的，但我们并不十分明确这个判断的根据是哪些原则。因此，实践的知识比理论的知识更具有优先性，道德的确定性是从基层开始的，建立在生活与传统当中，靠的是历史中典型的事例。在做新判断的时候，正确的做法是援引先例进行类比。这就是案例法的基本思想。

作为一种从具体情形出发、原则上不诉诸一般规则的道德推理方法，案例法自身仍面临着一些困难和问题。

第一，从案例到案例的过渡中可能有原则在起作用，这种作用是没有被意识到的，而且反过来影响到对相似性的判断。例如，认为轨车问题中的三种情形在道德上相似的人可能持有某种形式的功利主义原则，认为不相似的人则持有另一些原则。有些案例法分子并不否认原则能够起某种作用。案例法依赖于类比推理，合理的类比推理必须有一些独立的规则将不同的情形关联起来，这些规则需要指明一个被评价对象（一个人物、一个行为）的哪些特点是在道德上有关的、哪些是无关的。典型案例只是一个案例，它自身并不包括那些指明道德上有关的特点的规则。因此，案例法的类比推理只是单向的外推，用什么关联规则来指导类比这一点是不清楚的。

第二，案例法批判原则暴政的一个根据是，原则会出现冲突，但是，冲突的案例也是可能的。明清两朝大臣洪承畴有两个可能的榜样，文天祥和魏徵，他尝试过做文天祥，后来做了魏徵，结果留下骂名。典型的案例其实并不典型，每一个具体案例都有非常复杂和丰富的特点。典型案例之所以成为典型，是因为人们（包括历史上和今天的）选择性地关注其中某些特点，然后将其放大、固化以便写进人们的心中。同为投降新朝代的臣子，魏徵为人关注的是其直谏，洪承畴为人关注的却是其失节。因此，案例法提供的指导是有限的，它在解释冲突的案例时并没有显示出一致性。

第三，案例法隐含了一种道德上的保守性。道德推理应该有辩护的作用。当我通过案例类比得出一个结论时，我如何为我的结论做出辩护呢？案例法分子似乎说，只要类比是成立的，结论自动就能得到辩护，因为社会约定和历史传统在为其保障。但是，不同的类比和新颖的案例的出现常常产生相互竞争的结论。中国历史上翻案的文章很多，王安石翻孟尝君的案就很有名。我们在评论相对主义时曾经指出，历史和传统不是真理的担保者。即使最深层、最久远的、最大众化的信念也可能要接受各种角度的批判和再解释。案例法是从基层做起的，由于太执著于人们的具体判断，与哲学上的反思要求有一定的距离。哲学要求一种批判的距离，要求我们在确信一些东西的时候，还能够跳出来，从远处再审视它们。案例法似乎无法提供这种批判的距离。在历史上和今天都有大量不正义的社会实践，每个社会中都存在大量的偏见和迷信，案例法该如何辨别它们呢？

第四，不同的人们从不同的方面来理解一个案例的道德特点，我们的共识并不像案例法分子想象的那样坚定，或者直觉上的判断、最亲切自然的反应并不总是步调一致。造成差异的原因很多，或许对于案例法分子而言，道德推理中我们需要的不是最直观的判断，而是经过思考的判断、深思熟虑的判断。下一节我们还会回到这个问题上。

上一节和这一节我们讨论了伦理学中的反理论思潮。我们从理论与实践关系的角度看到道德原则和理论的必要性，我们还选取了一种不预设道德原则的道德推理方法——案例法作为反理论倾向中的一个样本来考察。虽然这一节表明案例法有其自身的困难和问题，但这绝不是对它作为一种道德方法的否定。我们否定的是它对道德理论之必要性的否定。下一节我们考察伦理学中的理论化方法。

4. 理论化方法

伦理学并无什么独特的方法。一个伦理理论提供一组一般性的规则，我们将这些规则运用于具体情形产生了对该情形的道德判断，就像数学中的推理一样。但是,如果伦理学对道德思考和方法唯一正确的说明就是这种自上而下的做法的话,那么这种模型的作用也可能会被夸大。首先,在很多困难的情况下,我们需要调整的可能是那些规则,而不是盲目地陷入唯规则论,把原则看得高于一切。伦理理论中的抽象原则,通常有很大程度的不明确性,它们常常过于抽象,以至于无法直接告诉我们在具体情况下该怎么行动。我们经常需要借助于其他资源来做出道德判断,如关于世界中的事实的信念、行动的因果性和可能后果、社会实践中的惯例或隐含的假设以及他人的期待。其次,在道德判断的过程当中,情况的复杂性可能引起不确定甚至矛盾的结论,即使信息都很完整,依据相同的原则,由于情况过于复杂,很多人也得不出可靠的、一致接受的道德结论来。再次,这可能是最重要的一点,它会引起辩护的无穷后退。我们先要问,一般的原则是怎么确定呢?如何证明这些原则是正确的?要证明这些原则,我们是否要借助新的更高层次的、更抽象的原则?正是这个辩护的问题把我们引向伦理学的理论建构方法的问题上。寻求一般原则以打造伦理理论的哲学家们自然把目光投向了认识论。

在认识论中,有两种最有影响的建构理论的学说。这些学说也被相应地应用到伦理学中。

基础主义。一个信念体系的辩护是需要通过被辩护的信念与其他不需要被辩护的信念逻辑关系来完成的。为一个信念做辩护指的是为相信它提供理由,这些理由通常也是一些信念。考察任何一个特定信念时,如果它是可以得到辩护的话(不管人们实际上是否能做到这一点),那么原则上是有一些另外的信念为它提供辩护。这些另外的信念又如何被辩护呢?这个问题不能无限制地问下去,否则,没有任何信念可以得到辩护。因此,辩护必须终结在某个地方,即某些信念可以为其他信念提供辩护,但它们自身是不需要被辩护的。怎么理解不需要辩护的信念?它们有哪些特点使得它们享有这种特权?传统上看,人们认为有两类信念不需要辩护,一类叫自我辩护的(self-justifying)信念,一类叫自明的(self-evident)信念。或许这两类信念有交叉的部分,但我们不讨论这种交叉性。

典型的自明信念有逻辑真理,如每个事物等同于自身,还有些人认为基本的数学命题,如 2 加 2 等于 4、平面三角形的内角和是 180°等,也是自明的。我们不清楚的是,是否某些道德命题也具有数学命题也或逻辑真理这样的自明性。

看看这样一个信念:我说的话不可能全都是错的。这个信念是自我辩护的,因为它如果是错的,就会导致自相矛盾。我们即使承认这类信念是自我辩护的,它们在知识体系中可能也是无趣的,我们也没有什么理由认为有意义的伦理命题会是这种类型的。另一些被某些哲学家看做是自我辩护的命题,是那些人们禁不住要去相信的命题,如我有两只手、其他人也有心理状态等。问题在于,我们不清楚,有哪些道德命题是人们禁不住要相信的。

基础主义认识论半个多世纪来逐渐式微,今天已经少有支持者。有兴趣的读者可以参阅当代认识论方面的著作。伦理学中基础主义的处境则更糟,因为逻辑命题和感觉命题都无法成为道德命题在认识论上的模型。

融贯论。这是当代最流行的伦理学方法论,可以回避基础主义的困难。根据融贯论,对一个信念的辩护只能通过它与其他信念的关系来进行。不像基础主义,融贯论否认存在辩护上有特权的信念。如果一个信念系统中的信念相互支持,那么整个系统就得到了辩护。

当代伦理学最有影响的融贯论版本是罗尔斯在其《正义论》中使用的"反思平衡法"(method of reflective equilibrium)。罗尔斯的目标是用反思平衡法建立评价社会基本结构的正义原则,但反思平衡法同样也可以用于建立道德原则。首先,挑出一组经过考虑的特殊道德判断,然后表述一般的原则来说明这些判断,最后处理存留下来的冲突之处。在任何存在原则与判断相冲突的地方,或者调整原则,或者调整判断,来回调整,直到最后达成平衡状态,此时的原则就是伦理理论所需要的结果。上述方法通常被称为狭义反思平衡法。罗尔斯后来赞同一种广义反思平衡法,它与前者的不同之处是,不仅特殊道德判断要考虑进来,先前承诺的原则、背景理论、价值、各种论证,或者说一切被认为有关的东西,都要考虑进来。

狭义反思平衡法显然有一些困难。一些哲学家指出，经过考虑的道德判断并不必然具有测试原则的资格。或许，一帮无恶不作的黑社会成员的经过考虑的信念，通过反思平衡法之后也能产生一些原则，那不过是些恶的原则。广义反思平衡法也许能在某种程度上回避这个问题，但是，它会碰到所有融贯论者都要面对的困难，即反思平衡法不太可能只产生唯一一组原则。如果多组不相容的原则是可能的话，我们没有理由认为它们中的任何一组都构成了正确的道德理论。

基础主义和融贯论是影响最大的两种认识论学说，今天它们各自的追求者和捍卫者还发展出更精致的版本，那是上面的讨论没有触及到的。同时，这两种学说并不是伦理理论家仅有的方法论选项，新的途径仍是敞开的。由于伦理学中的方法论不是、也不可能是完美无缺的，伦理学中的理论化有着值得期待的未来。

5. 总结：理想的道德判断

这一章讨论了伦理理论的结构、性质和地位，部分地回应了伦理学中的反理论倾向，分析了伦理理论与道德实践之间的关系。这些讨论大都集中在理论的层面上，作为这一章的总结，我们将关注一个实践层面的问题：要做出理想的道德判断，人们应该满足哪些要求？这个问题对应于前面讨论过的"好的伦理理论"的评价标准。美国伦理学家汤姆·里根(Tom Regan)列出了六项要求，我深表赞同，将它们罗列如下，供读者参考。

概念的清晰。使用含糊的或者需要进一步限定而没有被限定的概念做出的道德判断，在理论和实践上都有缺陷，无法达到交流、劝导的目的。

信息准确完整。道德问题是现实世界中的问题，准确、全面地把握相关事实对于回答道德问题是至关重要的。

合理性。这项要求是逻辑上的，它要求我们探讨所作的判断如何与其他我们相信或不相信的事情在逻辑上是相关的。

公平性。某些情况下，例如涉及家庭和朋友关系，偏向性不是坏事,但相似情形应该被相似对待是一个应该尽量遵守的原则,如果要做出理想的判断的话。

冷静。受情绪影响的判断容易失去合理性、公平性等。"头脑发热"绝对不利于理想的判断。

使用正确的道德原则。这是不言而喻的,但也是最难满足的,因为正确的道德原则依赖于正确道德理论的建立,这恰好是这一章在讨论的题目。

至此,我们完成了本书的第二部分。在这一部分,我们关注的是伦理学中的三个基础性的话题,它们分别是伦理学中的价值观、行动观和方法论。我们看到,伦理学对这三个方面的探讨展现出巨大的多样性,伦理学家持有的结论各不相同、相互竞争。这种分歧的局面使得有些人怀疑伦理学产生出一门系统的理论的可能性,但使得另一些人感受到这样一门理论的必要性。在第三部分,我们将把目光投向历史上和今天已经提出的、在这个领域中占据统治地位的几种伦理理论。

建议阅读文献:

1. 安斯康姆和麦金太尔各自表达了某种反理论的倾向,并试图复兴古代伦理学中的美德观念。他们的论证分别见 G. E. M. Anscombe,"Modern Moral Philosophy", *Philosophy* 33, No. 124(January 1958)和 Alasdair MacIntyre, *After Virtue*, second edition(University of Notre Dame Press, 1984)。

2. 关于反一般原则的特殊主义道德理论的争论,见 Brad Hooker & Margaret Olivia Little eds. *Moral Particularism*(Oxford: Oxford University Press, 2000)。

3. 当代对案例法的系统和出色讨论,见 Albert R. Jonsen & Stephen Toulmin, *The Abuse of Casuistry: A History of Moral Reasoning*(Berkeley: University of California Press, 1988)。

4. 对伦理理论的性质和结构的清晰介绍,见 Mark Timmons, *Moral Theory: An Introduction*(Lanham: Roman & Littlefield Publishers, Inc., 2002)。

5. 反思平衡法用于构造政治和伦理理论，见 John Rawls, *A Theory of Justice*, Revised edition (Cambridge, MA: Harvard University Press, 1999)。
6. 对理想的道德判断的条件的讨论，见 Tom Regan (ed.), *Matters of Life and Death: New Introductory Essays in Moral Philosophy*, third edition (MaGraw-Hill, Inc., 1993)。

第三部分　理　　论

第十章　功利主义

人们在做出行动选择时经常在盘算,盘算的对象是可供选择的行动各自带来的后果。这种盘算既在个人行动的层面上进行,也被用在社会决策中。按照后果的好坏来决定行动之对错的理论,在伦理学中被称为后果主义(consequentialism)。更严格地说,后果主义声称后果的好坏是判断造成后果的行动之对错的唯一标准;如果不与其后果联系起来,一个行动本身是无所谓对错的。乍看起来,后果主义与我们的常识道德有一些抵触之处。虽然大部分人承认我们在行动决策时应该考虑可能的后果,但很少有人会觉得对后果的考虑是行动决策的唯一考虑。后果主义者恰好就坚持这一点。这一章将要讨论的功利主义是后果主义的一支主力军,也是当代伦理学中最有影响的理论之一。

我们在第九章给出了一个伦理理论的结构。一个典型的伦理理论通常包含两个部分,一个部分是价值理论,说明哪些东西是善的或有价值的;另一个部分是行动理论,说明哪些行为是应该的、允许的或禁止的。借助这个区分,伦理学家一般把伦理理论分为两类,目的论的(teleological)和义务论的(deontological)。目的论的理论先独立地定义善,然后将正确的行为定义为促进了善的行为。因此,目的论理论认为善的观念在概念上优先于正当的观念。义务论则相反,它坚持正当的独立性和不可还原性:一个行为本身就具有内在的道德价值,不管它是否导致可欲的或最佳的后果。我们可以构想一个经常引起人们争议的例子来理解这种区分。一位天才的科学家和一位普通工人乘坐的高空热气球出现故障,如果不跳下一人,热气球将坠毁,两人都将死去。再设想这位科学家是地球上最有可能攻克艾滋病的人选之一。如果你能决定他们的生死,你将如何做?你遵循什么原则?如果你认为科学家应该活下来,因为这个结果比另一种要更(或更明显可能)好,那么你就是目的论者。如果你认为他们两人的生命价值是平等的,应该得到同等的尊重,而同等的尊重体现在用像抓阄之类的方式做出公平的决定,那么你就是义务论者,因为即使你同意目的论者对两种结果的估价,但在你看来,公平就是公平,不管结果怎样。目的论的一个逻辑推论是目标的好坏决定手段的对错,义务论者否认目的是决定手段的唯一标准,更极端的义务论者则主张一个行动的对错与这个行动的目标毫无关系。

目的论的伦理理论有多种形态,后果主义是其一。作为一种后果主义理论,功利主义与其他种类的目的论的不同之处在于对结果的估价。例如,亚里士多德的美德伦理学将个人的优秀(excellence)看做是内在善(见第十二章),那么按照这种理论,最大地促进这些善的行为就是正确的。伦理利己主义也是目的论的,因为它要求一个人总是做符合自己最大利益的行为,这样,利己主义的后果估价是对行动者个人利益的估价。与利己主义者不同,功利主义者评估一个可能后果的好坏时,不是只考虑这个后果对于行动者本人的好坏,而是对于所有被这个行动影响的对象的好坏。如果我们将伦理利己主义者说的个人最大利益或个人最大善扩展为社会的最大利益或最大善的话,我们就得到了功利主义的伦理主张:一个行为是正确的,当且仅当它使社会善最大化了,或者说,它促进了最多数人的最大利益。

有些功利主义者主张,在计算这些利益时,我们还需要考虑到某些非人类的对象的利益,例如某些有感受力的动物的利益。这个主张的基础是一种特殊的福祉理论加上不偏不倚的观念,其根据是,如果某些动物能够感受快乐和痛苦,那么它们的福利状况也会受到人类行为的影响,因而我们在行动或决策时没有理由把它们的利益排除在外。在下面的讨论中,为了简单起见,我们忽略对非人类的存在者的福利的考虑。

像伦理学中的许多"主义"一样,"功利主义"更多地代表了一个理论家族,而不是一个单独的学说。在长期的发展过程中,功利主义家族中出现了许多不同版本的理论,这使得对功利主义的任何简明定义都可能面临这种多样性的挑战。尽管如此,这并不妨碍我们通过描述功利主义的共有特点和代表性版本来理解和评价这个伦理学家族。以下的讨论在角度和材料上都是高度选择性的。

1. 功利主义的一般结构

被贴上"功利主义"标签的伦理理论有一个共享的结构,它们之间的区分体现在对功利(utility)的不同理解和限定上。另外一个重要的区分,直接的和间接的功利主义的区分,将在后面讨论。为了刻画功利主义的一般结构,我们先不触及哪些功利主义者把哪些东西当做是功利这些具体问题,而用一个一般性的概念——价值或善——来定义功利。"功利"是一个技术性的名词,最普通的意思是"有用",功利主义者用这个词来指称行动后果的价值。因此,不同的功利主义理论对功利的理解上的差异是由于它们对价值的理解有所不同。就目前而言,我们只使用而不解释价值的概念,援引某种特殊的价值观念只是为了说明功利主义的特点。功利主义者接受以下论题。

福利主义。功利主义者都持有一种福利主义的价值观,这种价值观说,福利是伦理考虑的唯一基本因素,正价值是福利的增加,负价值是福利的减少,因此,福利的提升或者降低是仅有的善或恶,凡是不影响福利的升降的事情都与道德无关。说福利是伦理考虑的基本因素,意思是,任何其他的考虑最终必须归结为对福利的考虑。例如,某些功利主义者认为一个人的福利状况是按照他享受了多少快乐和经历了多少痛苦来界定的,那么我们在考虑其他因素如他的金钱、知识、健康等时,要看这些东西是如何影响到他的快乐和痛苦的。

个体福祉的基本性。功利总是相对于可受益或受损的对象而言的,更确切地讲,功利必须落实到个体对象上。如果一个行动影响到一个以上的人的福利状态,那么这个行动的总功利必须是它对于所有个体的功利的一个函数。例如,边沁说,集体利益不过是个人利益的总和而已。

团体是一个空头实体,是由那些被认为是构成其成员的个体人们组成的。那么,团体的利益是什么呢?几个组成它的成员的利益而已。[1]

功利的定量化。功利是一个定量的或者至少原则上可定量的概念。一份功利指的是福利状态的某个程度的提升。假定用金钱来度量一个人的福利状态。如果一个行为 A 将某人的存款从 500 元增加到 600 元,那么 A 带来的功利就是 100 元。如果另一个行为 B 将另一个人的债务从 500 元减少到 400 元,那么 B 带来的功利也是 100 元。在其他情况相同时,A 产生的功利与 B 产生的功利是相同的。当然,这个结论是以金钱作为福利状态的唯一指标而言的。许多人(非常有道理地)认为,等量的金钱对于不同的人,爱钱的人与不爱钱的人,富人与穷人,有不同的意义。

正功利与负功利是可以换算的。如果一个行动给某个个体既带来正功利,也带来负功利,那么原则上可以确定这个行动给这个个体带来的功利余额或净功利,在具体情形中,功利余额或净功利可以是正的,也可以是负的。张三送给李四一张足球票,让李四去看他喜欢的球队的比赛。张三的赠票行动既给李四带来正价值,如李四在看球时的享受,也可能带来负价值,如去球场路上受到交通堵塞的折磨、因所支持球队的失利而感到的不快等。功利主义者认为,这些正价值和负价值相互抵消之后总有一个净价值存在。

普遍性。当我们考察一个行动带来的功利时,我们需要考虑这个行动对所有受到影响的个体的功利。只要任何一个人的福利状态受到某个行动的影响,那么这就构成了评价该行动的道德上相关的因素。排斥某些类型的个体的福祉是有偏见和不公正的。

不偏不倚。这是对上面普遍性要求的一个重要补充,体现在边沁的著名口号"每个人算一份,任何人都不能多算"中。在对行动的后果进行估算时,虽然一个人可能把受到行动影响的每个人的利益都考虑进来,但他也可能给予某些人的利益某种特殊的优先考虑,这些人可能是他的家人、朋友、同志等。功利主义拒绝这种优先考虑,要求平等地看待每个受到影响的人的利益。

功利的最大化。在有了上面的那些限定和条件之后,正确的行为就是将功利最大化的行为。这种最大化是比较而言的,比较的对象是在一个具体情形下开放给行动者的所有行动选择。这样,一个行动是正确的,当且仅当它比其他可供选择的行动产生更大的价值或功利,任何不能将功利最大化的行动都是错误的。这里需要注意的是,即使一个行动只产生了负的净功利,它依然可以是正确的,这是因为,在某些情况下,所有可选的行动都只能带来负功利,因而带来最小负功利的行动正好是将功利最大化的行动。无论如何,功利的最大化要求我们在任何情况下都要努力造成最好的后果。

这样,我们可以对功利主义的理论结构做一个总结:一个行动产生的价值只来自于该行动影响到的人们的福利;我们要给予每个受到该行为影响的人相同的考虑;一个行动是否正确完全取决于它是否比其他可选行动产生更大的价值。功利主义关于行动的原则可以总结为以下三条:

应该的行动:一个行动是应该去做的,当且仅当它是比行动者可能做的其他行动产生更大功利的行动。

禁止的行动:一个行动是禁止去做的,当且仅当它是比行动者可能做的某些其他行动产生更小功利的行动。

允许的行动:一个行动是允许去做的,当且仅当行动者可选的所有行动中有一个以上的行动产生最大且相同的功利,而该行动属于一个以上的这些行动之一。

在日常语言中,正确的行动(right actions)有某种含糊性,有些人把它们理解为应该的行动,有些人理解为应该的或者允许的行动。伦理学家通常用后一种方式来定义正确的行动,因为正确的行动之反面就是错误的行动,即禁止的行动。这样,功利主义关于正确行动的原则可以表述为:

正确的行动:一个行动是正确的,当且仅当它产生的功利不小于行动者可能做的任何其他行动产生的功利。

如同前面所提醒的那样,这些讨论是在抽象的层面上进行的,没有涉及如何具体地说明功利、福利、价值等是由什么构成的。我们将看到,功利主义者在这个具体问题上有分歧。我们接下来将考查几种代表性的观点。

2. 古典功利主义

功利主义者们需要定义他们的核心概念——功利。正是从种种不同的定义入手,我们才能看出功利主义家族中的理论分歧。古典功利主义的两个代表人物,边沁和密尔持有一种享乐主义的功利主义理论。在第七章中,享乐主义的价值观得到了比较细致的讨论。根据价值享乐主义,快乐是唯一的一种内在善,痛苦是唯一的一种内在恶。假定一个人的福祉是由他生活中的内在善和内在恶构成的,那么,价值享乐主义就蕴涵了福祉享乐主义,即一个人的福利状态就是他的快乐减去痛苦后的余额。我们在上一节谈到,功利主义认为福利是伦理学中唯一的根本价值,就是说,在思考一个行动是否正确时,我们要看它是否促进了福利。把这一点与福祉享乐主义结合起来,我们就得到:

> 伦理享乐主义:伦理考虑只需要关心快乐的经验和痛苦的经验。

伦理享乐主义是一个扩展性很强的学说。例如,把伦理享乐主义与利己主义结合起来,我们就得到享乐主义的伦理利己主义:每个人的伦理考虑只需要关心自己的快乐经验和痛苦经验。

由于功利主义本身就是一个要求福利最大化的规范的伦理理论,把它与伦理享乐主义结合起来,我们就得到享乐主义的功利主义关于正确行动的原则:

> 一个行动是正确的,当且仅当它产生的快乐减去痛苦之后的余额,至少与其他任何可选行动产生的余额一样大。

那么,如何计算这些余额呢?

边沁的理论。边沁是享乐主义的功利主义理论的早期代表人物,他把这个学说变成一门系统的道德理论和政治理论。边沁持有一种最强形式的心理享乐主义,他形象地将快乐和痛苦比做人类至高无上的统治者,决定着人类行为的对错。

> 自然将人类置于两个至高无上的主人的统治之下,痛苦和快乐。它们独自指出我们应该做什么,也决定我们将做什么。一方面对与错的标准,另一方面因与果的锁链,都被拴在它们的宝座上。它们支配着我们的一切所做、所言和所思:我们为了摆脱我们的奴役所能做的每一项努力,都只是在证明和确定这种奴役。一个人可能在口头上装出放弃了它们的统治:但实际上他将始终在它的奴役之下。功利原则承认这种奴役,将它设定为该体系的基础,这个体系的目标是用理性和法律之手来建造幸福的大厦。[2]

人类的义务就是将功利最大化,即最大的幸福量,另一个说法是使快乐最大化和使痛苦最小化。这个义务边沁称之为功利原则(principle of utility)。它不仅仅适用于个人行为,而且也是一切制度和法律体系的指导原则。立法的原则就是要促使人们去做他们应该做的事情,也就是寻求全体人的最大快乐。法律通过奖赏和惩罚来引导人们的行为。惩罚的目的不是为了罪行本身,而是为了阻吓同类行为的发生。

> ……功利原则指的是这样的原则,它根据无论任何行为是否有增加或减少有利益关切的一方的幸福的趋势,来赞同或不赞同这个行为:或者用别的说法说同一个意思,是促进还是对抗该幸福。我说的是无论任何行为;因此不仅仅说的是一个私人的任何行为,而且也说的是政府的每个措施。
>
> 功利指的是任何对象中的某种属性,对于其利益在被考虑的一方而言,它往往产生好处、利益、快乐、善或幸福(所有这些在目

前都是一回事),或者(又是同一回事)防止危害、痛苦、恶、或不幸发生:如果该方是一般而言的团体,那么幸福就是团体的幸福;如果是一个个人,那么幸福就是该个人的幸福。[3]

边沁的价值观是一元论的,尽管痛苦和快乐是两种不同的感觉性质,它们是可以换算的。在边沁看来,利益、好处、善、幸福等全是一回事,而它们的反面——损害、坏处、恶、不幸——也都是一回事。如果有两个行为,一个带来一份快乐,另一个减少一份痛苦,那么它们产生的功利就是一样的。边沁发明了一种计算快乐和痛苦的方法。边沁说,要将一个快乐或痛苦的经验定量化,我们需要考察该经验的七种性质,它们分别是该经验的强度、持续期、确定性、临近性、成效性、纯粹性和幅度。我们对它们依次做简短的说明。

相关经验的强度和持续期是功利计算的直接参数。在做一个功利计算时,我们的最终结果是一个量。因此,我们首先需要确定一个享乐单位。假定一个饥寒交迫的人喝一杯热水产生了一个单位的快乐,那么他喝一杯热牛奶可能产生了两个单位的快乐。这两份快乐的差别可以用多种方式来理解。一种理解是,两份快乐在强度上是一样的,但后一份快乐的持续期两倍于前一份。另一种理解是,两份快乐持续的时间一样长,但后一份的强度是前一份的两倍。还可以理解为,两份快乐在强度上的比例是某个数,例如1:3,但在持续期上的比例是另一个数,例如1.5:1。总之,给定了某个享乐单位,原则上我们可以计算出任何经验中的快乐量和痛苦量,可以用数字表示出它们的值来。其次,快乐和痛苦在量上是可以通约的,只不过前者是正值,后者是负值。

确定性指的是一个行为产生某种快乐或痛苦的可能性。这是一个非常难以处理的性质。许多时候,我们只能推算或猜测某个行动会产生什么样的结果。由于这些结果不是实际的,因此无法像上面那样去度量。有些功利主义者采纳实际值(actual value)功利主义立场,在谈论一个行动的后果时只关注它将实际带来的功利值。另一些功利主义者采纳期望值(expected value)功利主义立场,要求关注一个行动产生的期望功利值。期望功利值的计算需要使用某种概率模型。我们可以用一个简单的例子来说明什么是期望功利值。假定一个行为有三个可能的后果但只有一个会出现,它们的快乐量分别是 5,9,-4,这三个后果发生的可能性分别是 40%,30% 和 30%。那么这个行动的期望功利值就是 $5 \times 40\% + 9 \times 30\% + (-4) \times 30\% = 3.5$。我们不继续追究这个话题。

临近性指的是一个行动产生快乐或痛苦经验的快慢程度,有些经验立即出现,有些经验会延时出现。这些因素对于评价一个行动是必要的。

繁衍性指的是体验过一份快乐之后被进一步的快乐追随的可能性。一位饥寒之人喝下一杯热水产生的快乐可能经历完就结束了,但他听一场歌剧产生的快乐可能会被反复回味。因此,对他而言,后一个行动在快乐上有更大的繁衍性。痛苦的情形也是一样。

纯粹性指的是一份经验被相反的经验追随的可能性。吃一粒槟榔的立即感觉是苦涩,但过一段时间就会苦尽甘来;大热天暴饮冰水是快乐的,随后的腹痛却是另一番滋味。在边沁看来,这些行为在产生快乐上不具有纯粹性。

幅度指的是一个行为在福利上影响的人数,亦即该行为的辐射力。我们将每个可能行为给受到影响的所有个体带来的快乐量减去痛苦量的余额计算出来,然后比较所有这些余额的大小,产生得到最大余额的那个行为就是应该执行的行为。

边沁的功利主义,如果成立的话,具有一种理论的优美:人们只需要在实践中反复应用它简明和唯一的功利原则,这样使得伦理学成为一门精确的、可计算的科学。另一方面,它也具有某种直观上的吸引力,因为最好的后果通常是人们行为的动机和意向的重要部分。但是,正是它的这种简单性使得它的可应用性成为一个问题。我们在第九章讨论伦理理论的实践目标时指出,一个伦理理论需要给出一个行动的决策过程,使得人们能够应用其原则。

一个引人注意的问题是,虽然快乐或痛苦的经验在持续期上的定量化相对简单,如何对不同的强度进行比较?也许对一个人而言,他通过自己的内省观察能够断言喝一杯热牛奶的快乐在强度上大于喝一杯热水的快乐。但是,人际的比较何以进行?通过交谈、访问还是发明某种苦乐测量仪?这些问题都涉及我们对心理状态的性质的理解,我们不可能在这里解决它们。或许,两个观察可以缓解边沁的理论在实践问题上的压力。首先,这些问题并非只存在于功利主义之中,其他理论多少也存在这方面的困难。其次,我们可以用各种近似的方法来实现功利的量化和计算,而把精确的计算看做是一种理想。

即使把这种实践上的难题放在一边,边沁的理论还需要面对一些理论上的困难。一个困难是价值论上的,是否所有的人类价值都可以还原为快乐的经验?另一个困难是,如何比较在人们看来是绝然不同种类的快乐经验?阅读一首李白的诗、欣赏一段巴赫的音乐所得到的愉悦跟吃一块巧克力、观看一场足球赛带来的快乐是否只有量上的区别?如果边沁的计算是成立的话,一头快乐的猪的幸福似乎大于一位快乐程度稍差的智者的幸福,而这一点是很多人都不愿意接受的。

密尔的理论。古典功利主义的另一个代表人物、边沁的学生密尔看到了这些问题。他试图通过区分快乐在质上的差异来克服边沁的困难。密尔认为,功利主义者不必认为一切快乐经验都是在内在性质上相同的,而差别只在于量上的不同。密尔至少从两个方面分辨了快乐在质上的差异。首先,高级的快乐是所有或几乎所有对高低级快乐都有体验的人坚决选择的快乐;其次,享受高级快乐需要高级的官能,这种享受通常比低级的享受更难达到。如何做出快乐在质上的区分呢?密尔写道:

> 如果我被问到,快乐中的质的差别是什么意思,或者单就作为快乐而言,除了在量上更大之外,什么使得一个快乐比另一个更有价值,只有一个可能的回答。在两个快乐中,如果两者都经历了所有人或几乎所有人都坚决偏向其一,而不管是否感到有义务偏向它,那么它就是更可欲的快乐。如果两者之一被那些适当地熟悉它们的人们看得比另一个更高,高到即使他们明知它会伴随更多的不满,也还要偏好它,并且他们不肯为了任何数量的、他们能够享受的另一种快乐而放弃它,那么我们就有道理将质上的优越性

赋予被偏好的享受……[4]

在密尔看来,人类真正的幸福,要求比单纯的感觉享受更多的东西。人们一方面需要低级的肉体快感,更重要的是,他们也需要文化、智力、友谊、知识和创造力,后一类事物是人类幸福不可缺少的要素。我们在想象之中把莫扎特的生活和一只千年乌龟的生活做一个比较。莫扎特只度过了短暂的一生,而一只乌龟可以有千年的寿命。按照边沁的算法,由于生活状态的好坏完全取决于快乐总量减去痛苦总量后的净值,并且所有的快乐和痛苦都是可以通约的,那么,莫扎特生活中的快乐净值很可能小于一只千年乌龟的快乐净值。这就导致了一个人们觉得很荒谬的结论:这只乌龟的生活比莫扎特的生活更值得过。导致这个结论的前提是边沁的纯定量的享乐主义观点。正是出于对这个观点的不满,密尔才提出了一种定性的享乐主义来替代边沁的版本,以避免功利主义变成一种适合于低级享受的哲学。

尽管密尔的改进吸收了一些重要的价值观,但批评者们感到密尔的定性享乐主义是一种难以理解的立场。假定一份快乐或痛苦的量是可以理解的话,它们的质是什么特点呢?根据最简单的分析,质要么是由该经验的内在性质所决定的,要么不是。如果是前者的话,那么质就是由一份快乐(或痛苦)经验中包含的快乐感(或痛苦感)所决定了,而区分不同的快乐感(或痛苦感)的唯一指标是它们的强度和持续期,这样,密尔的定性享乐主义实质上是定量的。如果是后者,那么质就与经验中的快乐感(或痛苦感)无关,这样,密尔的观点就不再是享乐主义的。另一种批评是,密尔用专家来决定高级快乐与低级快乐之间的差别,但什么样的人才是专家却构成一个难题。

第一个批评针对质的概念的不可理解性,说它要么会塌缩到量上,要么使得密尔偏离享乐主义立场。但是,前一个选项依赖于一个前提,即用来对经验的好坏进行排序的那些特点都是可量化的,但这恰好是密尔想要拒绝的。拒绝这个前提并不意味着密尔拒绝享乐主义,这样,后一个选项中的困境也不存在。密尔只需要说,除了强度和持续期之外,任何快乐(或痛苦)都有某种内在性质,正是这种性质决定了快乐

(或痛苦)的质,具体说,某个经验(如完成一支协奏曲后的感受)的某种特点,使得这个经验比另一个经验(如享受了一点食品)更有价值。对于第二个批评,一种回应是,密尔不需要采纳一种极端的立场,即专家的判断决定了某些快乐比其他快乐要高级,他只需要说,某些人(其中一些是够格的判断者)事实上偏好某些快乐、不看重另一些快乐,这个事实给我们理由去相信前一类快乐与后一类快乐在质上有差别。但是,在生活中人们是否能够普遍、或者大致同意某些快乐具有更高级的地位呢?事情并不像密尔所说的那么简单。如果一个人认为欣赏一支协奏曲所得到的快乐还不如喝一杯啤酒,或许他会被排除在专家之外。为什么他不够格呢?一个可能的回答是,他分不清审美或精神的快乐与肉体的快乐之间的差别。但这不过是循环论证而已,因为它假设了一位专家一定知道两类快乐在质上是有差别的。

3. 对古典功利主义的几个反驳

以边沁和密尔的版本为代表的古典功利主义理论有两个核心成分,一个是享乐主义的价值观,另一个是功利最大化的行动原则。由于这两个成分,古典功利主义一直受到各种反驳。这些反驳大致可以分为两类。一类是指出古典功利主义在实践上无法应用,另一类是指出其理论上的缺陷。理论上的反驳多半围绕功利主义的两个成分,一个涉及古典功利主义的价值观,一个涉及功利的最大化原则。为了回应这些反驳,功利主义者推出了新的版本。但许多人认为,即使有一些改进,许多反驳依然是有效的。这一节给出几类常见的反驳,我们将在下一节讨论常见的回应。

来自于不可实践性的反驳。这类反驳有多个角度,此处只略举几个例子。(1)在一个具体情况下,当一个人决定做功利主义所要求正确的行动时,他需要做太多的计算,因为他面临行动选择非常多,决定每个行动的后果的因素几乎数不胜数。这使得古典功利主义理论无法指导实践。(2)尽管我们对自己的利益了解得很充分,许多时候我们并不知道哪些后果对他人是好的。如果我们不知道他们的利益和需要,我们就没法行动。如果我们去询问他人,可能最后没有时间去做任何事情。(3)我们在生活中可能学会了一些行动的规则。例如我们认识到,人们会受害于偷盗、撒谎、谋杀等行为,会受益于仁慈、诚实、友爱等行为,那么做某些行为、不做某些行为通常可以带来最大功利。但是,古典功利主义只有一条关于正确行为的规则,因此,我们每一次行动的时候都要重新做计算。

诺齐克的体验机器。罗伯特·诺齐克设计了一个思想实验:假设有一台机器,如果用某种方式让一个人的大脑接受这台机器发出的电刺激,这些刺激让这个人经历到各种各样的快乐,它们的强度和持续期都是日常生活中的快乐所不能比拟的。那么,根据古典功利主义,一个人就有义务永远连接在这台快乐机器上。再试想有另一台机器,被称为"经验机器",一个人的大脑连接到这台机器后,他就能"体验"到可想象得到的任何希望的经验:例如,尽管初等数学还不过关却"经验到"证明了黎曼猜想,尽管手无缚鸡之力却"经验到"在足球世界杯决赛中连中三元,尽管身无分文却"经验到"跟好莱坞大明星共进晚餐等等。这些"经验"是他体验到的,但世界中并无相应的事态与之对应。这些经验让他感到"满意",但他的欲望没有一个被"实现"。为什么我们不愿意接在这台机器上呢?诺齐克解释说,

> 除了我们的经验之外,什么东西对我们是重要的呢?首先,我们想去做某些事情,而不仅仅是有做它们的经验。……不接在机器上的第二个理由是,我们想以某种方式存在,做某种人。……第三,接在一台经验机器上将我们限制在一个人造实在中,限制在一个与人们能够构造的世界相比还要不深刻或不重要的世界里。不存在与任何更深刻的实在的任何实际接触,尽管对这个实在的经验可以被模拟。[5]

功利最大化原则要求太高。如果古典功利主义是正确的,那么当你面临多种可能的选择时,你应该逐一计算每种选择所产生的可能功利,然后选择有最大功利的那个或那类行为。例如,行动功利主义意味

着,你花100块钱给你的父亲买一件生日礼物的行为是正确的,当且仅当你无法用这笔钱产生更多的快乐。显然,这笔钱能干很多事情,这些事情中有很多带来的快乐都比你父亲享受的快乐大,例如,给贫困地区的失学儿童购买书籍、让一位流浪汉饱餐一顿等等。古典功利主义提出的要求是不可接受的,因为它一方面意味着我们的每个行动都必须是某些复杂计算后的结果,另一方面意味着我们的日常所作所为几乎都是错误的。

与日常道德相抵触。功利主义提出的正确行动的原则在一系列情形中的应用与我们的一些坚定的道德信念相冲突,这表明功利主义作为一个道德理论是不成功的。

情形一:回想轨车问题中的一个情节。张三是铁轨巡视员,正在路边巡查。一辆无人驾驶列车行驶过来,轨道前方的铁轨上站着五个人,他们不知身处险境。张三知道,如果不想办法止住列车,五个人会被轧死。张三知道,他此时止住列车的唯一手段是将身旁的一位大胖子推进铁轨,如果这么做,五人得救,胖子死亡。张三坚信功利主义是正确的,因此把胖子推进了铁轨。日常道德告诉我们,张三的行为就是谋杀,但功利主义理论却蕴涵着这是应该之举。

情形二:小镇上发生了一系列骇人听闻的犯罪,但嫌疑人一直没有落网。民众武装起来包围了警察局,扬言如果在限定时间内罪犯没有被找到和惩办,他们将举行暴动。警察局长是一位老练的形势判断者和坚定的功利主义者,深知一旦暴动发生,镇上将会出现什么后果,如人员伤亡、财产损失等。他在思考对策。短期内抓住嫌犯似乎不现实,但一个机会出现了。镇上有一位无亲无故的流浪者。局长知道,那些罪行不是他干的,而一旦诬陷他,声称罪犯已经找到,就可以天衣无缝地平息骚乱。经过思考,局长认为带来最好后果的行动选项是诬陷流浪汉,因此他捏造证据,抓捕了流浪汉,最后民众散去,小镇回归平安。日常道德告诉我们,尽管局长的行动可能带来最大的功利,但他做错了,因为惩罚无辜者是不道德的。

4. 当代功利主义

"当代"功利主义只是一个松散和近便的称呼,是与边沁和密尔式的功利主义相对而言的。对上一节中叙述的反驳,功利主义者提出了防卫策略。策略之一是直接指出某些反驳是不成立的。策略之二是以某种方式重新表述功利主义理论,以避免某些困难。下面我们简略地考察第一种策略,把讨论的重点放在后一种策略上,因为它引出了功利主义的当代形态。

针对上面的与日常道德相冲突的情形,功利主义者可以采纳如下策略:(1)否认日常道德直觉在上述想象情形中的有效性,或者(2)否认功利主义的道德决定是批评者认为的那样。先来看(1):功利主义者说,在普通情形下,我们的确有义务不伤害无辜者,那是因为我们的判断和行动存在巨大的不确定性。例如,我们很少能够确信自己对杀一人、救五人这类行为的知识和掌控是完整无缺的。轨车情形中的张三被设想成为绝对掌控了所涉及的人的命运、拥有关于轨车制动的条件的确定知识、有应付对任何可能的意外的能力等。这样的条件在现实中几乎是不可能的,因而我们的直觉不管用。再来看(2):功利主义者可以说,功利计算不仅要考虑实际后果的价值,还要考虑接下来的后果和长远后果的价值。针对警察局长诬陷流浪汉的情形,批评者认为诬陷是带来最大功利的行为,但功利主义者不一定这样想。如果真罪犯现身、局长的诬陷被揭露等情况发生,更长远的后果将会怎样?考虑到这些因素,功利主义者会认为,警察局长的诬陷不一定是带来最大功利的选项。功利主义者的这些应对有一定的力量,批评者们需要设计一些可以避开这些应对的情形。下面我们来看看功利主义的一些改进版本。

趣向满足功利主义。诺齐克的思想实验主要是对享乐主义的批评,在第七章中我们对此已经有了一些讨论。这个论证让许多人对古典的功利主义表示怀疑。当代功利主义者发展出各种欲望理论,根据这些理论,福利取决于欲望的实现。你想在世界杯决赛中连中三元,但你不仅仅是想有连中三元的经验,而是实际上射进了三粒球,换句话说,你欲望的对象不是你相信你做了某件事,而是你实际上做了它。与传统的享乐功利主义理论不同,欲望理论将快乐和痛苦放在一边,转向刻画人们的趣向和欲望。但是,人们的实际趣向和欲望并不总是符合他们的利益的,如抽烟、酗酒等。为此,理论家们又提出理想趣向的实现、知情欲望的满足等来描述个人的福利状况。这种对福祉的重新表述,与功利最大化的原则结合起来,功利主义产生了新的形态,即趣向满足功利主义:一个行为是正确的,当且仅当它比其他任何行动产生的趣向满足至少一样大。

一个欲望的实现本身无所谓好坏,重要的是一个人所欲望的东西是好还是坏。某些事物对于人们来说就是好的或坏的,不依赖于人们的实际欲望。这样,留给这些理论家的进一步的问题是,哪些善是人们应该欲望的?为什么是这些?当代关于个人福利的估量和比较以及关于更一般的人类善的问题的讨论,已经大大超出了古典功利主义者一些基本预设。

规则功利主义。目前为止所讨论的功利主义(包括趣向满足功利主义)是所谓的行动功利主义(act-utilitarianism)。行动功利主义对一个个具体行动提出道德要求,要求一个行为比任何其他可能行为至少产生一样多的善。行动功利主义碰到上一节中列出的几种反驳,如来自于不可实践性的反驳、要求太高的反驳。为了克服这些困难,一些当代功利主义者提倡规则功利主义(rule-utilitarianism)。规则功利主义者认为,功利主义并不要求我们的每一个行为都直接与最大功利原则挂钩,但要求我们的行为通过一套规则间接地与最大功利原则挂钩。行动功利主义被称为直接功利主义,规则功利主义被称为间接功利主义。规则功利主义说,一个行为是正确的,当且仅当它是一个或一组原则所要求的,这个或这组原则,如果被普遍遵守的话,将比任何其他原则给社会带来更大的功利。简单地讲,行动功利主义认为正确的行为是将功利最大化的行为,规则功利主义认为正确的行为是符合将功利最大化的一组规则的行为。

倡导者们相信,规则功利主义可以避免上一节指出的行动功利主义的几个困难:从实践的角度看,我们的行动只是遵守某些既定规则,不需要在每次行动之前都做复杂的计算;就要求过分的指责而言,规则功利主义者声辩说,尽管某些单个行动并不是产生最大功利的,例如,花100块钱给衣食无忧的父亲买生日礼物,不如用它救助一位饥饿者带来的功利大;针对警察局长诬陷无辜者的情形而言,规则功利主义者认为,保护无辜者的规则,如果被普遍遵守,符合社会的长远最大利益,因此,规则功利主义并不认为警察局长的行动在道德上是正确的。许多规则功利主义者论证说,规则功利主义正好为人们的日常道德原则(如不撒谎、不谋杀、守承诺等)提供了说明。

规则功利主义在20世纪50年代和60年代曾盛极一时。尽管它的一些版本在应对几种常见的对行动功利主义的反驳时似乎很有力量,但批评者们怀疑这种间接的功利主义理论的稳定性和一致性。一些批评家指出,它的不稳定性在于,它要么会走向某种形式的规则崇拜,要么会滑向行动功利主义立场。规则崇拜的意思是,这种理论可能最终是依据行动的规则而不是行动的后果来做出道德结论的;滑向行动功利主义立场指的是,如果功利主义者必须坚持后果的最优化原则的话,规则功利主义在实践上是等价于行动功利主义的。还有批评家指出,由于规则功利主义者认为某些最大化了功利的行为(如警察局长的诬陷)在道德上是错误的,因此规则功利主义与功利主义的核心概念是不融洽的,这导致了一种不一致性。批评者们问道,如果道德行动就是最大化功利的行动,那么我们只在规则的层次上坚持这个原则,而不直接将这个原则应用到行动上呢?

人格分离性与分配的正义。我们设想一个利己主义者如何将自己的功利最大化。假定他认为他的幸福取决于趣向的实现。那么,要实现他的最大幸福,他需要尽可能多地满足自己的各种欲望。由于条件的限制,他不可能把所有的欲望变成现实。他所能做的是把欲望按照重要性进行排序,根据已有条件来安排行动,最后在总体上达到最大程度的满足。毫无疑问,这一套决策过程肯定会压制和牺牲某一部分趣向。

我们再来看功利主义(无论是古典的还是当代的,无论是享乐主义的还是趣向满足论的)是如何将社会的功利最大化的。前面谈到,功利主义的计算方法是将每个被一个行为影响到的个体算做一个并且只算做一个,然后将所有受影响的个体的功利加起来得出总功利值。这种计算法不仅应用于单个行为,而且应用于社会政策的制定中。罗尔斯指出,虽然功利主义的初衷是不偏不倚地计算每个人的功利,但正是由于功利主义最终只关心总功利的大小,因此,整个社会是被当做一个整体来处理的。这就好像把社会看做是一个人,每个成员的功利被看做是这个社会人格的某个具体欲望的满足。对照上面的个人满足最大化,我们看到,在功利主义的谋划中,为了达到最大社会利益,牺牲少部分个人的重要利益,包括他们的基本自由和权利,也是允许的。罗尔斯正是在社会政治层面上、从分配正义的角度批判了功利主义的这种正义观。罗尔斯相信,这种正义观在道德上是无法得到辩护的。这是因为,功利主义的总功利最大化原则忽略了人们之间的分离性,即他们是各自独立的道德个体,拥有以他们的人格为基础的道德地位。罗尔斯在《正义论》中捍卫的一个核心思想是,"每个人都具有一种建立在正义基础上的不可侵犯性,它甚至是整个社会的福利都不能凌驾其上的"。

多元主义的功利主义。当代功利主义改进了古典理论中的享乐主义福利观以避开来自体验机器的反驳。但是,对趣向满足这种单一价值的最大化引起了来自分配正义的反驳。一种可能的进一步改进是引进多元的价值观。这要求我们发展出新的福利理论,让这个理论体现出对个体人格的尊重。当代美国伦理学家大卫·布仁克(David Brink)在这方面做出了尝试:

> 我提议讨论一种福利理论,它认为,有价值的生活的基本构件包括对行动者的合理计划的反思追求和实现,以及某些个人的和社会的关系。自由、教育和基本福祉的条件都是善,这些善是作为那些内在善的必要条件的,并且由于对被如此理解的人类福利所做出的因果贡献而具有外在价值。[6]

布仁克的想法是，由于人类福利是由合理计划的追求和实现以及个人和社会关系构成的，这种福利观体现了对人的尊重。它与前面讨论的功利主义理论所依据的价值观相比有一个优势。按照前面的价值观（无论是享乐主义的还是趣向满足论的），如果一个社会中有一个强势群体以欺负某个人数较少的弱势群体为乐，那么功利最大化原则会导致这样的结果：欺压弱势群体是正确的，因为总功利被最大化了。但是，布仁克的理论拒绝接受这个结果，理由是，追求或实现欺压他人的目标并不是人类生活的内在价值的一部分。这个思想可以类似地应用到分配的正义的情形中。布仁克指出，一个社会对资源的分配要做到尊重社会中的个人，这些分配必须按照社会合作的公平条款来进行，换言之，这种价值理论本身对于分配是敏感的，而先前的单一价值的功利主义福利观，由于只关心一个维度上的价值最大化，对于个人尺度上的分配是不敏感的。同样，这种多元主义的价值理论还可以用来处理警察局长诬陷无辜者的情形以及轨车问题。

即使我们承认布仁克的功利主义在理论上可以回应上面的几种反驳，它在其他方面要付出代价。这些代价主要表现在它似乎失去了先前的功利主义版本具有的某种理论上的优美和简洁。如果先前的版本在功利的量化上具有原则上的可行性的话，它们可以方便地用于行为决策，例如，计算出可选行动分别产生的功利总量，然后做产生最大功利量的行动。布仁克的理论中有多种价值，因此决定一个行动的道德特点的因素是多样的。举一个常见的例子，也是我作为大学教师所碰到的。一位非常有天分、来自贫困家庭的学生在考虑毕业后的选择。他喜爱哲学，相信研究哲学是他的人生计划的核心部分。但是他的家庭为他上大学付出了很多，亟需他在经济上的照顾，而正好有一家薪水颇丰的单位录取了他。如果他相信布仁克的功利主义，他应该怎么做？在具体其况下，这位学生总得做出选择，但问题是，这个选择不太可能是在这种功利主义的指导下做出的。

5. 总　结

　　试图从总体上对功利主义做出评价是困难的、甚至是不可能的。这是因为,一方面,功利主义的理论家族非常庞大,包含了丰富的学说和论证,另一方面,功利主义本身还在发展之中,新的版本和论证是可以期待的。我们可以从前面的讨论和分析中体会到这一点。

　　功利主义在过去的两个多世纪里一直是道德哲学和政治哲学中的显学,尽管20世纪中叶之后受到各种各样的批判,但它仍显示了强大的生命力。它的一个主要优点在于它比其他主要竞争者更接近于一种科学的(scientific)理论,这使得它比它的对手们更容易与心理学、经济学、法学、社会决策理论结合起来。

　　在现实生活中,人们有时按照行动功利主义来思考、评价和做出行动,但很少有人会说他们总是这么做,或者从不这么做。这意味着,对后果的考虑的确是人们的道德思考的一个重要维度。或许我们可以这么说,如果没有其他对立的道德考虑,那么对后果的考虑就可以成为我们的道德指南。但是,行动功利主义把对后果的考虑看做是道德考虑的唯一因素,我们从前面的分析中看到,这种道德观是有巨大争议的。规则功利主义在很多方面可以避免争议,但我们不清楚规则功利主义是否有资格成为一个关于行动对错的最终裁决理论。或许,在思考一个理论的特点和优劣时,一个有启发的做法是看看与它对立的观点是怎样工作的。在下一章,我们去考察一种不以后果评价行动的道德理论。

注　释

〔1〕　Jeremy Bentham, *An Introduction to the Principles of Morals and Legislation*, ed. J. H. Burns & H. L. A. Hart (London: The Athlone Press, 1970), p. 12.

〔2〕　Ibid., p. 11.

〔3〕　Ibid., pp. 11-12.

〔4〕　John Stuart Mill, *Utilitarianism*, ed. Roger Crisp (Oxford & New York: Oxford

University Press, 1998), p. 56.

[5] Robert Nozick, *Anarchy, State, and Utopia* (New York: Basic Books, 1974), pp. 42-43.

[6] David Brink, *Moral Realism and the Foundations of Ethics* (New York: Cambridge University Press, 1989), p. 231.

建议阅读文献:

1. Jeremy Bentham, *An Introduction to the Principles of Morals and Legislation*, ed. J. H. Burns & H. L. A. Hart (London: The Athlone Press, 1970).

2. John Stuart Mill, *Utilitarianism*, ed. Roger Crisp (Oxford & New York: Oxford University Press, 1998).

3. David Brink, *Moral Realism and the Foundations of Ethics* (New York: Cambridge University Press, 1989).

4. Richard Brandt, *A Theory of the Good and the Right* (Oxford: Oxford University Press, 1979).

5. Brad Hooker, E. Mason and D. Miller (eds.), *Morality, Rules, and Consequences* (Rowman and Littlefield, 2000).

6. Amartya Sen and Bernard Williams (eds.), *Utilitarianism and Beyond* (Cambridge: Cambridge University Press, 1982).

7. J. J. C. Smart, "Outline of a System of Utilitarian Ethics", in J. J. C. Smart and Bernard Williams, *Utilitarianism: For and Against* (Cambridge: Cambridge University Press, 1973).

第十一章 义务论

把伦理学中的义务论与后果主义相对照,可以为我们提供了一个理解前者的好思路。后果主义只关心行动带来的结果,看一个行动是否是正确的,就看它是否产生了最大的价值。这样,根据后果主义,撒谎的行为,在某些情况下是错误的,如果它比其他可能的行为带来更大的坏处或更少的好处;在另一些情况下它是正确的,如果任何一个取代它的行动都没有它产生的利益多。简单地说,根据后果主义,一个行动的后果决定了这个行动的对与错。义务论者否认这一点。义务论者认为我们在追求利益的最大化时必须接受某种制约,换言之,无论是个人利益还是共同利益的最大化都不是道德考虑的全部因素,一个行动的道德价值不是完全由它的后果所具有的性质来决定的。义务论者的立场是:行为本身就是具有内在的道德价值的,不管它们有什么可能的后果;换言之,一个行为在道德上正确与否,在于它是否符合某种或某些义务或规则的限制,而跟这个行为的收益计算无关。这样,根据义务论,撒谎和不守信在任何情况下都是错的,即使在许多情况下它们可以最大化行为者期待的功利;说真话和守诺言在任何情况下都是正确的,即使在许多情况下它们可能带来害处。当代一位著名的义务论者查尔斯·弗雷德(Charles Fried)用下面这段话表明了义务论中的一个强硬立场:

> 有某些事情是一个有道德的人无论如何都不会干的。……你无论如何都不能做撒谎或谋杀这些事情,是这么一个思想的一部

分：撒谎或谋杀是错的,不仅仅是坏的。它们不仅仅是一个计算中的负数,可以被你可能行的善或你可能避免的更大的恶所压倒。这样,表达义务论判断的规范——例如,不许谋杀——可以说是绝对的。它们并不是说:"在其他情况相同时,避免撒谎",而是说,"不要撒谎,没得讲"。[1]

人们熟悉的另一个将后果主义和义务论相对照的说法是,后果主义认为行为的目的决定行为的手段,或者目的为手段提供辩护,而义务论只看行为正当与否,一个行为的目的永远不可能为它的手段提供辩护。一个典型的情形是战争中的军事行动。后果论者通常认为,正确的军事行动是损失最小的行动,这里,损失指的是敌我双方的损失,包括人员伤亡、财产破坏以及其他可能的恶果。从逻辑上讲,如果攻击某些目标的确是达成最小损失之目的的最佳手段,那么后果论者会认为攻击这些目标就是正确的,因此,从原则上讲,没有任何目标不在攻击的范围之中。义务论者则认为,无论后果的计算有什么样吸引人的结论,有些行动是根本不予考虑的,如直接针对平民或者非军事目标的攻击。义务论者相信,他们的理论比后果主义更好地说明人类道德判断的性质。

任何一个伦理理论都有一个关于价值的说明和一个关于正确行动的说明。后果主义理论通常是先独立地给出一个价值理论,然后依据价值理论来建构正确行动的理论。例如,享乐主义的功利主义首先确立快乐的呈现和痛苦的消失作为内在的价值,然后把道德的行动理解为带来最大快乐净值的行动。因此,后果主义是让善在逻辑上优先于正确。义务论则认为正确优先于善。这被理解为做正确的事情与做好事情(在带来更多善的意义上)没有任何明确的联系,或者说,一个行动是对还是错,不需要参照任何实质性的关于价值或善的看法。义务论者主张,将善最大化不是唯一的根本性的道德要求,许多时候,拒绝为最好的后果去行动,不仅是允许的,甚至是应该的。

义务论,顾名思义,是把行动的对错建立在是否履行义务之上的。一个义务,简单地讲,就是做某个行动或者不做某个行动的一个理由,也可以被理解为一项约束行动的道德要求。例如,对子女的抚养义务就构成一个人给孩子提供食品、教育、不虐待的理由。许多义务论者相信每个人有义务为世界带来善或者尽可能多的善,但他们不像有些后果论者那样,认为这是仅有的义务。义务论的伦理理论就是要说明人类具有的义务的性质和内容。两个多世纪以来,规范伦理理论基本上被划分为后果主义和义务论两种。许多伦理学家,如罗尔斯,甚至认为这两类理论几乎穷尽了刻画正确行动的理论上的可能性。因此,我们见到,在伦理学文献中"义务论"基本上与"非后果主义"(non-consequentialism)是交互使用的。与后果主义一样,义务论不是一个单独的伦理理论,而是一个理论家族,包含了众多的成员。义务论的伦理理论中有一些是一元论的,有一些是多元论的。一元论则认为道德原则或道德义务只有一个。多元论认为我们有多个不同的、独立存在而不可还原的义务。关于义务对我们行为的限制,有些义务论者持有绝对主义立场,有些限制是绝对的、没有任何例外的、在任何环境下都不能被打破的。非绝对主义者则否认这种绝对性。

1. 义务论的一般特点

一门伦理理论的根本任务之一是指导人们做正确的事情,或者说不做错误的事情。因此,与后果主义理论一样,义务论的理论是围绕行动的伦理理论。两者的不同之处是,后果主义把行动的结果当做评价行动的唯一标准,而义务论则关注行为本身具有什么样的道德性质。义务论的理论的通常做法是列出人们拥有的各种义务,通过这些义务指导人们去约束行动。

义务对行动的约束可以有两种方式。一种方式是列出一个或一组规则让行动者来遵守,另一种方式是要求行动者在具体情形下做特定的行动,而这些行动可能无法用一般性的规则来囊括。这两种不同的方式代表了义务论理论的两个类型:规则义务论(rule deontology)和行动义务论(act deontology)。行动义务论认为,道德的行动不靠规则来指导,要决定在特定的情景下如何行动,人们只需要诉诸良知、信仰或者直觉就行。尽管在历史上有较大影响、在人们的日常生活中仍在起作用,行动义务论在义务论的理论家族中已经式微,主要原因是它很难被理论化,因此我们不对它做进一步的讨论。规则义务论在当代义务论的理论中占据绝对优势的地位。常识道德中的金律,如孔子的"己所不欲,勿施于人",耶稣的"你想别人怎么待你,你就怎么待人",都是指导行动的一般原则或规则。后面将要讨论的康德的理论和罗斯(William David Ross)的理论都属于规则义务论。不过,罗斯的理论是否完全属于规则义务论的类型,在解释上还存在许多争议。如同后面将要提到的那样,罗斯一方面认为存在一些基本的道德原则,另一方面又认为在原则冲突的时候我们要靠直觉来做出最终判断。

一门义务论理论需要处理三个与义务有关的问题。首先,如果有一些义务和原则构成了对行动者的道德要求,它们的根据何在、建立在什么样的基础之上?其次,有哪些基本的人类义务?有哪些指导行动的规则反映了这些义务的内容?再次,这些不同的义务之间存在什么样的逻辑关系?它们是相互独立的、还是可以被统摄在更高的原则之下?它们提出的要求是绝对的,还是可以被拒绝的?如何处理它们在具体情形下的冲突?我们将看到,不同的义务论理论给出了不同的回答。在考察具体的理论之前,我们可以对义务论的某些一般特点做一下说明。为了凸显这些特点,下面的说明常常将义务论与后果主义进行比较。

义务论的制约。义务论者大都将消极义务与积极义务区分开来。消极义务要求人们不做某些事情,如不伤害、不谋杀、不撒谎等。这些义务构成一类禁令。义务论者认为,这些禁令制约着人们对各种积极目标的追求。积极义务要求人们做某些事情,如行友善、礼貌、利他、公正之举等。大部分义务论者都强调消极义务优先于积极义务,例如不撒谎的义务要重于友善的义务。在义务论者看来,义务论的制约主要指的是对最大化善的限制。例如,在轨车情形中,蓄意杀死一个无辜的旁观者以拯救五个人的生命可能是最大化善的行为,但义务论的制约否决了这个行为的道德性。一些义务论者认为这种制约是绝对的。一个例子是,罗马天主教的教义禁止杀死无辜的人,以至于为保护孕妇生命而做堕胎在道德上也是不允许的。康德也是一位绝对主义者,他曾说,即使能救一条命,撒谎也是错的。非绝对主义的义务论者则持有相对宽松的看法,他们认为,义务论的制约虽然是需要严肃对待的,但在紧急情况下并不总是压倒性的考虑。

自由度。履行一项义务意味着遵守体现该义务的规则,但人们的生活并不总是被看做是遵守规则。除了道德规则之外,每个人都有自己的个人计划和目标。义务论者认为,人们可以自由地追求自己的目标,只要这么做不违反道德规则。换言之,每个人都有在不违反道德规则之下的自由度。有些义务论者把这种自由度类比为守法下的自由:只要不违法,干什么都行。在这一点上,我们可以将义务论与后果主义做一比较。义务论者承认个人受到道德要求的约束,如不撒谎、不杀人等,但在个人权利之内还有选择余地,例如,花一笔钱给自己办生日,而拒绝把它捐献给穷人。但后果主义者不承认这些选择的余地,要求人们使用一切可能的手段将善最大化。

特殊关系之义务。义务论者承认由特殊关系所引起的义务或责任。这些关系可以是天然的,如家庭和血缘关系,也可以是人为的,如契约中的另一方,还可以是社会交往中的关系,如朋友。基于特殊关系的义务与上面的义务论的制约有相似之处,也有不同之处。相似的地方在于,两者都对一个人的行动构成道德上的约束,即使逃避这些约束可以使善最大化。例如,义务论者认为,假如我可以帮助两个人,其中一人是我的弟弟,另一人与我关系一般,在这种情况下,即使另一个人比我弟弟可以更多地受益于我的帮助,我去帮助我弟弟也是正确的。不同的地方在于,特殊关系的义务是针对与行动者处于这些关系中的对象的,而上面的义务论制约要求行动者对任何人都不能做某些事情。我们可以看到,在后果主义的计算之中,这些基于特殊关系的考虑是见不到的。

超义务(supererogation)。大部分义务论者认为,帮助他人的义务是有限度的,尽管这种限度很难明确给定。一个直观的想法是,在代价不大的情况下,帮助他人是义务所在。比这做得更多的行动,在伦理学中被称为超义务的行动。你碰到一个陌生人骨折,倒在路边。或许把他送到医院、帮他联系家人就是道德义务所要求你去做的,超出这个范围的事情,你可以拒绝。但是,如果你留下来陪他、甚至帮助他付医药费,那就是超额履行道德义务了。义务论者承认有超义务的行动的存在,但在后果主义理论中我们很难找到这类行动的位置。因此,许多人认为,至少在超义务的问题上,义务论比后果主义更符合我们日常的道德观念。

在当代伦理学中,人们使用两个概念,相对于行动者(agent-relativity)和中立于行动者(agent-neutrality),来刻画义务论与后果主义的差别。我们用行动的理由来解释这两个概念。粗略地讲,一个人的某个行动理由是相对于行动者的,如果这个理由涉及行动者本人;一个行动理由是中立于行动者的,如果这个理由不涉及行动者本人。例如,在我可以并只能帮助两个人中的一个而其中之一是我弟弟的情况下,我帮助我弟弟的行动的理由是相对于行动者的,这个行动者是我本人,行动的理由是被帮助的人是我的弟弟。相比之下,帮助另一个人的行动的理由是中立于行动者的,因为这个理由是,总是做带来最大收益的事情。根据这个区分,大部分人认为,后果主义者的道德理由全都是中立于行动者的,而义务论者否认这一点,承认至少存在某些相对于行动者的道德理由。因此,人们把义务论称为相对于行动者的理论,把后果主义称为中立于行动者的理论。

2. 康德的道德理论

康德的道德理论整合了三方面的思想资源,分别是虔信宗(Pietism)的价值观念、卢梭的社会契约思想以及理性主义的哲学精神。康德出生于一个虔信宗家庭。虔信宗的信徒们强调真诚、深刻的感受和道德的生活,认为内在的善良是比外部的目标更值得追求的价值,相信上帝是根据人类是否真挚地依照原则生活、而不是根据他们的成功或运气来做判断的。卢梭的社会契约论启发了康德关于人类尊严、自由和自律的基本思想。康德之前的欧洲近代哲学活动以欧洲大陆的唯理论与英国的经验主义之争为主。双方争论的焦点是人类是否有独立于经验的理性知识。在伦理学中，以弗兰西斯·哈奇森（Francis Hutcheson）、休谟和亚当·斯密（Adams Smith）为代表的经验主义者认为道德是以人性为基础的，道德原则是人类欲望的反映，理性不过是满足欲望、实现目标的工具。由于人性特别是人类的心理构成（如，这种心理构成使得我们对别人的苦难产生了习惯性的同情感）是偶然的，因此，道德也是建立在这种偶然性之上的。与之相反，康德相信，道德原则必须是普遍的、必然的、不依赖于人性中的偶然因素的。

康德的道德理论是义务论中最有代表性的、甚至是标志性的理论，同时也可能是伦理学家讨论得最多、最仔细的理论。康德的道德哲学是一个宏大的体系，内容极为丰富。康德认为，道德哲学应该准确地表述我们的日常道德判断所依据的基本原则，并为这个原则提供哲学上的辩护。此外，康德还根据这个原则解释了种种道德义务的性质和内容。最后，康德讨论了人类生活的最终目的及其与道德生活的关系。哲学史上对康德的伦理理论的诠释和发展的著作汗牛充栋。在这里我们只能择其要进行一些介绍和分析，我们将把重点放在康德关于正确行动的说明上。康德首先表明，道德要求是实践理性的要求，因而不道德的行动就是不理性的行动。他然后指出，道德规则可以从一个最高的"绝对命令"中推演出来，这些规则构成了人类义务的基础，而正确的行动就是尊重这些义务的行动。

道德义务是实践理性的要求。一个义务是一个实践上的要求，要求一个人做什么、不做什么。当然，并非所有的实践要求都是道德要求。在康德看来，道德义务在所有的实践要求中占据至高无上的地位。这里，至高无上包含两个意思：第一，道德义务的约束是不受限制的、不依赖于任何环境的，因而是不可避免的；第二，道德约束的力量是压倒性的，或者说是有无上权威的。我们先解释这两个意思，然后看看具有这两个特点的道德义务是何以可能的。

大部分实践要求都对我们的行动构成了约束。如果你要减肥，你就必须每天做运动；北京的高速公路有时速的限制；这些都是实践要求。但是，如果你放弃了减肥的念头，如果你在欧洲某些国家开车，这些要求对你就无效了。康德认为，道德要求不同于任何这类实践要求，不管你有什么念头、欲望,不管你在什么环境下,道德要求对你的约束总是如影随形。一位作家在写作一本传记时会有许多考虑,大部分是技术上的,像材料的丰富、文笔的优美、结构的紧凑等,这些都是成功的传记的要素。但是,内容的真实却是决定性的。技术上成功但谎话连篇的传记是没有价值的。在这个意义上,康德的意思是道德上的约束压倒其他考虑。

道德义务是何以可能的呢?康德的回答是,因为它们是实践理性的要求。实践理性是我们思考和做出自由选择的能力。康德的论证非常繁琐,这里只给出粗线条的勾画。康德把一个义务的基础理解为一个法则(law)。康德的法则概念是一个严格的概念,我们在这里使用一个比较宽松的概念——要求(康德有时用"命令"),因此,一个义务的基础就是一项要求。什么样的要求才能成为义务的基础呢?任何一项要求,如果要约束我们的行动,需要某种权威性。在康德看来,某个东西对我们有权威,是因为我们有服从它的理由。考察"如果你要减肥,你就必须每天做运动"这个要求。这个要求并没有力量来驱使你每天做运动,因为你要么可以放弃减肥的念头,你要么可以怀疑你要减肥的欲望的权威性。该项要求能够给予你行动的理由,仅当你认为减肥的欲望对你具有某种权威性。但是,一旦你追问"为什么我应该减肥"时,你在要求进一步的理由,如此下去,"为什么我应该……?"这样的问题将无法停止。康德并不想得出一个普遍的怀疑论结论,即一切行动都是没有理由的。在实际情形下,我们的回答总会停在某处,但康德认为,任何这样的回答都是有条件的。要给出一个无条件的回答,康德的策略是,在无休止的追问中,我们隐含地承认一个事实,即我们是依据理由行动的存在者,或者说,我们是理性的行为者。我们在追问行动的理由这个事实,表明我们接受了理性的权威,而服从这个权威就是我们的道德义务,只有这项义务是不受任何条件限制、不依赖于环境的。同时,理性的要求是压倒性的,因为任何其他权威都可以受到怀疑。

这样,根据康德的想法,道德义务的根据就是这么一个要求:依据理由去行动。这是对每个理性的行动者提出的实践要求。

在康德看来,实践理性的能力及其运作,体现在行动者能够做出自己的决定、设立自己的目标、用理性指导自己的行动,这是他们的内在所值(intrinsic worth)即尊严的标志。如果没有理性的行动者,世界上就缺少道德维度。康德把道德要求看做是专门针对理性的存在者的,人类是这种存在者,道德要求同样适用于非人类的理性存在者,如果它们存在的话。康德还有另外一个说法,所有的理性存在者联合成为一个目的王国。

对普遍法则的尊重。上面的讨论只告诉我们道德义务是实践理性的要求,我们并不知道义务的内容。康德把义务理解为对普遍法则的尊重。康德把义务与法则联系起来,是因为法则使得某些行动成为义务。我们先从日常意义上的法则谈起。假定你是一家网球俱乐部的成员。俱乐部的一些规则或法则确定了你的相关义务。这些义务适用于你,是因为你具有某些特点,即该俱乐部的成员资格;这些义务不及于那些不具有成员资格的人们。同样,某些义务适用于你,是因为你是某个国家的公民,这些义务不及于其他国家的公民。网球俱乐部的会员规则使得缴纳年费成为成员的义务,国家法律使得纳税成为公民的义务。道德义务与什么样的法则相联系呢?按照目的王国的说法以及与俱乐部的类比,道德义务适用于且只适用于目的王国的成员即全体理性存在者,因此,与道德义务相联系的法则就是及于所有理性存在者的法则,或者说,是一个普遍的法则(universal law)。不过,这种与俱乐部或国家的类比不能被夸大。我们在现实中或在原则上可以选择放弃或撤销俱乐部的成员资格、国家的公民身份,但在什么意义上可以脱离目的王国?康德说,理性存在者既是目的王国的主权者即立法者,又是其臣民即守法者。无论这种法律是什么,它的内容一定是普遍的。这把我们带到对康德的绝对命令的讨论。

绝对命令与假言命令。在讨论了义务的基础和内容之后,我们需要知道义务如何指导行动。康德认为,这需要我们将义务的语言转换成法则或命令的语言。道德义务必须具有像命令一样的力量。康德区分了两种命令:一种是假言命令(hypothetical imperatives),它们都有这样的形式:"如果你想要 A,那么做 B";另一种是绝对命令(categorical imperatives),也被称为绝对命令,它们的形式是"做 X!"。一个假言命令是为某个特殊目的而制定的规则,例如,如果你想减肥,那么这类命令通常告诉你到达这个目的应该运用哪些手段,像做运动、节食等。康德认为,这些基于特殊目的的、有条件的规则不可能刻画道德要求的特征,只有绝对命令才是道德义务的真正表达。假言命令中的条件从句通常表达一个欲望,这是这种命令中不可缺少的条件——如果我不想减肥,那么做运动或节食的命令就是无效的;但是,绝对命令不受任何条件的约束,它是任何情况下我们都要服从的。康德认为,如果我们找到绝对命令,我们就抓住了道德原则的核心。

假言命令的合理性通常是可以检验的。由于假设条件的存在,我们可以使用各种手段(包括经验手段)来检查它们是否适当,如,我可以(至少在某种程度上)通过参考相关著作,或者通过切身实践来验证节食或做锻炼是否能达到减肥的目的。绝对命令则不具备这个特点,我们没有任何经验手段来证明它们是否合理和正确。这一点本是康德的初衷,道德不是一门经验科学,完全不需要来自经验事实的支持。在康德看来,绝对命令是实践理性的产物,经验世界中没有任何与之对应的东西。绝对命令只依赖于人类作为理性存在者的特点,是实践理性自身的法则。完全理性的存在者所做的事情,在康德看来是客观正确的,也是不够完全理性的存在者(如我们人类)所应该做的。由于人类本性中不完善的一面,人类经常受到自然偏好的影响,我们的实际行为准则经常靠不住。绝对命令构成一个高阶的原则,用来检验我们的行动准则。如果你所持有的一个准则是你行动的理由的话,那么康德的绝对命令就是对这个行动理由的一个限制。康德认为,道德行动的理由必须同时成为所有理性行动者的理由,这就是实践理由的可普遍化原则。因此,康德将绝对命令表述为:"只按照你能同时愿意它成为一个普遍法则的准则来行动。"这个表述被简称为普遍法表述(The Formula of Universal Law)。

绝对命令还有其他几种表述形式,其中最著名的当数所谓的人性表述(The Formula of Humanity):"永远不要把人性,无论是你自己人格中的还是另一个人格中的,只是当做工具,而要同时当做一个目的。"康德在这里所说的"人性",指的是人类独有的特点,即他们的理性特质,包括自主性、理解世界的能力、规划生活的能力以及追求各自目标的能力。康德用这个表述为一系列义务做出了论证,这些义务中既有对于自己的义务,也有对于他人的义务。例如,在康德看来,尊重自身之中的人性要求一个人对自己有所不为、有所必为,不为之事包括自杀、自欺、自虐、自渎、自暴自弃等,须为之事包括发展自己的天赋、努力达到道德的完善。尊重他人中的人性也要求一个人有所不为、有所必为。前者包括嫉妒、恶意、冷漠等,后者包括仁善、同情、感恩等。我们将略过绝对命令的其他表述形式。

大部分伦理学教科书在讲述康德的伦理理论时都把注意力集中在绝对命令的普遍法表述上,部分理由在于康德认为这个表述为道德评价提供了"严格的方法",因此应该成为道德评价的基础。康德认为这些表述是等价的,因为它们只是以不同的方式表达了同一个最高的道德法则。关于这些表述是否等价,存在着非常困难的学术争论。就理解康德的立场而言,我们可以把人性表述看做是康德为正确的行动设置的道德标准,即人性表述告诉我们是什么使得一个行动是正确的或错误的;我们把普遍法表述看做是为我们的道德判断提供了一个决策过程,即,使用可普遍化测试的方法,我们可以证明哪些行动是道德的、哪些是不道德的。

可普遍化检验。康德相信,可普遍化检验可以为人们的日常道德规则提供基础。康德的想法是,当一个行动者按照某个准则采取一个行动时,这个行动是否正确,依赖于这个行动者是否可以一致地意愿这个准则成为所有的理性存在者都采纳的行动准则。因此,这个测试涉及两个基本的概念,准则和意愿的一致性。一个准则,按照康德的说法,是一个"主观的意志力原则"(subjective principle of volition),指的是当一个行动者在某个环境下打算做某件事时所遵循的原则。一个准则可以用这样一个句式来表达:在 A 条件下为了实现 B,我将做 C。例如,作为一个教师,我可能有这样一个行动准则:在不清楚学生是否自觉阅读课堂指定的材料的情况下,为了让学生完成阅读任务,我将每周布置课后作业。意愿的一致性指的是一种无矛盾性。矛盾的意愿有许多种,这里只考虑与我们的议题相关的两种。首先,被意愿的行动或目标本身可能是矛盾的或者是不可能的。例如,想要养一只下蛋的公鸡或者在平面上画出一个内角和大于 180^0 的三角形,就属于这种情形。其次,被意愿的不同的行动或目标在某种情况下是冲突的或者不可能同时实现的。我当过班主任,假设某个学期有一笔助学金要发放。我有两个想法:(1)给所有贫困学生发放助学金,和(2)不给任何来自省会城市的学生发放助学金。如果有些学生来自省会城市同时是贫困的,我的想法就是不一致的,因为我既将给又将不给他们助学金。

有了这些准备工作之后,我们看看康德是如何运用可普遍化检验来判断某些行为的对错的。康德考察了四个例子:许假诺言、自杀、不珍惜自己的天分、拒绝帮助他人。康德发现它们全都无法通过普遍化的检验,因为它们的准则一旦普遍化,就导致了不一致性。下面只讨论许假诺言和拒绝帮助他人两个情形。

假设有一个人亟需用钱。他知道自己即使借了钱也还不起,也知道如果说实话就没人借钱给他。他自问在这种情况下他是否应该找人借钱并信誓旦旦地保证按时归还。假定他使用这个准则 M:无论什么时候我需要钱而又没有其他方法弄到,我将通过许假诺言来搞钱。康德的检验要求一个人思考一下,他是否可以无矛盾地把这个准则设想为一个普遍法则。设想有一个世界,它与我们的现实世界大体相像,区别是在该世界中有一个普遍规律,即每个相信自己需要钱的人,都将通过许假诺言搞到钱。但康德认为,设想这样一个世界就像设想一个矛盾一样。理由是,在这个世界里,如果每个相信自己需要钱的人都通过说假话搞钱的话,最终的结果是,相信自己需要的钱人将无法通过许诺言来搞到钱,因为没有人相信自己到底得到什么许诺。这个矛盾就是,对于这个设想的世界,两件不能并存的事情都成立:一是,每个相信自己需要钱的人将通过许假诺言搞到钱,二是,相信自己需要钱的人无法通过许诺言搞到钱。因此,根据康德的检验,当一个人意愿 M 成为一个普遍法则时,他的意愿就是不一致的,就像上面的第一类意愿一样,因而 M 没有通过可普遍化检验。

假设一个人日子过得不错,他知道自己有能力帮助他人但拒绝这么做。他有一个行动准则 H:无论什么时候我境况不错且有能力帮助他人,我将不这么做。设想一个世界中境况好的人拒绝帮助有需要的人,似乎并不导致上面那种矛盾。但康德指出,另一种矛盾出现了。如果一个人意愿 H 的普遍化,那么他将逻辑地意愿事态 S:无论什么时候任何人境况不错并且有能力帮助人,他们将不帮助我。康德说,作为一个理性的人,一个人必然意愿事态 T:无论什么时候我有需求并且他人有能力帮助,我将得到帮助。显然,意愿 S 和 T 同时在某些环境中是矛盾的,比如我在某地迷了路,而旁边有一位当地人可供咨询。这种矛盾与上面的助学金情况是一样的。在助学金的情形中,只有我的班上有学生既是贫困的又是来自省城的这种条件才使得我的两个意愿是不一致的;在拒绝帮助他人的情形中,一个人身处困境的条件使得他的两个意愿不一致:他既意愿又不意愿他将得到帮助。在康德看来,意愿 H 成为普遍法则与人们的合理性是不相容的。

康德认为可普遍化检验是行动对错的试金石,对这个观点的评价将在下一节进行。

价值论。康德的价值理论也是他的伦理理论的重要组成部分,从他的价值论中我们可以再一次领略他的行动理论的特点。首先,康德非常看重自由地做出选择的能力,即自主性。康德认为这种能力具有内在的、无条件的所值,因而具有这种能力的存在者应当被视为目的本身,其他不具备这种能力的事物是这些目的的工具。这一点体现在他的绝对命令的人性表述中,可以看做是康德对于非道德价值的看法。

第二,康德特别强调一种服务于义务的履行的道德价值,他称之为一个行动者身上的"道德韧劲"(moral strength)。康德说,道德韧劲是唯一的道德上的美德,是一种内心的强大,让人们在履行义务时能够抵抗那些侵害性的诱惑。康德把具备这种品质的人格称为"善良意志"。在《道德形而上学基础》的开篇,康德指出,世界上除了善良意志之外,没有任何东西可以被称为是无条件善的。智力上的天分、行动计划中的勇敢和坚韧、财富和名誉等等虽然都是可欲的,但若没有善良意志的指导,它们都可能用来为害和作恶。如果物质的善和自然的天赋本身不可能提供生活中的根本标准,人们可能会想,更为重要的东西可能是这些财富和天分所服务的目标。但是,康德否认这一点,因为他论证说，无论我们如何仔细地规划我们的行为，我们都无法保证达到预想的结果。由于"特别不幸的命运和自然像继母般地吝啬"，我们常常做不到心想事成。善良意愿下的努力可能化为泡影，心怀鬼胎者却荣华富贵。康德想要表明，道德与这些运气的产物毫无瓜葛，善良意志即使没能实现其目的，也像宝石一样闪耀着自身的光芒。康德关于善良意志的一段话，被世人广泛引用：

> 除了一个善良的意志之外，我们不可能想到世界之中、甚至世界之外还有某种东西能够不加限制地被认为是善的。知性、才智、判断等等，无论怎么称呼这些心灵的才干，或者在执行计划中作为气质特点的勇敢、决心、坚毅，毫无疑问对于许多目标而言是好的和可欲的，但是，如果将要使用这些天赋的意志(其独有的构成因而被称为品格)不是善的，那么它们也可能是极其邪恶的和有害的。财富也是如此。权力、富有、名誉甚至健康以及被称为幸福的完全福祉和对自身状况的满意，会产生鲁莽并因此也常常产生傲慢自大，除非有一个善良意志在场，它纠正这些东西对心灵的影响，并且在这么做的时候也纠正整个行动原则和让其符合普遍目的——更别提一位不偏不倚的理性旁观者不可能高兴地看到一个不具备纯粹和善良意志的任何特点的人一帆风顺地飞黄腾达起来——使得一个善良意志似乎正好构成了值得幸福的不可或缺的条件。……

善良意志之为善，不是由于它影响了或实现了什么，或者因为它适于达到某个预计的目的，而只是由于它的决断，即，它自身就是善的，并且就其自身而言，它的价值应该被看做无可比拟地高于它为了某种爱好、(如果你愿意的话)甚至为了一切爱好的总和而带来的东西。即使由于命运的特别冷遇或者由于继母似的自然提供的吝啬供给，这个意志完全缺乏实现其目标的能力——如果用了最大努力它还是一事无成且徒留善良意志(当然不是作为一个纯粹愿望，而是作为对仍在我们控制之下的一切手段的呼唤)，那么，它仍像一颗宝石一样独自闪耀着自身的光芒，就像一个有其自

身完整价值的事物一样。用处或成效既不可能给其价值增添点什么,也不可能从其价值中夺走点什么。……[2]

除了道德韧劲的特质之外,康德还称赞一类完全出自义务的动机的行动。这类行动拥有的道德价值,在康德看来,与那些只符合义务的行动有着天壤之别。许多人做帮助他人的事情,尽管这些行为都符合义务的要求,但它们并不拥有同样的道德价值。一些人做这些好事时心里想的是,"别人都夸我,我很有面子",另一些人也许想,"我赢得了旁人的信任,以后办事方便多了",等等。康德认为,所有这些行为背后的意向或动机都损害了行为的道德价值。他更进一步指出,即使我们称赞的那些动机,本身并不带有任何道德价值。康德说:"有许多人如此地富有同情心,不带任何虚荣或自私的动机,他们在传播快乐中找到内在的满足,以他们带来的他人的满足为快乐。但我说,无论这种行为多么符合义务和多么亲切,它们都没有真正道德价值。"真正有道德价值的行为,在康德看来,是纯粹被义务驱动的行为,尊重义务的行为,为义务而义务的行为。

3. 检验可普遍化检验

康德的伦理理论是一个宏大复杂的体系,在这里对它做出全方位的评价是不可能的任务。我们把重点放在对可普遍化检验的讨论上。我们知道,康德的整个体系建立在实践理性的观念上。康德把实践理性确立的绝对命令看做是最高的道德原则,这个原则可以用来判断任何一个行动在道德上是对的还是错的。判断一个行动对错的方法是,先看这个行动是依据什么准则做出的,然后看行动者能否一致地意愿这个准则成为一个普遍法则,当他的意愿中没有任何矛盾时,该行为就是允许的或正确的,否则,该行为就是不道德的。康德认为可普遍化检验产生的结果与我们的日常道德是契合的,但是,许多批评表明康德夸大了这种契合程度。不仅如此,批评者们认为,康德的检验产生的结果,根据最清晰和明确的日常道德观念,显然是错误的。

在讨论这些批评之前，我们有必要澄清一个可能的对可普遍化检验的误解。一个行动准则就是一个实践原则。规则功利主义偏好某些原则，而放弃另一些原则，在这一点上康德的想法是接近的。但是，两者保留或放弃原则的理由是不同的。功利主义者认为，那些一旦普遍被遵循就将带来最好后果的原则，才是判断行动正确与否的原则。而康德认为，只有那些被普遍化之后不产生任何矛盾的原则才是正确的道德原则，它们与行动后果的最优化无关。因此，我们判断一个原则是否可以被普遍化，不是靠计算这个原则被普遍遵循的后果，而是靠理性来判断这个原则的普遍化是否导致矛盾。

可普遍化检验产生了一些无聊或者无关道德的结论。我是一个左撇子，小时候习惯用左手使筷子，这个习惯后来被家长"纠正"过来。道理可能是，中国的传统酒席是客人坐满一桌，左手使筷子会与左边的"正常"使用右手的客人发生冲突；也可能是左手使筷子有碍观瞻。由于左撇子是少数，压制一下他们是可以理解的。假设我有这样一条行动准则C：无论什么时候吃酒席，我将用左手使筷子。我能够无矛盾地把C想象为一个普遍的法则吗？我看不出为什么不能。如果C通过了可普遍化检验，根据康德的理论，我用左手使筷子的行动就是道德上允许的。但是，这个结论是无聊的，因为即使C成为一个普遍法则，它也没有什么道德意义。

错误行动依据的准则可以通过可普遍化检验。张三的银行账户上只有少量余额，他在自动提款机上提款操作时，发现机器吐出钱后相应数额并没有从账户中扣除。他反复提款，数额远远超出他账户的余额，他把这些钱带回家供自己消费。这是一件在中国真实发生的事情，下面的讨论是我构造的。事发后，张三被拘捕。我们把法律层面的问题放在一边，考察一下张三的行动是不是道德的。日常道德似乎清楚地告诉我们，张三获取的是不义之财。假定张三懂得康德的绝对命令。假设张三在为自己辩护时说他这么做时依据的是这样一个准则（我们简单地将之称为"ATM"）。

ATM：无论什么时候我发现提款机出现上述状况，我将尽可能多地把钱搞到手。

我们如何反应呢？ATM可以通过可普遍化检验吗？一个直接的反应是,如果人人这样提款是一个普遍法则的话,银行就会关门,最后人人无款可提。矛盾出现了:一个人既意愿自己提尽可能多的钱,又意愿无钱可提。这个矛盾似乎与大家全都许假诺言导致承诺全变成空话一样。不过,我们需要注意,ATM情形与许假诺言有重大区别。前者只能以非常罕见的个案形式出现(即提款机出错的概率是极小的),即使人人持有张三的准则,"自然的必然性"也无法导致银行关门。因此,一个人设想ATM是一个普遍法则时,他并没有设想一个矛盾。如果ATM通过了可普遍化检验,那么根据康德的理论,张三的行动至少在道德上是没有错误的。当然,一个正直、高尚、有道德的人不会像张三这样做,但如果康德使用这些标准来判断张三的行动,那么他的形式化方法就不起作用了。

正确行动依据的准则不能通过可普遍化检验。我住在一栋公寓楼的高层。众所周知,高层住户经常面临水压不够、无法洗澡的问题,因此我避开用水高峰期,每天在子夜时分洗澡。这无可厚非,甚至值得鼓励。我的行动依据准则W:每天子夜时分,我将打开水龙头洗澡。可是,如果我愿意W成为一个普遍法则,那么我实际上意愿的是一个矛盾:我既意愿我将在子夜时分洗澡,又意愿(由于大家都在此时用水)我在子夜时分无法洗澡。根据康德的理论,由于W不能通过可普遍化检验,我在子夜时分洗澡的行为就是不道德的。这个结论太过分了。

对于上面的三种反例,人们有不同的反应。有些人认为,它们表明,对于评价行动的正确与否,康德的可普遍化检验既不充分——因为许多通过了检验的行动在常识看来是错误的,也不必要——因为没有通过检验的行动在尝试看来是正确的。康德的捍卫者们可以从两个角度看待这些范例。他们可以对常识道德的权威性提出质疑,认为日常道德判断并不能作为衡量一个伦理理论不可动摇的证据。他们也可以尝试把这些反例化解掉。尽管怀疑常识道德的策略并非没有道理,但伦理学家大多认为,一个理论所蕴含的结论与人们平常做出的深思熟虑的判断相符合,是这个理论的一个优点。我们不进一步讨论这个问题。

这些反例的出现与我们对准则的不同描述有关。从逻辑上看,同一个行动对应于无以数计的可能准则。例如,张三的提款行动,除了 ATM 之外,还可以落在这些准则下:

 ATM1:在任何可能的情况下(包括撬锁、网络攻击、盗取密码、提款机出错等),我将尽可能多地把钱从提款机里弄出来。
 ATM2:在提款机出故障的情况下,我将尽可能多地把钱从提款机里弄出来并且装进一只进口牛皮包中,然后乘一辆出租车离开现场。

如果我们依次对 ATM1 和 ATM2 进行可普遍化检验,我们将发现,ATM1 不太可能通过检验,而 ATM2 可以轻松地通过检验(为什么?请读者自行推导)。为什么对同一个行动进行道德判断,用两个不同的准则来检测,得出的结论不同呢?这里的要点是,ATM2 中包含了大量在道德上无关的条件,如把钱装进牛皮包、乘出租车离开现场等,这些因素影响了可普遍化检验的结果。加上这些条件之后,ATM2 的普遍化比 ATM 的普遍化更不容易导致银行关门,因而更少矛盾性。康德的检验要具有可应用性,必须提供某种方法,将准则中的无关乎道德的条件隔离开来。如果不能做到这一点,康德的检验就无法服务于道德理论的实践目标——即提供关于行动对错的判定方法。

4. 罗斯的显见义务

康德认为绝对命令将产生无条件的、绝对的义务。康德举了一个例子来说明为什么义务的要求是毫无例外地要服从的,由不得任何讨价还价。一位遭黑帮追杀的无辜者逃到你家求救,你把他藏了起来。你这么做当然是履行了帮助他人的义务。黑帮的一伙人追到你家,问你他们要找的人是否在你家,你该如何回答?康德的意见是,你应该说实话。怎么会是这样呢？康德的解释是，道德原则是无论如何都要坚持遵守的，你总是要服从道德的命令，无须考虑这么做的任何可能后果。就掩护被追杀者而言，你已经尽了你的义务——把他藏起来了。说实话是你的另一个义务，在这个情况下对黑帮说实话，也是你必须遵守的，即使你知道说了实话会导致那位无辜者死亡。但是，按照康德的意思，你对这个后果不负有责任，这个世界上有黑帮、有恶行不是你的错。只要你的行动是出自义务的，无论发生了什么后果，那个善良意志还是像宝石一样闪耀着自身的光芒。

康德的这个结论，无论在理论上多么优美，与人们的直观判断是冲突的。几乎每个人都觉得，一句话的真假与一条命的生死孰轻孰重是一目了然的。康德的义务论排除了义务冲突的可能性，这是因为义务是理性的要求，而理性要求是无矛盾的。要避免上面的困难，一种方式是对"永远别撒谎"的原则做出限制，把它改写为"永远别撒谎，除了在……情况下"。但是，一旦采取这个策略，我们可能要么得到无穷多个关于撒谎的受限原则，要么会发现"……"的空白永远填不完。

在处理义务冲突的情形时，康德的理论似乎受制于两个自身的特点：绝对主义和一元论。绝对主义是指义务的权威是无例外地要服从的，一元论指的是最高的道德命令是绝对命令，其他义务都是从绝对命令中推导出来的。另一种义务论的伦理理论放弃绝对主义和一元论，一个有影响的、代表性的理论是英国哲学家罗斯提出的。在罗斯看来，人类的道德义务是多元的和非绝对主义的。我不打算全面论述罗斯的理论，只考察他的理论中的两个核心概念——显见义务（prima facia duty）和正式义务（duty proper），然后看看他如何通过区分两种义务来处理义务的冲突。

这是一个众所周知的故事。贝多芬创作了一支交响曲，准备题献给拿破仑。他得知拿破仑称帝的消息后，愤怒地撕掉了乐谱上的献辞。我们可以简单地解释贝多芬的行动。首先，贝多芬由于崇拜拿破仑摧毁专制、实现共和的业绩而决定将乐曲献给拿破仑。如果拿破仑没有称帝，并且没有其他影响题献的事情发生，那么他对拿破仑业绩的崇拜就成为题献的理由。其次，对拿破仑称帝的愤怒构成了贝多芬撕毁献辞的理由。假定拿破仑先前的功绩仍被贝多芬承认,但贝多芬对拿破仑称帝的厌恶压倒了对他功绩的崇拜。在权衡之后,贝多芬最后的行动是撕毁献辞。这个故事可以用来说明罗斯对显见义务与正式义务的划分。

说一个人在一种情形之下有一个显见义务,指的是(1)这个情形具有一个道德上相关的特点,要求你做某个行动,并且(2)如果这个情形没有其他道德上相关的特点,那么做该行动就是这个人的正式义务。假定你约好某个时刻在某个地点跟一位朋友会面。这个情形有一个道德上相关的特点,即你许诺了在某时某刻到达某个地点,它要求你采取相应行动。如果没有其他道德上相关的特点出现,那么你的正式义务就是采取那个相应行动。现在假设你在赶往该地点的路上发现一个急切需要送往医院的人,这时一个新的道德上相关的特点就出现了。除非你破坏约会的承诺,否则,你将无法履行做好事的义务。或许你在权衡之后,决定帮助生病的人。我们再设想,你没有任何约会,只是在路上漫无目的地散步,如果碰到一个需要送往医院的人,那么你帮助这个人的显见义务就是你的正式义务。对于你既要跟朋友见面又要帮助他人的情形,罗斯的解释是,你所处的情形将你置身于两个显见义务之下,一个是遵守诺言的义务,另一个是帮助他人的义务。这两个义务在你所处的情形中无法同时履行,当你选取其中之一时,你就将它变成一个正式义务。

"显见"一词经常引起误解,罗斯也注意到这一点。使用这个词来修饰一个义务给人一个印象,仿佛该义务乍一看要求人们做某个行动,而实际上仔细一想人们并没有这样的义务。罗斯的意思并不是这样的。不像康德那样把义务看做是绝对的,罗斯认为,显见义务不是绝对不可违反的,在冲突的情况下,人们需要决定哪个义务压倒其他义务。一个义务可以被另一个义务压倒,并不意味着被压倒的义务是无效的。即使在具体情形下被其他义务所盖过,一个显见义务总是客观存在的。至于在冲突的情形中,哪个显见义务脱颖而出,成为正式义务,这要看人们对于具体情形的判断。罗斯列举了7种基本的显见义务,但他并没有宣称它们完整无缺地涵盖了所有显见义务。

(1)某些义务依赖于我自己的先前行为。这些义务似乎包括两类：(a)那些依赖于一个承诺或者可以公平地被称为一个含蓄的承诺……的义务。这些可以被称为诚实义务。(b)那些依赖于先前做错的行为的义务。这些可以被称为赔偿义务。(2)某些义务依赖于他人的先前行为，即他们为我所做的服务。这些可以被松散地描述为感恩义务。(3)某些义务依赖于对快乐或幸福的分配的事实或可能性，而这种分配没有与相关人员的优点相符；在这类情况下出现了一个推翻或制止这样一种分配的义务。这些就是公正的义务。(4)某些义务依赖于纯粹这样一个事实：世界上有其他存在者，我们可以在美德、智力或快乐方面使他们的状况变得更好。这些就是行善的义务。(5)有些义务依赖于我们可以在美德或智力方面改善自己的条件这一事实。这些就是自新义务。(6)我认为我们应该把(4)与可以用"不伤害他人"这个名称概括的那些义务区分开来。伤害他人无疑是附带地没有做到与人为善；但是，不做坏事被理解为一个不同于行善义务的义务，并且被理解为一个具有更大迫切性的义务，这在我看来是清楚的。[3]

罗斯认为，这些基本的显见义务是不能还原的，就是说，任何一个义务都不能还原为其他义务。这是罗斯的义务论被称为多元论的原因。除了基本显见义务之外，还有非基本的显见义务，后者在罗斯看来只是某些基本显见义务的组合。例如，人们广泛承认的遵守自己的国家法律的义务——所谓政治义务——来自感恩义务(个人受益于国家)、诚实义务(个人隐含地承诺服从法律)以及行善义务(服从法律有助于提升公共善)。

康德对义务的辩护诉诸合理性，拒绝一个义务是不合理的。罗斯怎么为他列举的这些义务进行辩护呢？罗斯的回答非常简单，这7种基本显见义务是自明的，它们不可能被证明，也不需要任何证明。在道德认识论上，罗斯是一位直觉主义者。认识论的直觉主义声称，通过运用直觉，我们就能看出有一些命题为真，不需要独立的证据。

在处理义务冲突的问题上,罗斯的理论看起来比绝对主义的义务论有某种优势。在黑帮追杀无辜者的情形中,绝对主义者设置了两个不许有例外的行动规则:说真话和救无辜者的生命。这两个规则在该情形中要求行动者既告诉黑帮成员、又不告诉黑帮成员,他们追杀的对象在哪里。这显然是矛盾的。因此,绝对主义者面临一致性问题。罗斯的显见义务的思想则可以回避一致性问题,因为说实话和救无辜者这两个要求中的任何一个都可以被放弃。

但是,一致性问题并不是事情的全部,罗斯的理论还要处理在显见义务发生冲突的情况下应该怎么做的问题。罗斯说,显见义务并不能用一套等级结构编排起来,以让我们按照这种结构确定哪些义务对于哪些义务具有优先性,在现实情况中,我们依靠的是道德判断。罗斯并不认为所有人都有同等的道德判断能力,只有那些充分地发展出道德判断能力的人们,才能够确认在具体的、复杂的情况下他的正式义务是什么。"有思想的和受过良好教育的人的道德信念是伦理学的数据,正如感官知觉是一门自然科学的数据一样。"罗斯的多元主义加直觉主义引起的一个非难是,并非所有甚至大多数有思想和受过良好教育的人对于义务冲突的情形都会做出相同或相近的判断。

5. 总　结

这一章介绍了义务论理论家族中的两个重要成员——康德的和罗斯的伦理理论。通过与后果主义伦理学的比较,这一章对义务论的一般特点做了探讨。在解析康德和罗斯的理论时,我们着重分析了两者关于正确行动的说明,指出了两者的一些困难和问题。由于本章在取材和叙述的角度上都是选择性的(讨论规范伦理理论的每一章都是如此!),由于义务论在当代依然是最活跃的规范伦理学研究取向之一,由于当代文献中还有大量对义务论的诠释、发展、批评和捍卫,我不可能在这里取得更多的关于义务论伦理学的一般结论。康德的伦理思想在今天仍吸引着众多的研究者,例如,罗尔斯以康德的道德平等的思想为基础发展出契约论的道德理论。此外,当代还有许多学者钟情于罗斯的多元论道德理论。在总结这一章时,笔者将从两个方面对康德和罗斯的理论做一些反思。

在第九章讨论伦理学的理论与方法时我们谈到,一个伦理理论的优点中有一条叫周延性,指的是一个伦理理论与其他哲学分支以及自然科学和社会科学的融合程度。我们发现,康德和罗斯的理论在这个方面都存在一些问题。康德强调道德是理性存在者的事务,理性是将人类与自然界的其他事物区分开来的根本标志。因此,绝对命令的人性表述自动地排除了对人类以外的对象(不包括人类之外的理性存在者)的尊重。但是,从进化论的角度看,这个划分是没有根据的。人类的理性能力与许多高等动物相比,差别是程度上的。罗斯的道德理论在很大程度上借重他的直觉主义道德认识论,这引起了关于道德直觉是一种什么样的认识能力的争论,例如,它是一种人类的自然官能,还是一种另外的超自然的能力?这种能力在进化论的框架中能否得到说明?许多哲学家认为,如果这些问题得不到良好的回答,道德直觉就是一种神秘的东西。

义务论强调按照义务和规则去行动,但是,遵守规则是否是人类的道德生活的全部内容,是一个有广泛争议的问题。即使我们单看遵守规则,义务论的理论,像功利主义理论一样,是以规则或者行动为中心的,把"我们应该如何行动?"当做中心问题。许多人认为,这种伦理探究方式有一个明显的缺陷,就是忽略我们的道德经验的某个重要的现象学特点:我们作为行动者是单独的个体,我们的选择和倾向是坐落在特定的环境和场合中的。或许,我们在道德生活中不是自上而下、直线式地将一般规则运用于具体情形,毋宁说,在每个具体的道德场合,我们自身所具有的道德洞察力、道德感受力、对特殊情境的敏感以及其他道德禀赋才是理解道德活动的真正切入点。例如,在友谊的关系中,一位尽职守则、中规中矩的朋友可能与一位情真意切的朋友做出相同的行动,但是,从道德的观点看,人们会倾向于更看重后者。正是从这个角度考虑,许多批评者认为义务论的道德理论忽视了道德现象中的一个至关重要的维度——道德心理学。更有一些伦理学家认为,被义务论忽视的这个维度,即道德行动主体的心理构成和道德品格、能力等,是比行动和规则更为基本的道德评价范畴。对这种把道德主体当做最基本的评价范畴的理论的考察,是下一章的任务。

注 释

[1] Charles Fried, *Right and Wrong* (Cambridge, Massachusetts: Harvard University Press, 1979), p. 9.

[2] Immanuel Kant, *Groundwork of the Metaphysics of Morals*, in *Practical Philosophy*, Mary J. Gregor (trans. & ed.) (Cambridge: Cambridge University Press, 1996), pp. 49-50.

[3] William D. Ross, *The Right and the Good*, ed. Philip Stratton-Lake (Oxford: The Clarendon Press, 2002), pp. 20-21.

建议阅读文献:

1. Philippa Foot, "Morality as a System of Hypothetical Imperatives", in *Virtues and Vices and Other Essays in Moral Philosophy* (New York: Oxford University Press, 2002), pp. 162-163.

2. Immanuel Kant, *Groundwork of the Metaphysics of Morals*, in *Practical philosophy*, Mary J. Gregor (trans. & ed.) (Cambridge: Cambridge University Press, 1996).

3. Christine Korsgaard, *Creating the Kingdom of Ends* (New York: Cambridge University Press, 1996).

4. J. David Velleman, "A Brief Introduction to Kantian Ethics", in *Self to Self: Selected Essays* (Cambridge & New York: Cambridge University Press, 2006).

第十二章 美德理论

在日常生活中,人们的道德评价有时针对行为(包括动机),有时针对行为的后果。功利主义者认为一个行动的对错知识取决于它带来的后果的好坏。义务论者则根据义务或者正确行动的规则来对行动做出评价,否认行动的后果是判断一个行动正确与否的唯一指标。后果主义和义务论的伦理理论在这个意义上都是以行动为中心的(action-centered)。

在道德实践中,许多时候道德判断不是针对行动的,而是针对行动者的。我们判断某个人是一种什么样的人,判断他具有什么样的品格或品质特征,例如说某些人是君子、某些人是小人、一些人高尚、一些人邪恶等。这类评价不直接涉及被评价的对象所作的行动是否符合某个规则,也不把落脚点放在行动结果的好坏上,而是将行动者归结为某一种人格类型。进一步讲,某些类型的人是值得赞扬的,而另一些类型的人是应该贬斥的。在道德教育中,人们大部分时候不是教育未成年人使用什么原则来行动,或者如何计算一个行动的可能后果,最常见的手段是让他们欣赏、模仿样板性的人物,培养他们的道德感受力,引导他们获取美好的品质。伦理学中的美德理论,有时也被称为美德伦理学,就是把关于人的品格的判断作为最基本的道德判断的理论。

后果主义和义务论的伦理理论是关于义务和关于行动的理论,而美德伦理学则将重心放在什么样的人是最值得做的和什么样的生活是最值得过的这些问题上。以义务和行动为中心的伦理学关心的是行事(doing),美德伦理学关心的是做人(being)。与以行动为中心的伦理理论不同,美德理论是以行动者为中心的伦理学(agent-centered ethics)。需要注意的是,当我们把以行动为中心的伦理学与以行动者为中心的伦理学区分开来时,我们并不是说前者不关心行动者的品格,后者不关心行动的后果或者遵循的原则。两者的不同体现在它们从不同的角度探讨道德的性质。以行动为中心的伦理理论认为对行动的判断在理论上优先于对行动者的品格的判断。例如,后果主义者可以认为,一个有好品格的人总是做那些带来最好后果的人。康德承认并高度赞扬的一种道德品质,就是在履行义务时抵御各种诱惑的坚韧意志力。美德理论则认为,要探索道德的本性,行动者的品格才是一门伦理理论的基本面向,正确的品质是正确行动的保证。

与后果主义和义务论相比,美德理论有更古老的起源。亚里士多德的《尼各马科伦理学》是伦理学历史上最重要的著作之一,这本著作探讨的核心问题是什么样的品格是最值得拥有的。其实,在亚里士多德之前,苏格拉底就提出了古代的伦理学的中心问题,"我应该如何生活?"对这个问题,三位哲人苏格拉底、柏拉图和亚里士多德给出的回答是一致的,即"有德行地生活"(to live virtuously)。在苏格拉底和柏拉图那里,只有正义的生活才是最值得过的,亚里士多德将最值得过的生活,即幸福的生活(*eudaimonia*),看做是拥有和展现各种美德的生活。随着时间的推移,古希腊的伦理思考方式逐渐让位于新兴的道德观。基督教的兴起导致了一种法律主义的道德模型。像犹太教徒一样,基督徒把过得正确置于过得幸福之上。他们认为,上帝的角色是道德立法者的角色,而正确的生活就是服从上帝的命令的生活。例如,圣奥古斯丁否认希腊人推崇的依据理性的生活,认为理性不可信,对上帝的信仰和对他的意志的绝对服从才是最根本的道德善。在中世纪的哲学家那里,美德的内容只有在神律的框架下才是可理解的,信仰、服从、希望、仁爱等是典型的基督教美德。文艺复兴带来的世俗化并没有让伦理思考回归到古希腊人的路子上。虽然理性再度受到推崇,但法律主义的模型被继承下来,只不过是神律变成道德律,一个指导人们做正确行动的规则体系。近代道德探究的问题是,我们要做的正确的事情是什么?大部分伦理学家都把对这个问题的回答看做是他们建立伦理理论的核心目标。

20世纪50年代后期以来,主要在英语国家的伦理学界,美德伦理学有了复兴之势,这在很大程度上应该归功于英国哲学家安斯康姆的一篇著名文章《当代道德哲学》。安斯康姆认为,近代道德哲学,如各种形式的功利主义和义务论,错误地将道德建立在"义务""应该"的法律主义的观念上,而在一个不相信存在一个神圣立法者为这种义务提供基础的大气候下,这种道德哲学不具有可理解性。安斯康姆建议复兴一种古代的美德伦理学。许多当代伦理学家,包括伯纳德·威廉姆斯(Bernard Williams)建议将伦理与道德区分开来,认为前者关心的是生活方式,受厚实的(thick)伦理观念的指引,而后者关心的是抽象的、狭义的、严格的行为规则体系。由于对近现代道德理论将注意力完全放在规则和义务上深感不满,威廉姆斯甚至认为古代世界缺少我们今天的道德观念是一件好事。菲丽帕·富特(Philippa Foot)、阿拉斯代尔·麦金太尔(Alasdair MacIntyre)等都在当代美德理论的复兴中起了重要作用。

同情美德伦理学的人们认为,统治近代道德哲学的以行动为中心的探究模式有着明显的缺陷。他们有一个津津乐道的例子。想象一位同事到医院看望生病的你,你对此表示感谢,她回答说:"这算不了什么,是道德要求我这么做的。"这个回答似乎有点可笑甚至荒谬,但在支持美德伦理学的人们看来,可笑的是回答者持有的某种道德观。她可能是一位功利主义者或者一位康德主义者,她认为她的行为符合某个道德原则或义务。美德伦理学家认为,从伦理学的观点看,这只表明这种道德观是肤浅的,甚至是错误的,因为它忽视了更重要的伦理因素,如(在这个例子中)友谊、内在的情感和精神生活。如果一个人只是出于义务而遵守规则,其行为和感受在伦理上是不充分的。

许多人认为,美德理论是功利主义和义务论之外的伦理探究的第三个选项。功利主义者和义务论者对此表示怀疑,他们的根据是,美德理论家声称的、为美德理论所独有的特点,完全可以体现在他们各自的理论中。这种争议还在进行中。美德伦理学在当代的复兴体现在正反两个方面。一方面,捍卫者们猛烈批判过去几百年中占统治地位的围绕规则、行动和义务的伦理探究。批判主要集中在以下三点。第一，以行动为中心的伦理理论忽视了重要的人际关系，如友谊、家庭和共同体。第二，以行动为中心的伦理理论忽视了道德培养的纬度，如道德教育、深刻的善的观念、道德智慧和品格的养成、恰当的道德情感。第三，以行动为中心的伦理学模型是法律主义的，而这个模型在当代社会已经不合时宜了。另一方面，美德伦理学家通过诠释古代资源在当代条件下重构伦理理论。近些年来，建构美德理论的著作出版了不少，但一个为这些著作共享的美德学说并未出现。与其竞争对手相比，美德伦理学还没有充分发展起来。在这一章中，我们将围绕下面三个问题进行考察。什么是美德？以美德为基础的伦理理论有什么特点？美德理论是否能够很好地服务于一门伦理理论的实践目标和理论目标？

1. 何谓美德？

"美德"在英文中的对应词是"virtue"，意思是出色、优秀。美德被看做是一个事物的某种特征或状态，正是由于具有这种特征或状态，该事物才表现得出色或恰当。我们在许多情况下把一个对象描述为出色的或优秀的，或者更一般地讲，好的。按照这个广义的理解，美德的应用范围并不局限于人类。一个钟表是好的，是因为它的报时总是很准确；一个人是一个好技工，是因为它掌握了从事相关工作的出色技能。

伦理学家所说的美德是一类有着丰富特点的品格特征，正是这些特征将值得赞扬和钦佩的人（即有德性的人）与其他人区分开来。与美德相对立的品格特征被称为恶品（vice），这些特征挑拣出那些应受指责和蔑视的人们。任何一个建立在美德概念之上的道德理论都必须说明美德到底是一种什么品质，有哪些适合于人类的美德，为什么人类应该具有这些美德，这些美德如何指导人们的道德行动。

说一个人是优秀的或出色的或道德上善的，是什么意思呢？根据美德理论家的看法，一个道德上善的人是一个拥有恰当的道德品质的人，这些道德品质就被称为美德。

在抽象的层次上，一个品质被理解为一种相对固定的、习惯性的行动倾向和行动模式。品质是中性的,既有好的品质,也有坏的品质。美德理论家认为,只有好的品质才被看做是美德。试图用一般性的定义来理解一个美德,通常是很困难的。美德理论家总是结合特定的美德来说明一个美德有哪些要素。慷慨或大方通常(至少在古代社会)被看做是一个美德,下面我们以它为例来理解美德的概念。

美德的要素。慷慨是一种品质,慷慨的人总是行慷慨之事。慷慨在行为学的意义上像一个习惯,但比单纯的习惯要包含更丰富的内容。一个习惯可能是天生的或无意中养成的,如左撇子大部分是天生的,没有认知成分;抽烟可能是无意中学会并成为习惯的。美德的情况要比这类条件反射式的习惯复杂得多。慷慨不仅体现在规律性的行为中,还体现在情感、知觉、判断、选择以及行为的理由之中。慷慨是一组多方向的心灵状态和特点,但左撇子或抽烟的习惯在方向上是单一的。例如,慷慨的人除了有自己的行为和情感之外,还会判断和评价他人,并影响到他与其他人的关系。一般而言,慷慨者不欣赏、不喜欢甚至指责不慷慨的人,教育自己的孩子成为慷慨的人,愿意与同类人交朋友,等等,但没有人会因为另一个人是左撇子或爱抽烟而做出类似的取舍。

通过慷慨的例子,我们可以把一个美德的一些要素总结出来。首先,一个美德具有行为学的要素。慷慨的人不仅总是有做某种行动的某种动机和倾向,而且容易成功地完成慷慨的举动。一个偶尔做出慷慨举动的人并不是一位慷慨的人。其次,一个美德含有情感的要素。对于他人的慷慨的行动,慷慨的人总是持有欣赏、赞同的态度,并引为同道。慷慨的人满意于自己的慷慨之举,而对自己的行动上的失误会有内疚和遗憾之感。再次,一个美德包含理智的要素。美德不是一种内在的冲动机制,而是体现在理性的判断之中。通常而言,一个慷慨之人知道自己在什么情况下应该惠及他人,也知道在特定情况下施惠的恰当分量是多少。

美德的获取。像亚里士多德一样,美德理论家相信美德是通过学习和训练获取的。亚里士多德说,

> 十分清楚的是,任何品格上的美德都不是自然而然出现在我

们身上的，因为，如果某个东西天生是〔一个状况〕，那么训练不可能将它变成另一个状况。例如，一块石头天生就是向下运动，训练不可能使它向上运动，即使你抛它一万次来训练它，也不可能使它向上运动；训练也不可能使火向下运动，不可能让天生是一个状况的东西变成另一个状况。

因此，美德出现在我们身上既非天然如此，也不违反自然，但我们天生就能够获取它们，并通过习惯的养成达到我们的完善……

我们获取美德，就像获取手艺一样……因此我们是通过做公正的行动来变得公正，通过做有节制的行动变得有节制，通过做勇敢的行动变得勇敢……

因此，用一个说明来总结：一个〔品格的〕状态产生于相似的行为〔的重复〕。因此我们必须展示正确的活动，因为活动上的差异意味着状态上的相应差异。因而，打我们年轻时起，获取一种或另一种习惯，并非是不重要的；毋宁说，这是非常重要的，实际上是首要的。[1]

一个人并非天生就具有慷慨的美德，也并非自然而然地在成长过程中就取得这个美德。毋宁说，美德是教化、训练和坚持的结果。要养成慷慨之美德，一个人需要在那些需要慷慨之举的场合行慷慨之事。通过行慷慨之事，他逐渐取得与慷慨品质相关的那些行为学的、情感上的以及理智上的要素。在这个意义上，慷慨以及其他大部分美德与一个人自然就有的那些素质是不同的。我们可以用一个优秀的滑冰运动员做类比。要掌握某个高难度动作，一个运动员需要经过千百次的反复训练。当他成功地掌握了这个动作时，他就不容易出错了。但是，我们需要把他获得的这种不容易出错的能力与他自身就拥有的良好身材、平衡感、爆发力、协调性等区分开来，因为即使有这些天生的素质，没有恰当的学习和训练，他也不可能掌握该高难度动作。美德的获取遵循的是同一个道理。一个有美德的人值得赞扬，是因为他的美德是努力追求的结果，不是不劳而获的。

美德与中道。美德是令人赞赏、值得追求的品格状态,但是,如何确定一个品格的状态构成了恰当的美德呢?在对这个问题的回答中,亚里士多德的中道说最为有名。亚里士多德认为,美德是在两个极端之间取中道,而这两个极端都是美德的对立面即恶品,它们要么是过分,要么是不足。美德是介于两者之间的一种状态。亚里士多德承认人类心灵中既存在理性的也存在非理性的欲望,美德是一种中道,是因为它必须恰当地安排两种欲望之间的关系,美德既不同于完全沉湎于非理性的欲望中,也不同于完全压制这些欲望。

> 美德关系到感受和行动,在感受和行动中,过分和不足都是错误的,并且招致责备,而中间状态是正确的,并且赢得赞扬,是美德的真正特点。因此,就其目的在于中间状态而言,美德是中道。[2]

如何决定中道呢?亚里士多德认为中道不是通过数学计算得来的,因此无法用精确的原则来刻画。一个人想通过每天的晨跑来锻炼身体,每天跑100米显然是不足,跑10000米又有点过分,中道似乎在5000米左右,但这类算法对许多人是不适合的。亚里士多德给出了许多美德的例子,认为它们无一例外地说明了美德是中道。例如,在信心的范畴(感觉或行动)下,勇敢是中道,鲁莽和懦弱分别是过分和不足;在自我评价的范畴下,诚实是中道,吹嘘和自贬分别是过分和不足;在友谊的范畴下,友善是中道,谄媚和阴沉分别是过分和不足;在人际往来的范畴下,慷慨是中道,虚华和吝啬分别是过分和不足;在肉体快乐的范畴下,节制是中道,放纵和麻木分别是过分和不足;等等。

当代美德理论家不一定都接受亚里士多德的中道说。有些人认为美德的内容是由一个社会传统所确立的;还有人认为美德是一类体现在理想人格(道德榜样)中的道德品格;更有一些理论家将美德与道德原则结合起来,例如,在他们看来,具有诚实的美德的人就是那些惯于遵守诚实原则的人。

美德的分类。哲学家们把美德看做是复杂的、理性的、情感的社会技能。他们常常把美德划分为不同的类型。有些理论家指出,古代世界并没有我们今天的道德概念,因此尽管美德有种类之分,但并不存在道德和非道德的区分。亚里士多德区分了两种美德:一种属于心灵的从事推理的那一部分美德,可以称为理智的美德,另一种属于心灵的本身不做推理但能够遵循理性的那一部分美德,也可以称为伦理美德(ethical virtues)或品格的美德(virtues of character)。当代美德伦理学家试图将道德美德(moral virtues)和非道德美德(non-moral virtues)区分开来。道德美德通常对应着近现代的道德原则,而非道德美德则与道德原则无关。道德美德有诚实、行善、不作恶、公平、亲切、良知、感恩等,非道德美德有勇敢、乐观、理性、自制、耐心、恒心、勤奋、聪明、艺术天分等。

不过,这种分类容易引起争论,人们有理由怀疑在美德伦理学的语境中是否能够明确划定道德美德与非道德美德之间的界线。例如,有些人将勇敢看做是道德上的美德,有些人否认这一点。在战场上英勇善战、不畏危险的战士无疑是勇敢的,但是,恐怖活动中的那些针对平民的自杀式攻击者也是勇敢的吗?这里至少有两种可能的反应。一种反应是,针对平民的自杀式攻击是勇敢的行为,但勇敢的品格在道德上是中性的。另一种是,自杀式的攻击不应该被称为"勇敢",因为在邪恶的行动中没有勇敢可言。我在这里不进一步讨论这个问题,因为我们只需要注意,在大部分情况下道德美德和非道德美德还是可以分清的。下面讨论美德时,我们只关注道德美德。

美德理论家也按照等级关系来划分不同的美德。在他们看来,有些美德比另一些美德更为基本。有些美德被称为基要美德(cardinal virtues)。基要美德之所以是美德,是因为,第一,它们不依赖于、不从属于其他美德,第二,所有其他道德美德要么是某种形式的基要美德,要么从属于基要美德。古希腊人的心目中有四项基要美德:智慧、勇敢、节制和公正。以智慧为例。有智慧的人擅长做出正确的实践判断,一方面判断应该追求哪些目的,另一方面判断达成这些目的的最佳手段。因此,智慧的美德通常含有谨慎、机智等美德,这些美德通常帮助有智慧的人审慎地思考与手段和目的相关的事情,弄清如何最好地实现目的等,在这个意义上,谨慎、机智等是从属于智慧的。

美德是统一的、还是多元的？ 古代的美德理论家大多相信美德是整体性的，即，任何一个特定美德都与其他美德之间存在着内在的关联。例如，亚里士多德认为，拥有任何一个美德，实际上要求一个人拥有所有美德。许多人把这个想法称为美德的统一。古代世界对美德的统一有不同的理解。亚里士多德认为美德是多重的，但不同的美德不是相互独立的，而是相互支持、甚至互为条件的。美德的这种统一性很自然地引起怀疑，难道一个勇敢的人必须是节制的吗？或许我们可以用一个例子来说明两者之间的关系。假设某人的工作是在山区维护通信线路。在大雪天爬上电线杆检查线路通常要担负相当的风险，一个勇敢的人知道如何面对可能的危险。某个大雪天他得到一个线路故障报告。如果他是一个勇敢的人，他就应该去履行他的职责（假定通常情况下他的职责并不涉及巨大的危险，而且他也认识到这一点）。但是，除非这个人是节制的，即他能够做到在大雪天不贪恋室内的温暖环境，否则他无法完成勇敢的举动。这样，我们似乎说明了一个道理，要做到真正勇敢，一个人必须做到节制。或许我们可以类似地推导出节制同样要求勇敢的结论来。如果我们对所有的美德做出类似的检查，并且发现他们之间的这种相互促进、互为条件的关系，我们就证明了亚里士多德式的美德统一性论题。

一个更为极端、更易引起争议的对美德统一性的看法声称，美德不是多重的，而是只有一个。根据这个看法，当人们谈论公正、节制、勇敢、慷慨、诚实等美德时，他们实际上说的是同一件事，或者更准确地说，他们说的是同一件事的不同侧面。哲学家大多认为，在哲学史上，苏格拉底持有这个看法。根据最一般的理解，苏格拉底认为美德是一种知识状态，具有美德的人就是那些知道好歹的人，作恶的人是不知好歹的人。这样，公正的人知道如何恰当地分配善，勇敢的人知道危险情况下如何感受和行动，慷慨的人知道如何对他人施以援手，等等。所有这些知识都是实践知识，它们构成了单一的美德。前述的数种美德，只不过是一个拥有复杂的实践知识的人在不同的环境中展现出来的特质而已。

美德的统一性论题，无论是亚里士多德式的美德还是苏格拉底式的,都封杀了美德冲突的可能性,就像康德的义务论封杀了义务冲突的可能性一样。在这一点上,赞同统一性论题的理论家与美德多元论者有了分歧。多元论者相信,一个有美德的人身上具备一个以上的基要美德,这些美德在特定环境下可能会对行动者提出冲突的要求。某甲穿了一件新衣服,问朋友某乙好不好看。某乙面临选择,要么按照诚实的美德的要求说真话("衣服不怎么样"),要么按照友善的美德的要求说违心的话("很漂亮!")。诚实和友善这两个美德在此指引了不同的行动方向,某乙该怎样做?当然,我们在这里并不是要解决这个实践问题,只是指出如果这种冲突是真实的,那么美德的统一性将成为一个问题。与亚里士多德和苏格拉底不同,当代一些美德理论家相信美德是多元的,他们处理美德冲突的策略与罗斯对付义务冲突的策略相似。罗斯承认人类有多个显见义务,但拒绝按照一个固定结构对这些义务进行排序,也不承认有某个更高的原则来指明在冲突的情况下哪项义务将具有压倒性。类似地,美德多元论者也不对基本美德进行排序,他们认为,在基于不同的美德的考虑之间发生冲突时,有美德的行动者要依靠自己的道德判断来确定如何行动。

美德是普遍的,还是因人或因社会而异的?这个问题是,是否存在一组品格,它们对所有人而言都是值得赞赏、值得追求的?当代许多美德理论的捍卫者都持有一种美德的相对性观点,这种相对性或者表现在个体层面上,或者表现在社会层面上。从个人层面看,由于不同的人过着不同的生活、承担不同的社会角色、具有不同的人格特点,简言之,他们是不同种类的个体,因此,他们应该具有不同的品格。例如,一个消防队员需要勇敢的品质,而这个品质不一定要体现在一名歌剧演员身上。从社会的层面看,社会成员的生活在极大程度上是由他们的社会塑造的,社会制度、文化传统、生活方式构成了他们关于善的生活的标准。由于不同的社会之间存在巨大的差异,这些标准一定是局部的。麦金太尔认为善和美德是内在于和依赖于局部的传统和实践的,不接受来自外部观点的评价。在政治上,麦金太尔提倡发展小型的共同体,它们就像古代的城邦一样,统一在一个共有的善的生活观念之下。这种观点引起了关于相对主义的争论,因为当代主要的美德理论都在不

同程度上带有相对主义痕迹。针对这种状况,美国哲学家玛莎·努丝鲍姆(Martha Nussbaum)指出,

> 就亚里士多德而言,这是一个奇怪的结论。因为很明显,他不仅捍卫一个基于美德的伦理理论,而且也捍卫一个对人类善或人类繁荣的单一客观的说明。这个说明应该是客观的,就是说,它的可辩护性所援引的理由并不只是来自局部传统和实践,反而是来自潜在于一切局部传统之下的人性特点,无论这些特点事实上是否在局部传统中被认识到,它们总是存在的。亚里士多德最明显的关切之一是批判他自己城邦以及其他城邦的现存道德是不正义的或压迫性的,或者在其他方面与人类繁荣是不相容的。[3]

亚里士多德的想法是,尽管个人之间、社会之间存在种种差别,但这并不表明人类没有共性,正是这些共性的存在使得我们相信某些美德是所有人在所有时代都需要的。勇敢为人们所需要,因为任何人都可能面临危险;诚实为人们所需要,因为社会的存在离不开成员们的成功交往;公正为人们所需要,因为没有它社会合作就会受到损害;等等。这里的要点是,个人差异和社会差异只能说明某些美德对于某些人或某个社会更加重要,不能说明一个美德之所以是美德,是因为某个社会认可它是美德。总之,在亚里士多德看来,美德是以共同的人性为基础的。

2. 为什么需要美德?

上面对美德的讨论只是设定美德是值得赞赏和追求的品质,只是说美德是人们应该具有的好东西,但没有触及一个更进一步的问题:它们为什么是好品质?为什么成为一个公正、慷慨、勇敢、诚实的人是一件好事情?或者说,为什么我应该成为一个有美德的人?回答这个问题有两种做法。一个做法是,列出一串美德名单,然后对它们逐个进行分析。例如,慷慨的价值在于慷慨之人习惯于帮助有需要的人;勇敢的

价值在于它让人们恰当地面对危险;诚实的价值在于它维护正常的社会交流;等等。哲学家们更愿意采纳更一般的做法,即从总体上说明为什么各种美德是可欲的。大体而言,我们可以把这种一般性的对美德的辩护分为两类。

根据第一种辩护,具有美德是一件好事,是因为有美德的人习惯于、倾向于做道德上正确的事情。这里,道德上正确的事情可以在多个意义上理解,义务论者把它们理解为义务要求人们的做出的事情,后果主义者把它们理解为造成最好结果的事情。美德是一种稳定的感受和行动习惯,一旦我们发展出美德,它们将帮助我们在具体场合抵御败德行为的诱惑而行有德之事。义务论者和后果主义者都欢迎相应的美德。对义务论者而言,诚实的品格是履行诚实义务的保证,仁爱的品格是履行助人的义务的保证。对后果主义者而言,实践智慧让一个人总是选择带来最佳结果的行动。虽然这类辩护有一定的力量,但许多美德理论家并不采纳。理由是,如果美德的价值只体现在它们为正确的行动提供了动机上的支持,那么美德的概念在一个伦理理论中只是辅助性的或补充性的;美德只是帮助了道德上正确的行动,但不决定或者解释为什么这些行动在道德上是正确的。一些美德理论家不满足于美德在伦理理论中的这种辅助角色。如果美德的概念局限于此,那么以美德为基础的伦理理论就不可能是完整的。

第二种辩护想要证明,美德是本身就值得追求的价值,不管它们是否还具有其他工具性的价值。这种辩护的第一个完整形态是亚里士多德在《尼各马科伦理学》中发展出来的。亚里士多德的论证分两个步骤。首先,他提出对人类而言存在一种最高的善,它是人类生活的最终目的,他称之为"*eudaimonia*"。这个词有多种翻译,最常见的是"幸福"(happiness),这种译法的缺陷是"幸福"一词经常代表一种纯主观的心理状态,与"快乐"相关联。另一种翻译是"繁荣"(flourishing),其缺陷是意义太过宽泛。植物和低等动物都可能繁荣或繁盛,但在亚里士多德看来,它们都没有资格达到人类才可能享有的 *eudaimonia*。近年来,一些英语国家的哲学家建议用"well-being"(福祉)来翻译 *eudaimonia*,认为意思更为贴近亚里士多德的原意。其次,亚里士多德论证了美德在福祉中所扮演的角色。

亚里士多德认为世上万事万物，包括人类活动，都是朝向某个目的或目标的。人类的每一种技艺、每一种行为和选择都是旨在某个善，如医生的技艺旨在健康，海员的技艺旨在安全的航行。在亚里士多德看来，人类追求的种种目的或善之中，有一些是其他目的的手段，或者有助于他们追求更进一步的目的。例如，一个人努力阅读亚里士多德是为了得到一门哲学课的学分，得到学分是为了得到大学学位，得到大学学位是为了找到一份好工作，或者为了进入研究生院，等等。生活中的各个目的可以按照某种方式组织成一个高低结构，对较低目的的追求是为了达到更高的目的。亚里士多德认为，在这个结构中，最高的目的是最值得追求的，它是最高的善。最高的善有两个特点：第一，人们追求的所有其他目的都是为了实现这个最高的善；第二，最高的善是只因其自身、不为任何其他目的而被追求的。亚里士多德认为，财富、健康、荣誉等等都是值得追求的，但它们不满足最高善的两个特点。这是因为，我们追求财富、健康、荣誉，是为了一个更进一步的目的——福祉。福祉是圆满自足的，在福祉之中，人类的生活达到最理想的状态，无所遗缺。因此，在亚里士多德看来，最高的善就是福祉。许多人将福祉等同为快乐，但亚里士多德认为这个观点是对福祉的曲解。快乐只是福祉的一个正常结果或者标志，但不是福祉的实质。

光说福祉对人类而言是最高的善并没有提供多少信息，因为我们尚不知道福祉取决于哪些因素，或者说是由哪些东西构成的。亚里士多德从人性中推导出这些因素来。亚里士多德从事物的功能出发来定义福祉。想要知道人类的福祉取决于哪些因素，我们必须考察人类的本质特性，这是因为，人类要达到何种福祉状态，跟人类是什么样的存在物是相关联的。要了解一个事物的本性，在亚里士多德看来，就是了解它的功能或目的。一个钟表的功能或目的就是准确地报时。人类承担着各种角色和功能。为人父母的那些人，就他们的角色而言，其功能是抚养和教育孩子；工程师的角色与特定的工程建设相关。亚里士多德认为，尽管这些角色或功能被分配给不同的个人，所有的人，作为人而言，都共享一个相同的本性，正是这个共同的本性将人类与其他物种区分开来。从本质上讲,植物的生活是纯粹的营养,动物的生活是由感知觉和欲望构成的,人类的生活虽然离不开营养、感知觉和欲望,但这些不是本质性的,单靠这些无法将人类与其他生物区分开来。人类的本性在于他们是理性的行为者,他们的生活是实践理性所指导的活动,因此,人类福祉(即对人类而言最好的东西或最高的善)取决于人类独有的、展现人类本质功能的活动。我们在前面指出,美德是一种优秀或卓越。因此,亚里士多德将福祉定义为"灵魂的与美德相符合的活动"。

亚里士多德的著作中似乎有两种福祉观。根据一种唯智主义(intellectualist)理解,亚里士多德将福祉等同于对科学和哲学真理的沉思(contemplation)。沉思是一种纯粹理智活动,亚里士多德说这是我们与众神共有的一种理性活动,反映了人类作为理性存在者的本性的最高实现,"符合理智的生活是最好的和最愉快的……因此这种生活也是最幸福的"。按照这种理解,品格的美德就只是工具性的善,沉思才是唯一的非工具性的善,我们需要品格的美德是因为它们有助于达到沉思的生活。如果这样理解的话,沉思就成为人类唯一的最终善。但是,这种理解面临一个困难,那就是,亚里士多德强调善必须是完全的,沉思只是智力上的善,而人类并非是纯粹智力的存在,因此,对人类而言沉思不是完全的善。这就把我们引向另一种解释,包容主义(comprehensivism)的福祉观。根据这种理解,沉思是人类福祉中最有所值的一个构件,但不是全部。福祉还包含伦理美德以及这些美德的展现,人们依据理性选择和欲求它们,是因为它们也是福祉的构成部分。亚里士多德还清楚地表明,幸福的生活要求许多善的实现,如友谊、财富、城邦的繁荣等等。由于福祉体现在有德行的活动中,缺少了这些善,人们的活动必将大打折扣。亚里士多德甚至指出,生活得好在某种程度上需要好运,偶然的灾难可能夺走最优秀的人的幸福。

当代美德理论家对上述的亚里士多德的论证有不同的反应。尽管许多人或者不同意他关于人类福祉的构成因素的结论,或者不同意他的论证所依据的目的论前提(万物皆有其目的或功能),但他们或多或少都相信福祉的概念是对美德的最有效的辩护。简言之,在他们看来,美德对人类是重要的,因为它们是人类福祉中不可缺少的成分。这种对美德的辩护,与前面提到的诉诸美德的辅助性的辩护,是大不相同的。

3. 美德理论与正确行动

一些旨在复兴美德伦理学的当代理论家们,并不满足于把美德理论看做是与近代的伦理理论(如后果主义和义务论)互相补充的。人们经常看到,在许多伦理学文献中,对美德理论的介绍多半会说,美德理论追问和试图回答的基本伦理问题是"我应该成为什么样的人?"或者"我应该过什么样的生活?"而更近代的伦理理论回答的基本问题是"我应该做什么?"将两类理论分别称为以行动者为中心的理论和以行动为中心的理论,固然可以揭示出两者的一些重要特点,但是,这种比较也会造成一些错觉,即让人们感到,由于美德理论不关心行动的对错,因而它们不能与义务论或者后果主义理论形成对立。人们会觉得,美德理论所处理的规范问题,不是一般性的——什么使得对的行动是对的、错的行动是错的,而是一个更狭窄的问题——我们应该在自己身上培养什么品质。实际情况正好相反。当代一些有影响的美德伦理学家心目中的美德理论是一个完整的伦理理论,被认为或者能够取代近代伦理理论,或者至少成为近代理论之外的真正选项。

我们多次指出,一个完整的伦理理论通常有两个构件和两个目标。两个构件分别是关于价值的理论和关于正确行动的理论,两个目标分别是理论目标和实践目标。理论目标要说明什么使得某些行动是正确的、什么使得另外的行动是错误的,实践目标则提供在具体情形下选择某个行动的决策过程。在义务论的理论中,义务概念(应该、允许、禁止,或者正确、错误)是最基本的概念,价值概念(好、坏,或者善、恶)是按照义务概念来定义的,因此,这些理论是以义务为基础的。根据后果主义理论,价值概念是最基本的,义务概念是按照价值概念来定义的,因此,后果主义理论是以价值为基础的。可以预见,一门可能的美德理论是以价值为基础的,因为美德或恶品这些概念是美德理论中最基本的概念,行动的对错是按照美德和恶品这些概念来定义的。

在讨论美德理论中关于正确行动的说明之前,我们简略地考察一下美德理论对价值的说明。一个伦理理论价值论部分通常要说明道德价值与非道德价值之间的关系。在美德理论中,美德属于道德善的范畴(因为我们关心的是伦理美德),那么美德与非道德价值的关系是什么样的呢?两者之间哪一方更为基本呢?

第一种可能性是,非道德的善更为基本,我们可以用它来定义美德。亚里士多德采纳的就是这条路线。依照今天的术语来解释,在亚里士多德的伦理理论中,福祉是基本的非道德价值,美德是派生的,即它们那些构成福祉或者为福祉作出贡献的品格。在这一点上,亚里士多德与功利主义者相似。根据后者的价值论,快乐(或者趣向或欲望的满足)是基本的非道德价值,功利作为道德价值,被看做是对快乐(或满足)的提升。

另一种可能性是,美德在价值论中是根本性的,非道德的善是根据美德来定义的。这就是说,某些作为美德的品格是内在地、本身就值得追求的价值,它们的价值不依赖于任何其他价值。反过来,其他的价值需要用美德来定义。例如,一些美德理论家主张,某种生活是好的、是幸福的或圆满的,是因为这种生活中充满了有美德的活动。

无论采纳上面的哪种路线,美德理论家对美德与正确行动的关系的看法是一致的,即正确行动是按照美德来定义的。从对正确行动的说明看,美德理论要成为一个完整的、独特的伦理理论,需要提供一种不同于其他理论的关于行动的道德标准。一个有影响的、也很有代表性的当代美德理论是英国哲学家罗莎琳·赫斯特豪斯(Rosalind Hursthouse)提出的。在这一节的余下部分,以赫斯特豪斯的理论为样本,我将探讨美德理论是否很好地完成了一门伦理理论的理论目标和实践目标。

赫斯特豪斯提出了如下关于正确行动的原则:

> 美德论原则:一个行动在某种环境下是正确的,当且仅当一个有美德的行动者在该环境下会做出该行动。

这个原则看起来既不同于我们熟悉的后果主义原则：一个行动是正确的，当且仅当它产生最好的后果；也不同于义务论原则：一个行动是正确的，当且仅当它与一个道德规则或义务相符。

美德理论家声称，与近代以来占统治地位的义务论的或功利主义的伦理理论（让我们笼统地称它们为"主流理论"）相比，基于美德的伦理理论有若干个明显的优点。下面只举出三点美德理论声称的、对道德行动的说明上的优点。

具体性。主流理论把道德建立在主观趣向或理性原则之上，这使得这些理论提出的道德原则或规则过于抽象，在实际情形下无法应用。例如，康德的绝对命令要求我们把人性当做目的自身而不仅仅当做手段，这条原则由于太抽象，在大量实际情况中无用武之地。当我们处死某些罪犯时，谁能告诉我们，这些犯人是被当做手段还是目的？美德理论则尊重关于人性以及特定文化传统的事实。美德理论提供的行动原则，尽管其一般表述是抽象的，但与特定的美德搭配起来，比主流理论中的原则要具体得多。

丰富性。主流理论倾向于将道德行动原则建立在单一的因素上。康德的理论用实践准则是否可普遍化来检验某个行动是否是义务，功利主义用是否将功利最大化来说明一个行动的道德特点。这些理论忽视了道德生活的丰富性，例如，尤其是功利主义理论，把与家庭、朋友等特殊关系有关的道德考虑排除在外。美德理论则避免了主流理论单调的道德视野，尤其是多元主义的美德理论涵盖了丰富的道德考虑。

有机性。主流理论把道德决定看做是抽象原则自上而下直线式地应用于具体情形的产物，仿佛一个人只要相信最大功利原则或绝对命令，他只需机械地执行一个算法，就知道在所处的情况下该做出什么道德反应。美德理论不接受这种机械观，认为每一个道德决定都离不开行动者自身所具有的判断力或实践智慧。一个特定情况下应该做出什么道德决定，取决于有美德的行动者根据环境做出的判断，而这些判断是此一时彼一时的，不存在一组固定的规则或定量计算法来一劳永逸地解决各种具体问题。换言之，实践智慧不能用机械过程来说明，它是情景性、背景性的和有机的。

这些声称的优点是否真正存在、即使存在到底有多么明显,在当代伦理学中引起广泛争论。值得注意的一点是,上面对主流理论的几个抱怨要么是笼统的、要么是选择性的。在义务论和功利主义两种"主流"伦理探究框架中,有大量的子学说。例如,罗斯的多元义务论中的各种显见义务即不是抽象的,也照顾到道德关系的丰富性,更强调了在道德决定过程中判断力或道德直觉所起的重要作用。如果是这样,美德理论所声称的优点并不决定性地表明美德理论优于所有其他理论。

　　下面我们将把目光投向美德理论对正确行动的说明上。如我们所知,对正确行动的说明有理论上的和实践上的双重目标。理论上讲,这个说明一个行动的哪些性质使得这个行动在道德上正确或错误;实践上讲,该说明必须提供一个可行的决策过程,使得行动者在具体情况下做出道德决定。美德理论最为人诟病之处是,与其他理论相比,它在实践上(特别是困难情形下)无法提供精确指导(注意:精确并不包含正确的意思!),以至于被认为在实践上毫无用处。还有,批评者指出,美德理论在棘手的应用伦理领域毫无作为,它不能告诉我们死刑是否是道德的、动物是否有权利、是否应该允许安乐死。或许通过对比我们可以解释为什么美德理论在指导实践上表现不好。在前一章我们谈到,虽然康德的绝对命令的人性表述是抽象的和含糊的,但按照一个可能的解释,绝对命令的普遍法则表述却可以为实际情形下的道德决策提供指导。当然,普遍法则表述是否总是能产生正确的道德结论是另一个问题,因为这里我们关心的是道德原则的实用性而不是可靠性。功利主义原则也有抽象的一面,无论是快乐还是欲望的满足都存在如何量化的问题。当代功利主义者发展出多种量化模型,如通过收入、各种生活指数等可量化指标来计算一个行动或政策所带来的后果,这样使得功利主义原则有了可应用性。美德理论提供了什么样的决策过程呢?为行文方便,我们把赫斯特豪斯的正确行动原则简写为:一个行动是正确的,当且仅当一个有美德的人会做该行为。我们看到这个原则本身不提供具体情形下的一个决策过程。这是因为,即使人们同意美德理论的行动原则,相信一个理想的、有美德的行动者在一个具体情形下会做的行动就是该情形下的正确行动,人们依然只能从各自的角度猜测这个理想的行动者在某个情形下会怎么做。如果两个人对一个具体决定有了分歧，例如一个人说有美德的人会这么做，另一个人说有美德的人会那么做，这种分歧是美德理论难以化解的。

美德理论面临的更大困难是理论上的。或许它在实践应用上的困难部分地出自它在理论上的困难。在探讨它的理论上的困难之前，我们要澄清一个对它的误解。一些论证指出，既然美德被认为是做正确行动的习惯或倾向，那么一个行动是否正确就不能按照相应的美德来解释，因为那会陷入循环。这个循环相当于用品质上的善来定义行动的正确（正确的行动是有好品质的人倾向做出的），然后又用正确的行动来定义品质的善（有好品质的人倾向于做正确的行动）。但是，美德理论家不必将美德的概念建立在正确行动的概念之上，换言之，美德的定义是独立于正确行动的。例如，一些美德理论家追随亚里士多德的观点，把美德看做是从人的本性中推导出来的，另一些美德理论家把美德看做是我们在人类身上发现的可赞赏的品质，这样，美德可以用经验的方式来刻画，它们并不是在概念上与正确行动相联系。即使排除了循环的误解，我们将看到，美德论原则在解释行动的正确性时将遭遇到一些难题。

美德论原则声称是一个不同于义务论或功利主义的行动原则，它说一个行动是正确的当且仅当一个有美德的人会做这个行动。这个原则在结构上类似于神令论的原则：一个行动是正确的当且仅当上帝命令或至少不禁止这个行动。我们在第三章讨论神令论的道德理论时指出，这个理论面临游叙弗伦两难。现在，美德理论面临类似的两难：一个行动是正确的，是因为有美德的人会做它，还是说，有美德的人会做一个行动，是因为它是正确的？我们先看这个两难的第二支，即，有美德的人会做某个行动，是因为它是正确的。这意味着，有美德的人是一类知道并遵循业已存在的行动对错标准的人。例如，一个有美德的人会说实话，因为他知道说实话是正确的并且他愿意这么做。如果我们选取第二支，我们就发现，一个行动是否正确，并不依赖于它是否会被有美德的人执行。显然，这个结论不符合美德理论家解释行动正确性的初衷。

第一个选项——一个行动是正确的是因为有美德的人会做它——似乎是美德理论家仅有的选择。假定某人在冰天雪地中迷了路,一个有美德的人在这个环境下会给他某种帮助。美德理论家解释说,这个行动是正确的,是因为它是出自并且展示或者反映了某个品格,如仁爱。这样,仁爱的品格赋予这个助人行动道德上的正确性。如果我们问,为什么这个品格有这样的力量呢?答案不外乎是,这种品格是善的,或者对于我们是重要的。如果我们接着问为什么仁爱的品格是善的,为什么拥有这个品格比缺少这个品格要好,答案似乎有两种。根据第一种答案,仁爱的品格是善的,因为它体现了对他人福祉的关切,而这种关切使得一个有美德的人对影响到他人福祉的行动非常敏感。如果这样理解,我们将发现,一个行动的正确性最终不是按照一个有美德的行动者来定义的,例如,冰雪天地中的助人行动的正确性是按照这个行动对他人福祉的影响来说明的。

根据另一种回答,仁爱的品格是善的,是因为它为拥有这种品格的行动者的福祉作出了贡献。这是亚里士多德式的见解。如果是这样,我们为什么不直接用有益于福祉来解释行动的正确性,而要把这种解释停留在美德这个环节呢?我们毕竟可以用福祉既解释品格之善,又解释行动的正确。

由此可见,无论采取哪种对为什么美德是善这个问题的回答,美德理论提出的正确行动的标准都有某种不彻底性。一些哲学家用不完整性来批评美德理论对正确行动的说明。造成这个困难的原因,在我看来,是美德理论忽略了重要的一点,那就是,对一个行动是否正确的任何解释,至少要参考这个行动及其环境的某些具体特点。这些特点通常包括行动者的动机、该行动的某些内在性质以及对于受影响者的后果。会被一个有美德的人执行,只是一个行动笼统的或被设想的特性。一旦这个特性落到实处,必然牵涉到该行动的这些具体特点,正是这些具体特点解释了该行动的正确性。

4. 总　结

当代美德理论的兴起源于对主流理论的不满。这种不满所激发的一个激进主张是建立一个完整的、以美德为基础的伦理理论。在本章中,我们考察了美德的概念以及对美德的辩护,着重讨论了美德理论对正确行动的说明。如果前面的论证是正确的话,我们有理由相信,美德理论要成为一个完整的伦理理论碰到了一些内在的障碍。在我看来,最主要障碍在于,在美德理论的框架中,正确行动的标准难以得到彻底的说明。

然而,我们没有理由由于这些障碍的存在而抛弃美德理论。美德理论有其独特的价值和重要性。与义务论和功利主义相比,美德理论更贴近人类的道德心理和经验,更重视态度和动机在道德生活中的重要性。此外,美德理论在道德发展和道德教育方面有着难以取代的优势。有鉴于此,我认为,我们最好把美德理论看做是一个更大的伦理学计划的一部分。这个计划旨在把美德的观念与正确行动的观念合并在一个全方位的理论中。当代美国伦理学家詹姆斯·雷切尔斯(James Rachels)是这样构想这个全方位理论的:

> 我们的全方位理论的起点可以是,把人类福利——或者就此而言,所有有感受力的造物的福利——当做最为重要的价值。我们可以说,从道德的观点看,我们应该求得一个所有人能过着幸福如意的生活的社会。然后我们可以接着既考虑何种行动和社会政策会有助于达到这个目标的问题,又考虑需要哪些品质来创造和维系个人生活。对美德的性质的探究可以有利地在这个更大的观点提供的视角内进行。彼此相得益彰,如果这个全方位理论的任何一个部分必须各处做一点调整以适应另一部分,这对求真而言反而更好了。[4]

或许这个计划是非常困难的,但至今尚无有力的证据表明它是不可能的。

注　释

[1] Aristotle, *Nicomachean Ethics*, 1103a15-1104a25, Terrence Irwin（trans.）（Indianapolis & Cambridge：Hackett Publishing Company, 1985）, pp. 33-35.

[2] 1106b25, Ibid., p. 44.

[3] Martha Nussbaum, "Non-Relative Virtues：An Aristotelian Approach", in Christopher W. Gowans（ed.）, *Moral Disagreements：Classic and Contemporary Readings*（London & New York：Routledge, 2000）, pp. 168-169.

[4] James Rachels, "The Ethics of Virtue", in *The Elements of Moral Philosophy*, fifth edition（New York：McGraw-Hill, 2007）, p. 190.

建议阅读文献：

1. Aristotle, *Nicomachean Ethics*, Terrence Irwin（trans.）（Indianapolis & Cambridge：Hackett Publishing Company, 1985）.
2. Elizabeth Anscombe, "Modern Moral Philosophy", *Philosophy* 33（1958）：1-19.
3. Rosalind Hursthouse, *On Virtue Ethics*（Oxford：Oxford University Press, 1999）.
4. Alasdair MacIntyre, *After Virtue*, second edition（University of Notre Dame Press, 1984）.
5. Roger Crisp and Michael Slote（eds）, *Virtue Ethics*（New York：Oxford University Press, 1997）.

第十三章　结语：生活的意义

伦理学涉及生活的意义吗？答案似乎是肯定的。或许，实质性的伦理学是关于价值的和关于正确行动的，这两个方面都不直接提出生活的意义的问题。但是，当伦理学宣称告诉人们怎么行动、如何生活时，一个反思性的问题似乎无法避免：我们应该如何生活的问题显然要求我们活着是有所谓的，如果我们的生活归根结底是没有意义的，那么价值观、道德规范对我们有何意义呢？

1. "生活的意义"的意义

哲学中大概没有什么比这个标题更为含糊不清的问题，但有意思的是，许多哲学家认为"生活的意义是什么？"的问题是一切哲学中最深刻、最基本的问题。要探索这个问题，我们首先需要以恰当的方式将它表述出来。因此，我们先考察一下问题中的两个关键词"生活"和"意义"的意义。

生活是什么？关于生活，我们似乎有许多事情可说。对于每一个个体，他的生活的内容是由他的行为、活动、经历和思想构成的。生活的内容涉及三个方面，生理的、心理的和精神的。这三个方面的特点有好坏高低之分。就生理方面而言，丰衣足食、健康强壮比缺衣少食、体弱多病要好；就心理方面而言，愉悦、开朗、满足胜过痛苦、压抑、沮丧；在精神层面上，有睿智、深刻、审美等特点的生活好过缺少这些特点的生活。一个正常的人同时还是一个道德主体，能够为他的行为负起道德责任。一个人生代表一个有意识的、有历史的存在。这个存在既包含着对过去的记录和反思,也包含着以未来为指向的规划和憧憬。一个丧失对过去的全部或部分记忆的人,与一个不能规划或想象未来的人一样,充其量只能过一种非常不完整的生活。与一个更充实的人生相联系的是一个人生计划,它是一个人的一组连贯的、系统的目标和意向,包含着一个人持久的价值承诺。当然,这个计划不必是完全指定和一成不变的,人们在生活中能够不停地调整、补充、修正自己人生计划。一个人的生活同时还关涉到其他的人,特别是那些重要的他人。人们常常将自己至爱的人们纳入自己的存在之中,并把他们的消失看做自己的某一部分的消失。还有一些人将自己投入某些范围更大的事业或事务中。

一种好的生活至少可以体现在两个基本方面,尽管有些人可能要求得更多:愉快的感受和重要目标的实现。也有人总结为主观的满足和客观价值的实现。缺少任何一方面,都使得一个人生留下不满或遗憾。人生的美好,很大程度上依赖于这两个方面的圆满,而促进这种圆满的事物,就是人类的善。丰衣足食、良好的人际关系、美丽的家园、公正的社会和政治环境等等,都属于人类善。对于常人而言,身心的健康是最基本的善,因为它们是其他一切善得以实现和起作用的前提条件。健康的身体承担着丰富的感知和正常的活动,健康的心智则能保持一种统一的精神生活。依赖于这些前提条件,人们才能形成体现人生价值的各种活动和(与世界和他人的)关系。

"生活的意义"是什么意思呢?在英语中,"生活的意义"是用"the meaning of life"这个短语来表示的。但是,"meaning"和汉语中的"意义"有些区别,尽管它们大部分成分都相同。"意义"或"meaning"有两种最常见、最基本的使用。第一,意义是语言交流中所传递的东西。当我写下或说出"地球绕着太阳转"时,这个语言片段传递了某种意义给接收者。第二,意义是一种表达或象征。例如,考古现场发掘的一块头骨化石的意义,是表示从前某个时候这里有一种生物生活过;我们也类似地说一幅画的意义、一个乐章的意义等。不过,"意义"有一种用法在汉语中是典型的,例如,汉语中常出现"这个发明有重大的意义"这样的用法,而在英语中,这个"意义"或许有用"meaning"来表示的,但"significance"是更自然的表达。无论如何,不像前两种情况,生活既不是一个语言片段,也不是化石、图画或乐段等表达或象征性的东西。也许只是在第三种使用中,我们才可以抓住"生活的意义"的意义。生活的意义的问题,多是以这样的方式来表述的:我们活着是为了什么?什么使得一个生活是值得过的?生活指向一个什么目的?这样的目的或目标存在吗?如果不存在,我们是应该继续活着还是应该另寻他途?

有些人觉得,前面关于生活所说的那些事情大体上回答这些问题,尽管许多细节的补充是必要的。我们的生活中不是充满了各种各样的价值、目的、追求和奋斗?我们的多数行为不是为了实现这些目标和价值吗?挣钱为了养活自己和供养家人;锻炼为了健身长寿;阅读为了求知解惑;从政为了治国平天下;等等。只要我们能够行动、能够实现这些目标或至少实现一部分,我们就感到生活是有意义的、是值得过的。或许有些人遭受挫折便想这想那,萌生了生活无意义的想法。这虽然是一种常见的现象,但对普通人而言,大都不是支配性的和不可扭转的。另一些人则认为种种这些说法是表面的和未经反思的,经不起进一步的推敲。他们说,反思将摧毁我们关于生活的意义的某些日常信念。一个推理是这样的:你的每一个有意识的行为或许都是指向某个目的或价值的,但你的全部意向和行为合起来作为一个整体,却不能指向任何一个价值或目的,因此你的生活,作为一个整体,是没有意义的。你所做的这一切却是为了什么?有这样一个东西,你的全部存在都是为了它,它是你一切行为和整个人生的目的吗?

这个推理是,你可以为你做的每件事提出辩护和解释,可是,所有局部的解释加在一起,都无法作为你的整体生活的解释。一个类比是,一个整体的所有部分都具有的属性,这个整体不一定具有。将一个人生看做一个整体,并从外部看待这个整体,的确产生一些让人困惑的问题。你的存在对于某些其他人,你的家庭、你的朋友、你的同志、你的具有更大关怀的事业、甚至你的敌人,可以是有意义的、有所谓的。这些他人和你对他们的承诺给予你的生活以意义吗?至少你们的共同存在会让你感到你的存在是有意义的。这似乎是一个肯定生活的意义的方式,即,你们相互托起彼此的存在的意义。但这留下一个问题:什么托起你们全体的存在的意义或目的?你如何寻找这个意义或目的?这个问题又会引向一个更大的问题:"存在的一切、整个宇宙的目的或意义何在?"有人认为,全部的哲学问题,都可以归结为这个问题。

2. 反思摧毁意义?

从外部反思生活,有来自三个方面的论证给生活的有意义性提出了挑战。第一个论证是许多哲学家都注意到了的,那就是,死亡既从内部也从外部摧毁了生活的意义。我们每个人都要面对自己总有一死的事实,差别只在早晚。"死去元知万事空",百年之后,我们都会死去,我们现在所做的一切似乎都是无所谓的。也许有人会反驳说,我们百年之后都将死去的事实,并不意味着我们现在所做的事情都是无所谓的。这些事情中的某些,一项重大的科学发现、一部伟大的文学作品、一座为建立殊功的人树立的雕像,都可能在我们死后流传后世,留下它们的创作者生活的痕迹。这是一种常见的、受到人们推崇的不死或不朽,某个能给现在活着的人的生命以意义的东西。屈原和牛顿的不朽,是因为在阅读他们的作品时,我们感到他们仿佛在跟我们对话。可是,我们禁不住进一步想,这种不朽同样是脆弱的,因为亿万年之后,我们的后世可能灭绝、地球可能毁灭、太阳系可能冷却、宇宙可能塌缩,我们整个人类及其历史,在自然事物的秩序中微不足道。我们现在孜孜以求的,终将灰飞烟灭。宇宙并不温情脉脉,它既不在乎人类是否存在过,也不在乎人类继续存在的欲望有多强烈。如果把人类生活的世界比作一艘邮轮,比如说泰坦尼克号。你可以想象这样一个场景,在宽敞豪华的餐厅中,游客们在美妙的音乐中一边享受佳肴,一边谈论荷马、牛顿、《公羊传》、巴赫、梵高,侍者们来往穿梭,把每一件物品摆得整整齐齐、擦得干干净净。而整艘船正在不知不觉地撞上巨大冰山的一角,半小时后,一切沉入海底。我们的世界不正像这艘邮轮一样吗?无论其中的居民创造了多少有意义的事物,最终将烟消云散。

第二个论证是来自荒谬性的论证。阿尔伯特·加缪和托马斯·内格尔分别提出了这种类型的论证，为我们的某种荒谬感提供了说明。在哲学文献中，他们常被称为"荒谬主义者"（absurdist）。荒谬感产生于一种不匹配、对立和矛盾。在加缪看来，一方面，人类有自己的热情追求，可是现实世界对人类的热情不做任何反应，它不在乎人类是如何选择的。用加缪的话说，"荒谬产生于这种人的呼唤与世界不合理的沉默之间的对抗"。内格尔认为，人类有一种自我超越的内在意识，这种意识让我们的思想越过我们所占据的特殊立场，从纯粹外部的角度审视我们的种种承诺和价值。从内部看，我们将自己看做是有意义的目标和价值的追求者，我们觉得应该看重自己，我们的生活有严肃性，不是无所谓的。但从外部的角度看，我们又无法为这些目标和价值找到稳固的根据，我们的生活在宇宙的尺度上是不重要的、无所谓的。内格尔说：

> ……荒谬是我们身上最人性的事情之一：是我们的最高级和最有趣的特点的表现。像认识论中的怀疑论那样，荒谬是可能的，只是因为我们具有某种洞察力——在思想中超越自身的能力。
> 　　如果荒谬感是一种感知我们的真实处境的方式（即使这个处境在感知发生之前并不荒谬），那么我们有什么理由憎恶或逃避它呢？就像引起认识论的怀疑论的能力一样，荒谬是由理解我们人类局限性的能力产生的。它不必是一件苦恼的事情，除非我们把它弄成这样。它也不必唤起一种让我们感到勇敢或自豪的、对命运的挑衅式的蔑视。这些戏剧性的表演，即使在私下做，也露出了鉴识不出这种处境在宇宙中并不重要的马脚。如果从永恒的角度看，我们没有任何理由相信任何事情是有所谓的，那么这也是无所谓的，而我们可以讽刺性地而不是英勇地或绝望地去过我们的荒谬生活。[1]

第三个论证是来自科学的世界观的论证。这个论证的一种形式出现在俄国文豪列夫·托尔斯泰的《我的忏悔》中。托尔斯泰中年时期有过一场精神危机，他发现自己的生活是没有意义的。他试图从几个资源中去寻找生活的意义,科学是它搜寻的领域之一。但是,他发现,科学知识告诉我们,生命不过是一些微粒的暂时聚合,一旦聚合分解,生命就结束了。这样,他总结说,科学不仅不能解答生命的意义问题,而且摧毁了所有可能的意义。托尔斯泰是这样论证的:

> 知识领域里对我的生活意义问题的回答总是:"你就是你称为你的生命的那个东西;你是一些微粒的暂时的、偶然的聚合物。这些微粒的相互关系和变化,在你身上产生了你称为生命的东西。这个堆积体将会持续一段时间;然后微粒的相互关系将会消失,你称为生命的东西和你的所有问题将会了结……"
> 然而,这个答案不是对问题的回答。我需要知道我生命的意义,但它是一个巨大的粒子这个事实,不仅不给予它意义,而且还摧毁任何可能的意义。[2]

3. 拯救意义

生活的意义是否是一个空洞的概念,在很大程度上取决于人们怎么面对这三个论证。一个常见的回应是有神论的。有些人认为,有某个存在者,它的存在能够解释其他一切存在者的存在,而它自身的存在是无须解释的。有些人甚至说,如果世界上有东西存在,那么一个使得这些东西存在的东西的存在是必然的结论,而最终有某个东西自己使得自己存在。这些观点大量地出现在西方宗教的语境中。相信这些宗教的人们宣称,世界上的一切是这个样子,因为是一个超级设计师使然,他就是上帝;人们存在的目的是服务于上帝的目标和计划,正是在服务上帝的过程中,人的生命获得了意义。对于信仰者来说,对上帝的信仰为生命意义的问题提供了最好的解答:在此生,有一个全能、至善的造世主的眷顾,人们的行为和目标作为至高的计划的一部分,不再是无意义的,他们的存在是富含目的和意义的,不是荒谬的。对于来自死亡的论证,有神论者会说,由于有来生,某些人可以得享永福。有神论的图景也可以对付来自科学的世界观的论证。信仰者们相信,尽管人类与自然中的其他部分一样,都是上帝的造物,但人类占据了万物之灵的地位,构成我们身体的那些微粒可能消散,但我们的灵魂是不灭的。

许多人满足于这个对生活意义的解释,也有许多人发现它是完全不可接受。为什么我们不能对这个超级设计师的存在提出同样的问题:什么是他的目标和意义?为什么对人生意义的最终解释必须落在他身上而不是别处?为什么上帝的目标一定要成为他的造物的目标?我们许多人不能理解和怀疑他的存在,也是出于他的设计和目标吗?对于没有这种宗教信仰的人来说,他们必须在一种无神论的世界观下来说明生活的意义。不过,我们看到,前面提出的几个论证和观点,都包含一个假设,那就是,生活要有意义,必须有一个绝对牢固的客观基础,如果没有这种基础的话,我们只能要么承认生活是荒谬的,要么是无意义的。这样,像叔本华这样的悲观主义者认为死亡使得生活无意义;荒谬主义者则认为,由于人与世界或人类的两种视角是不可调和的,荒谬感是必然的;而托尔斯泰在科学和日常人们的实践中找不到绝对的生命意义之后,转向有神论。

还有一种常见的回应是极端现实主义的,持有这种观点的人拒绝为生活的意义提供绝对的外部基础。他们认为,人生的意义不在生活之外,而在生活之中。这样看问题的人说,无休止地从外部追问生活的意义是毫无意义的,无意义的问题不是问题,也就没有答案。他们接着说,我只需知道要上班挣钱、锻炼身体、读书娱乐就足够了,我的生活中充满了足够多的这类目的,我只关心我能否实现它们,除此之外我不需要更多的解释。这个非常现实的态度,在某种意义上是一种可欣赏的态度,虽然并非所有的人都能够采纳它。一个明显的事实对这个现实的态度提出了疑问。人们很难完全将眼光局限在自己的生活内部,他们有一种自然的倾向想从外部赋予自己的生活某种重要性。一旦你从外部考察你的生活,你的现实态度就可能变得不稳定。一个善于思考的人,不但能够和应该反思自己的具体行为,而且能够和应该反思支撑自己生活的基本价值以及这些价值的来源。

4. 自然秩序中的人类生活

如果一个人觉得有神论的思路是难以接受的,他又不是一个十足的现实主义者,他如何回答生活意义的问题呢？尤其是,如何回应上面的三个挑战呢？

第一个是死亡的挑战。一个值得思考的问题是,生命的有限性和生命的意义到底存在什么关系？有限的生命特别是过早死去是令人惋惜的,但是,一个人如果万寿无疆,他的生活将是什么样的呢？威廉姆斯给出了一个关于长生不死的不可欲性的论证,他认为,一个长生不死的人不可能既保持自身的同一性,又过着一种有意义的生活。万寿无疆的人不会看重时间,因为他永远不缺。他可以随意推迟任何事情,不在乎他的计划什么时候完成。他对周围的事物和关系将感到厌倦,因为这些对于他而言不过是一次一次的重复。有死的人则不同,他必须利用他有限的生命和机会去实现其目标,因此,死亡一方面限制了他的生命和机会,另一方面促进了他对生命的利用。在这一点上,哲学家卡尔·波普的评论非常有力,"有些人认为,生命是没有价值的,因为它会结束。他们没有看到相反的论证也可以提出来:如果生命没个完,它将是没有价值的;正是经常存在失去它的危险,部分地给我们带来生命的价值"[3]。

对于不死的人来说,有一点可以肯定,他们的生活永远不具有完整性,我们无法说明他们在过着某种生活。

第二个挑战荒谬主义的论证来自于一个非常特殊的和抽象的立场。要看到加缪指出的荒谬,我们需要把自己从现实境况中抽离出来,仿佛我们从整个宇宙的外部来观察人与自然的对抗。荒谬既不存在于热情的人类生活的一方,也不存在于冷漠的宇宙自然那一方,而是存在于两者的对立中。但是,这种超然的观察并不是全面的,我们也能看到世界的合作的一面:我们需要粮食,自然提供了大地与和风细雨;我们要航海和上天,自然提供了各种矿产;等等。因此,这个超然的立场有其本身的局限性。或许我们的思想并不是如此分裂的,或许人类与自然秩序并不是如此对立的。我们还有其他的思想资源来理解两者的关系，这要求我们将自身看做是自然的一部分。人类对生活意义的寻求本身是自然演化的结果。或许，生活的意义不是、也不需要是预先给定的，而是我们作为自然的一部分所创造的。自然提供了生命演化的舞台，提供了让生命走向高级和精致的条件，我们有什么理由认为它先验地否决了有意义的人类生活的可能性呢？我们每个人都生活在自己的生活中，从外部看待自己的生活常常是为了规导和调整自己的生活，使之变得更有意义，因此，外部的观点并不总是带来摧毁性的结果。

内格尔的论证依赖于一个这样的想法：从内部观点中可以得到辩护的那些我们看重的价值，在宇宙的秩序中是不重要的。但是，我们对宇宙意义上的重要性真的有那么强烈的需要吗？我们一定要认为某种东西在宇宙尺度上有所谓（上帝？）才会消除荒谬感吗？一个人在贫困地区捐建一座小学，他不一定要考虑地球过几十亿年会毁灭，甚至也不必考虑几十年后该地区可能有一场大地震。一位雄心勃勃的想攻克黎曼猜想的数学家也不必认为他一旦取得成功，他的结论就具有宇宙尺度上的意义。人类的内在意识虽然具有难以估量的反思和超越能力，但任何现实的"从外部看"总有一个限度。绝对的客观视角，一个从宇宙之外观察整个宇宙的角度，在我看来，是一种错觉，至少是一个虚构。

第三个来自科学世界观的论证，它也不是结论性的。尽管人们尊重科学的世界观，但托尔斯泰关于科学知识摧毁生活意义的论断是不正确的。不错，世界上的任何东西（包括我们自己）都是微粒的短暂聚合体，但这并不意味着一切东西在各个方面都等量齐观。一个人和一棵树、一块石头展现出完全不同的性质，尽管它们都是由微小的粒子构成的。科学的世界观中并不排除事物在性质上的差别，反而要求说明这些不同的性质。人类作为最复杂的生命体，在自然事物的链条上占据显著的位置。与其他粒子聚合体相比，我们拥有极其突出的性能，能够辨别、认识、探索和创造价值；我们还能够认识到，这些性能是自然过程的产物，尽管这个过程的细节还远远未被我们全部弄清楚。许多人甚至认为，对自然的过程的探索，可能是一切人类活动中最有意义的，是最有特色的人类行为。

至此,我们已看到,在无神论的框架下,为生活的意义提供哲学的说明并非不可能,科学的世界观也并不必然与有意义的人类生活相冲突。

注 释

［1］ Thomas Nagel, "The Absurd", in *Mortal Questions* (Cambridge: Cambridge University Press, 1979), pp. 22-23.

［2］ Leo Tolstoy, *A Confession and Other Religious Writings*, Jane Kentish (trans.) (Penguin Books, 1987), pp. 29-30.

［3］ Karl Popper, "How I See Philosophy", in E. D. Klemke (ed.), *The Meaning of Life* (New York & Oxford: Oxford University Press, 1981), p. 6.

建议阅读文献:

E. D. Klemke (ed.), *The Meaning of Life* (New York & oxford: Oxford University Press, 1981), p. 6.